곽선희 목사 설교집
39

군중 속에 버려진 자

곽선희 지음

계몽문화사

머 리 말

'복음은 들음에서'—이는 진리이며 우리의 경험입니다. 하나님께서 우리에게 주신 복 가운데 가장 큰 복은 말씀을 주신 것입니다. '말씀이 육신을 입어서 오신 것'입니다. 말씀을 주셨고 들을 수 있게 하셨고 마음문을 열고 받아 믿게 하신 것, 참 놀라운 은혜입니다.

말씀은 단순한 지식이 아닙니다. 추상적인 이론이 아닙니다. 말씀은 선포되는 하나님의 계시적 능력인 것입니다. 말씀의 권능, 그 능력을 알고 체험하면서 비로소 '말씀 안에서 태어나는 생명적 기적'이 나타나게 됩니다. 오늘도 그 말씀이 증거되고 새롭게 선포되고 있습니다. 설교가 곧 말씀입니다. 성령의 역사와 함께 끊임없이 이루어지는 생명의 역사입니다. 이 선포되는 말씀, 증거되는 진리를 통하여 구원의 능력은 항상 새로워집니다. 말씀 안에서 새 생명이 탄생하고 말씀 안에서 영혼이 소생하며, 그 큰 능력 안에서 우리는 강건해집니다. 우상을 이기는 능력의 사람으로 성장해가는 신비롭고 놀라운 사건을 강단에서 늘 경험하고 있습니다.

여기에 또다시 설교말씀을 모아 책자로 내어놓습니다. 소망교회 강단을 통하여 하나님께서 우리에게 주신 말씀입니다. 이제 그 말씀을 책자로 엮어 내어놓음으로써 우리가 시간과 공간을 초월하여 개별적으로 하나님을 만나게 되는 '말씀의 역사'에 귀중한 방편이 되고자 합니다. 책자라는 그릇에 담긴 이 말씀들은 읽는 자의 마음 안에서 또다른 '말씀의 신비한 기적'을 낳게 되리라 확신합니다.

한 시간 한 시간의 설교를 위하여 간절히 기도해주신 소망교회 성도들과 이 책자를 출간하기까지 수고해주신 여러분께 진심으로 감사를 드립니다. 그리고 또다시 영광을 오직 하나님께 돌리면서……

곽선희

차례

머리말 ──────── 3
군중 속에 버려진 자(눅 8: 43-48) ──────── 8
자기 하는 것을 알지 못합니다(눅 23: 32-38) ──────── 18
아버지께서 내게 주신 잔(요 18: 1-11) ──────── 29
갈릴리에서 온 선지자(마 21: 1-11) ──────── 38
부활의 권능과 신비(빌 3: 7-12) ──────── 49
거짓없는 믿음의 유산(딤후 1: 3-8) ──────── 59
특별한 효도의 뜻(창 9: 20-29) ──────── 70
두려워 말고 믿기만 하라(막 5: 34-43) ──────── 80
복받는 또다른 비결(벧전 5: 5-11) ──────── 91
모든 위로의 하나님(고후 1: 3-7) ──────── 101
오직 나의 영으로(슥 4: 1-6) ──────── 112
종말론적 신앙간증(롬 8: 26-28) ──────── 122
파괴와 건설의 의미(렘 1: 4-10) ──────── 132

우리를 향하신 하나님의 뜻(1)(살전 5: 15-22) ──── 141
우리를 향하신 하나님의 뜻(2)(살전 5: 15-22) ──── 152
우리를 향하신 하나님의 뜻(3)(살전 5: 15-22) ──── 164
다 이와 같으리라(눅 13: 1-5) ──── 176
롯이 선택한 에덴동산(창 13: 1-13) ──── 186
자기사랑의 비결(마 16: 21-28) ──── 196
참자유인의 윤리(신 24: 17-22) ──── 206
산을 옮기는 믿음(마 17: 14-20) ──── 215
그리스도인의 성장신비(엡 4: 11-16) ──── 225
스스로 버리노라(요 10: 11-18) ──── 235
그 사랑의 승리(요일 4: 16-21) ──── 244
마음을 강하게 하라(수 1: 1-9) ──── 254
그의 은혜와 내 은혜(고후 12: 7-10) ──── 264
모든 것을 할 수 있는 사람(빌 4: 10-13) ──── 275
판단치 못할 지혜(롬 11: 33-36) ──── 285

곽선희 목사
장로회 신학대학 졸업
프린스턴 신학석사
풀러신학 선교신학박사
인천제일교회 목사
장로회 신학대학 교수 역임
숭의여자전문대학 학장 역임
서울장로회신학교 교장 역임
소망교회 원로목사

곽선희 목사 설교집 제39권
군중 속에 버려진 자

인쇄 · 2004년 8월 10일
발행 · 2004년 8월 15일
지은이 · 곽선희
펴낸이 · 김종호
펴낸곳 · 계몽문화사
등록일 · 1993년 10월 11일
등록번호 · 제16—765호
전화 · (02)917-0656
정가 · 14,000원
총판 · 비전북 / (031)907-3927
ISBN 89-89628-13-X 03230

* 잘못 만들어진 책은 바꾸어 드립니다.

군중 속에 버려진 자

군중 속에 버려진 자

이에 열 두 해를 혈루증으로 앓는 중에 아무에게도 고침을 받지 못하던 여자가 예수의 뒤로 와서 그 옷 가에 손을 대니 혈루증이 즉시 그쳤더라 예수께서 가라사대 내게 손을 댄 자가 누구냐 하시니 다 아니라 할 때에 베드로가 가로되 주여 무리가 옹위하여 미나이다 예수께서 가라사대 내게 손을 댄 자가 있도다 이는 내게서 능력이 나간 줄 앎이로다 하신대 여자가 스스로 숨기지 못할 줄을 알고 떨며 나아와 엎드리어 그 손 댄 연고와 곧 나은 것을 모든 사람 앞에서 고하니 예수께서 이르시되 딸아 네 믿음이 너를 구원하였으니 평안히 가라 하시더라

(누가복음 8 : 43 - 48)

군중 속에 버려진 자

　　1940년, 발명가인 체스터 칼슨은 청년나이에 오랫동안 연구해오던 결실로 한 기계를 발명하였습니다. 이것을 설계해서 특허도 얻었습니다. 이것을 20개회사에 제출해보았지마는 모두가 한결같이 거부했습니다. 그것은 상품가치가 없다는 것입니다. 그는 참으로 괴로웠습니다. 이제 더 밀고나갈만한 경제력도 없고 힘듭니다. 몹시 고독했습니다. 나는 쓸모가 없는가보다, 아무래도 내 기술은 한계에 왔나보다… 여러 가지로 생각했습니다. 특별히 주변사람들에게 인정받지 못한다는 것 때문에 무척이나 고독하고 어려운 시간들을 보냈습니다, 무려 7년 동안을. 그러나 그는 자기의 확신을 버릴 수가 없었습니다. 끈질기게 7년 동안이나 여러 회사를 찾아다니며 설명을 했습니다. 모두가 거부했습니다. 그런데 7년 후, 뉴욕의 할로이드 컴퍼니라고 하는 작은 회사에서 회답이 왔습니다. '당신의 특허를 우리가 사겠소.' 합작을 하겠다고 했습니다. 그후로 그는 돈방석에 올라앉았습니다. 그 회사는 이름없는 작은 회사였던 것이 일약 대회사로 발전했습니다. 그 상품이 무엇인지 아십니까. 우리가 날마다 쓰고 있는 복사기입니다. 복사기는 이렇게 시작되었습니다. 이 놀라운 것을 발명해서 7년 동안이나 애썼지마는 아무도 인정하지 않았는데 7년 후에 한 회사가 인정함으로 복사기가 이렇게 발전을 해서 우리가 흔하게 쓸 수 있는 이런 복사기가 됐습니다. 다시 돌아가 생각해보십시오. 그 7년 동안 이 칼슨청년이 얼마나얼마나 고통스러운 시간들을 보냈겠습니까. 루멜 하우스라고 하는 분은 「Man's Need and God's Actions」라는 책에서 인간은 근본적으로 고독한 존재다, 그 고독을 먼저 인정하고 살아야 한다고 충고하면서 고독하게 되는 이유를 두 가지로 말합니다. 오직 두 가지입니다. 하나는 자기가 자기자신을 사랑하지 않기 때문이라는 것입니다. 내가 나를 사랑하지 않는데 누가 나를 사랑하겠습니까. 내가 나를 소중히 여기지 않는데 누가 나를 소중히 여기겠습니까. 우리는 자기사랑에 충실해야 됩니다. 내가 내 생, 내 얼굴, 내 지식, 내 능력을 소중하게 여겨야 됩니다. 이 하나님께서 내게 주신 것, 얼마나 귀중한 것인지를 먼저 인정하여야 됩니다. 내가 나를 사랑하지 않으면 나는 그 누구에게도 사랑받지 못합니다. 두 번째는, 이웃을 사랑해야 됩니다. 무슨 말인고 하니 이웃을 사랑하고야 내가 있다는 것입니다. 여러분이 부부간에도 이걸 잊지 마십시오. 죄송하지만 잘났건 못났건 저 여자를 사랑하고야 내가 살아갈 수 있습니다. 저 남편을 사랑하고야 내 기도가 응답되는 것입니다. 이웃을 버리고는 내가 존재하지 않습니다. 여기 있는 이웃을 버리고 다른 데 가서 다른 사람을 만나려고 해봐야 소용 없습니다. 다 부질없는 짓입니다. 이웃을 사랑하고야 내가 있다는 것입니다. 나를 사랑하고 이웃을 사랑할 때 고독이라고 하는 무서운 죄로부터 자유할 수가 있는 것입니다. 근본적으로 인간은 자기자신에 대하여 긍정적 자아현상을 이루기까지는 세 개의 절대질문에 대답을 할 수 있어야 된다고 합니다. 첫째, 소속감입니다. belongingness, 나는 주변사람들에게 받아들여지고 있는가, 하는 것입니다. 두 번째는 가치감입니다. worthiness, 다른 사람들에게 내가 필요한 존재인가, 나를 저들이 요구하고 있는가, 하는 것입니다. 세 번째는 신뢰감입니다. competence, 나는 할 수 있는가, 하는 것입니다. 나는 받아들여지고 있는가, 나는 필요한 존재인가, 나는 할 수 있는가—이 세

질문에서 self-acceptance, 자아응답이 있어야 됩니다. 여기에 바른 대답을 하지 못하면 소외감에 빠집니다. 열등의식에 빠집니다. 피해망상증에 빠집니다. 끝없는 고독에 빠집니다. 절망합니다. 절망은 정신적인 자살입니다. 몸은 움직이고 있으나 정신은 이미 죽은 것입니다. 시체와 같은 그 몸뚱이만 살아 있는 것입니다. 아무 의미가 없는 것입니다. 고독이란 참 무서운 것입니다.

오늘본문에 보면 참으로 고독한 사람이, 제 생각에는 현대인을 대표하는 사람 같은 불쌍한 여자가 하나 있습니다. 저는 이런 생각을 합니다. 예수님께서 세상에 계실 때 예수님을 만난 사람이 많습니다. 그 많은 사람, 많은 병자가 만났지만 그 만난 모든 사람 중에 제일로 동정이 가는 불쌍한 사람이 바로 이 여자라고 저는 생각합니다. 가장 절박한 고독에 지친 한 여자를 예수님께서 만나주시는 장면을 볼 수 있습니다. 이 사람은 병든 여자입니다. 여러분, 건강이 얼마나 중요합니까. 병들면 친구가 없습니다. 병들면 몸이 아픈 게 아니라 마음이 아픕니다. 병들면 슬퍼집니다. 아무도 나를 반가워하지 않는 것같습니다. 긴 병에 효자 없습니다. 미안합니다마는 제 아는 목사님 한 분 차사고로 식물인간이 된 채로 한 20년 살았습니다. 한 10년 지났을 때 제가 그 사모님을 한번 만났습니다. 서로 알고지내는 터수입니다. 만났을 때 '목사님 요새 어떻습니까?'라는 말을 하고 싶지 않았습니다, 떠올리지 않게 하기 위해서. 그래서 그저 "사모님, 안녕하세요"라고만 말을 했는데 사모님이 내게 뭐라 했는지 아십니까? "아직 안죽었어!" 그러더라고요. 지겨워서요. 물론 남편바라지는 하지요. 그러나 이제는 지겨운 것입니다. 병든다는 것은 고독한 것입니다. 슬픈 것입니다. 모든 사람이 다 내게서 떠납니다. 그걸 느끼는 것입니다. 그런데 보십시오. 여기서 가치관도 없어지지요, 신뢰감도 없어지지요, 소속감도 없어지지요, 다 없어집니다. 그리고 절망하게 됩니다. 오늘본문에 나타난 이 여자, 12년 동안, 여자 나이에 소중한 젊은 12년 동안을 혈루증환자로 살아버렸습니다. 이제 아무도 없습니다. 다 잃어버렸습니다. 가정도 없습니다. 당시의 문화로 볼 때 이런 사람은 이혼조건이 됩니다. 별수없이 가정을 떠나야 했고 자녀도 없습니다. 사랑받지 못합니다. 기대할 것도 없습니다. 그런 사람입니다. 또한 도와줄 사람이 없습니다. 도움을 구하지 못했습니다. 왜요? 의사도 그를 괴롭히기만 했다고 성경은 말씀합니다. 치료가 안되는 것입니다. 그리고 특별히 위로를 얻지 못했습니다. 누가 위로한다고 해도 위로가 조소로 들리는 것입니다. 누가 위로하겠다고 찾아와도 꼭 비웃으러 온 것만 같습니다. 이제는 위로를 받지 못합니다. 위로할 자가 없는 게 아니라 위로를 받을 수가 없습니다. 그 누구의 위로도 다 쓸데없는 소리로, 다 빈말로, 다 비웃는 소리로 들립니다. 절박하지 않습니까. 이보다 더 어려운 문제가 하나 있습니다. 그것은 부끄러운 병이라는 것입니다. 이 말씀의 기자 누가는 의사이므로 확실하게 병명을 밝혔습니다. 혈루증, 의학적 용어입니다. 다시말하면 여자로서 하혈을 하는 병입니다. 남자는 이해하지 못하는 병입니다. 그래서 현대학자들은 아마도 이게 요샛말로 자궁암이 아니었을까, 합니다. 아니면 옛날에 유행하던 무서운 성병이었을 것이라고도 합니다. 생식기능이 썩어나가는 것입니다. 그런 병입니다. 참으로 불쌍한 여자입니다. 부끄러운 병입니다.

옛날 신학대학 다닐 때 동급반이지마는 나이는 좀 많아서 나보다 많이 위인 학생이 어느날부터 갑자기 아픈 기색을 보이더니 시름 시름 앓는 것입니다. 어디가 아프냐고 물어도 말이 없습니다. 병원에 가느냐, 했더니 가나마나라고 대답합니다. 안가는 것입니다. 어느날 아침에 같이 서서 이를 닦다가 그를 보니 한꺼번에 어금니 몇 개가 맥없이 빠져나가는 것입니다. 그걸 손바닥에 들고 울더라고요. 어금니 빠진 걸 손에 들고 우는 것입니다. 왜 그러냐고 하니 묻지 말라는 것입니다. 뒤에 조용한 시간에 고백삼아 이야기를 하는데 젊었을 때 실수해서 부끄러운 병을 얻었다는 것입니다. 치료가 안되는 병이었습니다. 계속해서 재발하는 것입니다. 남에게 말을 할 수도 없습니다. 이제 주의 종이 되겠다고 몸을 바쳤지만 이 몸 가지고 어떻게 일을 할 수 있겠나, 하면서 우는데, 지금도 눈에 선합니다. 여러분, 부끄러운 병이 있습니다. 병도 여러 가지 아닙니까. 예수님 앞에 나온 사람들, 문둥병환자도 내 병을 깨끗케 해주세요, 하고 장님도 내 눈을 뜨게 해주세요, 합니다. 모두가 이렇게 병명을 얘기하는데 자, 이 여자는 만약 예수님께서 물으신다면 뭐라고 밝히겠습니까. 너 어디 아프냐? 어디다 손을 대고 기도하랴? 대답을 할 수 있겠습니까. 부끄러운 것입니다. 현대인의 결정적인 죄는 숨은 죄가 많다는 것입니다. 말못할 사정, 냉가슴앓는 사정… 어느 부인은 남편의 비밀을 알고나서 이렇게 말합디다. "나는 마음대로 울지도 못합니다." 왜요? '우리아버지가 하늘아래 제일 훌륭한 분이다.' 자식들은 이렇게 알고 있다는 것입니다. 그런데 사실은 그렇지 않으니 나는 마음대로 울지도 못합니다―그리고 통곡하는 것을 보았습니다. 깊이깊이 숨겨진 죄, 숨겨진 병―오늘 이 여자는 이런 것을 가진 사람입니다. 그래서 예수님 앞에 와서도 내놓고 '내 병을 고쳐주세요' 할 수가 없는 사람입니다. 군중 속에 있지마는 고독합니다. 숨어숨어 비집고 들어온 것입니다. 그는 사람을 만나서는 안됩니다. 레위기 15장에 보면 이런 사람을 가리켜 '부정하다' 하였습니다. 왜요? 나를 만나고 가까이 한번 대하고나면 냄새로 전위되니까요. 그뿐이 아닙니다. 이 사람은 종교적 고민이 있습니다. 하나님 앞에 예배하는 자유도 없는 사람입니다. 왜요? 민수기 19장이나 신명기 23장에서 분명히 말씀했습니다. 성전에 나가지 말라고요. 옛날은 위생적으로 어려운 때였으니까요. 이런 여자가 만일에 교회당에 왔다든가 회당에 한번 왔다하면 우선 냄새가 진동을 할 것 아닙니까. 예배분위기 아주 망쳐버리는 것입니다. 사실 냄새라는 것은 참 이상해서 적응성이 좋습니다. 자꾸 맡으면 본인은 의식하지 못합니다. 지금은 제가 심방을 못하는 지 오래됐습니다마는 옛날에는 심방을 많이 했었습니다. 하루 평균 27집 심방을 할 때가 있었습니다. 어떤 집, 더욱이 환자가 있는 집, 긴 병 환자가 있는 방에 들어갔다하면 막 썩은 냄새가 진동을 합니다. 그 집 사람들은 그 속에 사니까 모르지요. 비교적 모르는 편입니다. 그러나 밖에서 들어간 사람에게는 참 배겨나기 힘든 냄새입니다. 오늘의 이 여자는 그런 여자입니다. 성전에도 나갈 수가 없습니다. 누구를 만나서도 안됩니다. 하나님 앞에 예배도 못드리는 버림받은 여자입니다. 특별히 그가 젊었을 때 어떤 죄를 범했다든가 한다면 그때 있었던 사건 하나로 인해서 일생을 망칩니다. 얼마나 후회되겠습니까. 얼마나 깊은 가책의식이 있겠습니까. 그 부끄러움과 가책과 죄책 속에서 한평생을 살아갑니다. 그리고 스스로가 스스로를 버렸습니다. 이제 무슨 소망이 있겠습니까. 이런 말이 있지요. '사람이 돈을 잃어버렸으면 부분을 잃어버린 것이고, 건강을 잃어버렸으면 행복을 잃어버린 것이고, 명예를 잃어버렸으면 삶의 의미를 잃어버린 것이고, 소망을 잃어버렸으면 목적을 잃어버린 것이요, 자기신뢰를 잃어버렸으면 다 잃어버린 것이다.' 이 사람은 자기자신을 잃어버렸습니다. 다 잃어버린 여자입니다. 그러나 그에게 귀중한 것이 하나 있었습니다. 하나의, 한가닥의 믿음을 가졌습니다. '예수님을 뵈어야겠다. 세상사람은 만날 필요도 없고 만나주지도 않고 만나서도 안되지만 예수님은 뵈어야 한다.' 이 마음입니다. 어떻게든 예수님을 만나뵈어야 한다, 하고 궁중 속에 비집고 들어와 예수님 앞에 가까이 왔지마는 '예수님!' 하고 부를 수가 없습니다. '내 병을 고쳐주세요' 라고도 말할 수가 없습니다. 이제 초조하고 불안하고 두려운 가운데서 예수님 옷자락에 손을 댑니다. 조심스럽게, 두려움과 떨림으로, 믿음으로, 아주 단순한 믿음으로 그 옷가에 손을 댑니다. 아니, 종말론적으로 일생에 오직 한 번 있을 기회입니다. 예수님께 손을 댄 것입니다. 마침내 이적이 나타납니다. 예수님의 능력이 나가는 순간 이 여자는 몸이 시원하게 낫는 것을 느꼈습니다. 이제 감격합니다.

　여러분, 교회나오십니까? 수없이 나오지요. 많이 나오셨습니다. 어떤 분은 몇천 번 나왔습니다. 좋습니다. 그런데 문제는 어떤 믿음으로 나왔느냐입니다. 난생처음 나오는 것처럼, 오늘이 내 마지막날이다, 하는 마음으로 나오십니까? 이 시간 내가 주를 만나뵙지 못한다면 나는 없다―여인은 그런 절박한 믿음을 가지고 예수님을 뵙고 예수님 옷자락에 손을 댔습니다. 그에게 주께서 나타나십니다. 오늘 본문에 봅니다. 얼마나 아름다운 장면입니까. 예수님께서 이 여자를 찾으십니다. "내게 손을 댄 자가 있느니라." 이렇게 찾으실 때 베드로가 성급하게 한마디 합니다. "무리가 옹위하여 미나이다." '아니,

예수님이 인기좋아서 그런 거지요. 사람이 몰려들다보니 몸이 닿을 수도 있고 옷자락 스칠 수도 있지 않습니까. 그런 걸 왜 별나게 여기십니까, 예수님. 그런 일은 짜증나는 일입니다. 많은 사람이 미나이다.' 천만에말씀입니다. 예수님께서는 그렇게 가면서오면서 옷자락 스치는 정도를 일러 말씀하시는 게 아닙니다. 지금 그 많은 사람 몰려 붐비는 거, 그거 얘기하시는 게 아닙니다. 딱 한 번, 예수님을 만나야겠다고 하는 단순한 이 믿음, 나 자신은 내가 못믿어도 예수님은 믿습니다, 세상사람 다 날 버려도 나는 예수님을 뵈어야 돼—바로 이 사람을 예수님께서 찾으시는 것입니다. 이 여인이 예수님을 찾은 게 아니고 예수님께서 이 여인을 찾으십니다. 그 믿음 가진 자를 찾아주십니다. 모든 사람이 다 멸시하고 거들떠보지도 않지만 예수님께서는 이 여자를 소중히 여기십니다. 내 옷을 만진 자가 있다, 나를 찾는 사람이 있다, 내가 만나야 할 사람이 있다—마침내 이 여자는 더 숨기지 못할 줄 알고 예수님 앞에 고백을 합니다. 내가 손을 댔습니다, 병이 나았습니다, 나는 이런 여자입니다—다 발표하고 말았습니다, 시원하게. 정신도 몸도 완전히 자유로워졌습니다. 잃었던 나 자신을 예수 안에서 찾았습니다. 이 여인을 보십시오. 두려움에 떨고 부끄러움에 쫓기고 죄책에 매여서 더는 살 필요가 없다고 생각할 만큼 절망적이었으나 오직 한가닥의 믿음을 가지고 예수님 앞에 나아왔습니다. 예수님을 만나뵈었습니다. 아니, 예수님께서 그를 만나주셨습니다. 예수님께서 그를 찾아주셨습니다. 그리하심으로 여인은 소중한 존재가 됩니다. 거룩한 사람이 됩니다. 참으로 자유인이 됩니다. 오늘 예수님 하시는 말씀을 다시한번 들어보십시오. "딸아 네 믿음이 너를 구원하였으니 평안히 가라." 네 믿음이 너를 구원했으니 평안히 가라―영적으로 육체적으로 정신적으로 사회적으로 소중한 존재로, 사랑받는 사람으로 여인은 다시 태어나는 것입니다. "평안히 가라." △

자기 하는 것을 알지 못합니다

또 다른 두 행악자도 사형을 받게 되어 예수와 함께 끌려가니라 해골이라 하는 곳에 이르러 거기서 예수를 십자가에 못박고 두 행악자도 그렇게 하니 하나는 우편에, 하나는 좌편에 있더라 이에 예수께서 가라사대 아버지여 저희를 사하여 주옵소서 자기의 하는 것을 알지 못함이니이다 하시더라 저희가 그의 옷을 나눠 제비 뽑을새 백성은 서서 구경하며 관원들도 비웃어 가로되 저가 남을 구원하였으니 만일 하나님의 택하신 자 그리스도여든 자기도 구원할지어다 하고 군병들도 희롱하면서 나아와 신 포도주를 주며 가로되 네가 만일 유대인의 왕이어든 네가 너를 구원하라 하더라 그의 위에 이는 유대인의 왕이라 쓴 패가 있더라

(누가복음 23 : 32 - 38)

자기 하는 것을 알지 못합니다

　블라디미르 레닌(Vladimir Lenin)을 모르는 분은 없을 것입니다. 워낙 유명한 사람이기 때문입니다. 소비에트연방을 창건한 광신적 공산주의자입니다. 그가 생각한 공산주의는 철학과 정치를 넘어서 그에게는 신념이요 종교요 신앙이었습니다. 반드시 이 공산주의를 통해서만 세계는 하나될 수 있고 행복할 수 있고 아름다운 이상의 세계가 될 수 있다고 그는 확실하게 믿었습니다. 철저한 공산주의신봉자였습니다. 러시아혁명을 함께했던 그의 한 동료는 레닌을 가리켜 이렇게 평하고 있습니다. '레닌은 혁명 외에는 아무것도 생각하지 않았다. 잠깐 만나서 이야기를 나누어도 또 공산주의이야기였다. 혁명을 먹고 혁명을 마시고 살았다. 아마도 꿈을 꾸어도 공산주의혁명만 꾸었을 것이다.' 레닌은 열심히 일했습니다. 온정력을 다했습니다. 레닌이 숨어 있으면서 저술을 하던 움막집을 제가 직접 방문해보았습니다. 그는 공산주의, 이것을 신념으로 하고 온생, 온정성, 온생명을 다 바쳤습니다. 그러나 여러분이 아시는대로 그는 역사를 전진시키지 못했습니다. 오히려 후퇴시켰습니다. 사람을 잘 살게 해주지 못하고 사람을 망가뜨렸습니다. 그는 하나의 이념을 위해서 일년에 100만 명씩을 숙청했습니다. 100만 명 이상을 숙청하면서 이상적 공산주의사회를 이루겠다고 안간힘쓰다가 갔습니다. 무산대중을 위해서라며 그들에게 행복을 약속했으나 무산대중을 굶겨죽였습니다. 가난한 자가 없는 사회를 만든다고 장담했으나 러시아를 온통 거지의 나라로 만들어버렸습니다. 부르즈와를 숙청하고 평등의 나라를 이룬다고 했으나 그는 결국 독재자 스탈린을 자기가 세우고 있다는 것을 몰랐습니다. 그리하여 역사에 없는 독재사회가 되고 말았습니다. 무엇을 말하는 것입니까. 그는 스스로 속았습니다. 그는 잘못알고 있었습니다. 결국은 자기가 뭘 모르고 있다는 것도 몰랐습니다. 세상에, 역사적으로 불행하고 역사적으로 바보같은 사람이 되고 말았습니다. 미친 사람이 되고 말았습니다. 왜요? 그는 진리를 몰랐던 것입니다.

　요한복음 11장 49, 50절에 보면 가야바라고 하는 대제사장이 공회에서 이렇게 말합니다. '너희가 아무것도 알지 못하는도다. 한 사람이 죽어서 온민족이 편할 수 있다면 죽어야지, 죽여야지, 그가 선한가 의로운가 불의한가 물어볼 것도 없다. 온민족이 편할 수 있다면 시끄러운 사람은 없애버려야 한다. 가장 똑똑한 것처럼 너희는 아무것도 모르는구나.' 자기는 안다는 것입니다. 그러나 어떠했습니까. 가야바는 가장 어리석고 가장 미련한 사람이 되고 말았습니다. 이것을 알아야 합니다. 자기만이 무지한 사람이 되었더라는 것입니다. 불쌍한 사람은 모르는 사람입니다. 무식한 사람입니다. 더 불쌍한 사람은 저가 제일 잘 안다고 생각하는 사람이요 그러다가 잘못된 지식에 목숨을 거는 사람입니다. 이것이 구제받을 수 없는 불쌍한 사람이라는 것입니다. 예수를 십자가에 지웠습니다. 예수를 십자가 지운 사람이 누구입니까. 가야바입니다. 자기는 가장 똑똑하다고, 너희는 아무것도 모르는구나, 하고 큰소리쳤지만 그는 가장 어리석은 사람이었습니다. 빌라도, 예수를 재판하면서 뭐라고 말합니까. 비웃으면서 '진리가 무엇이냐? 나는 지금 재판을 하고 있고 너는 지금 죄수로 여기 있는데 진리라는 게 무엇이냐?' 하고 자기가 진리인 것처럼, 힘이 진리요 권력이 진리인 것처럼 큰소리쳤지마는 빌라도 역시 가장 불쌍하고 어리석은 사람으로 역사에 남고 맙니다. 보십시오. 많은 사람이 이렇게 예수를 십자가에 못박습니다. 그리고 그 밑에서 조소를 합니다. '너 자신을 구원하라.' 소리소리 지릅니다. 십자가에 돌아가시는 예수님께서는 십자가 상에서 일곱 마디 말씀을 하셨는데 맨처음으로 하신 말씀이 이 말씀입니다. "아버지여 저들을 사하여주옵소서 자기의 하는 것을 알지 못함이니이다." 어느 때에 생각해보아도 이 말씀은 우리의 가슴을 뜨겁게 합니다. '아버지여 이들의 죄를 사하여주옵소서.' 이렇게 기도하고 있습니다. 어찌 이럴 수 있습니까. 어찌 이 엄청난 메시지를 우리가 잊을 수 있겠습니까. 「벤 허」라고 하는 영화를 보셨을 것입니다. 소설도 유명합니다. 거기에 보면 벤 허는 사랑의 사람입니다. 끝까지 검을 들지 않습니다. 그렇게 고난을 당하고, 그렇게 억울함을 당하고, 노예로 팔려가고, 말할수없는 고생을 했으면서도 끝까지 미워하지 않고 끝까지 사랑하고 끝까지 무력으로 대하지를 않습니다. 오로지 사랑으로 승리합니다. 이에 대해서 벤 허는 이렇게 말합니다. '예수님께서 십자가에 돌아가실 때 나는 그 발밑에 있었노라. 십자가에 돌아가시면서도 예수께서는 '아버지여 저희를 사하시옵소서'라고 하셨다. 그 말씀이 내 가슴에 찡하고 와닿는 순간 내 손에서 검이 떠나가는 것을 느꼈노라.' 그 후로 그는 절대로 검을 들지 않습니다. 그리고 승리합니다. 이것이 벤 허입니다. 이 작품을 극찬하는 사람은 심지어 성경 다음가는 책이라고까지 말합니다. 너무나 감동적이기 때문입니다.

'저들의 죄를 사하시옵소서.' 왜? 모르기 때문입니다. 저들이 하는 짓이 무슨 짓인지 모르기 때문입니다. 왜 모르게 되었습니까. 똑똑한 사람들인데 왜 몰랐습니까. 저 잘났다고 하는 사람들인데 왜 모르게 되었습니까. 모르게 되는 이유가 여기에 있습니다. 누가복음 19장 42절에 있습니다. 예수님, 감람산언덕에서 예루살렘을 내려다 보시고 우시면서 말씀하십니다. "너도 오늘날 평화에 관한 일을 알았더면 좋았을 뻔하였거니와 지금 네 눈에 숨기웠도다." 숨겨졌기 때문입니다. 그들이 불신앙으로, 반항으로 잘못가고 있기 때문에 진리를 아는 눈이 감겨졌습니다. 어두워졌습니다. 총명이 흐려졌습니다. "평화에 관한 일을 알았더면 좋을 뻔하였거니와 지금 네 눈에 숨기웠도다." 숨겨졌기 때문에 알 수 없었습니다. 또한 호세아 4장 6절에 보면 "내 백성이 지식이 없으므로 망하는도다. 네가 지식을 버렸으니 나도 너를 버려 내 제사장이 되지 못하게 할 것이요…" 지식을 버렸다고 말씀하십니다. 이미 가진 지식, 이미 있는 양심, 이미 있는 정직을 버렸습니다. 믿음을 버렸기 때문에 알지 못하게 된 것입니다. 그러므로 망할 수밖에 없다고 성경은 증거하고 있습니다. 무지는 심판입니다. 하나님의 심판은 종말론적으로 나타나고 경제적으로 나타납니다. 육체적으로 병들고 세상이 망가지고 정치적으로 썩습니다. 그렇게 심판하십니다마는 이 모든것 이전에 영적으로 심판하십니다. 바로 무지입니다. 어리석어집니다. 총명이 흐려집니다. 이성이 그만 제 구실을 못합니다. 모르게 됩니다. 모르게 되면서 교만해집니다. 이것이 영적인 심판입니다. 그리고 망하는 것입니다. 이것이 심판입니다. 무지가 심판이라는 것을 잊지 말아야 합니다.

또한 생각해봅시다. 무엇을 모른다는 것입니까. 참원인이 무엇인지를 모릅니다. 내가 고난을 당합니다. 원인을 모릅니다. 여러분 혹 운동하십니까? 운동하는 사람이 알아야 하는 주의사항이 있습니다. 한 번 잘못될 때마다 왜 잘못되었는지를 알아야 합니다. 생각하고 고친 다음에 하여야 합니다. 잘못되는 원인을 모른다면 영영 구제불능입니다. 그런데 어리석어지면 원인을 모릅니다. 목사가 되고 보면 별의별 이야기를 다 듣게 됩니다마는 어떤 아주머니가 제게 와서 이야기를 하는데 시종일관 자기를 중매해주신 목사님을 원망합니다. 중매 잘못해줘서 내가 평생을 고생한다, 합니다. 그분이 목사님의 조카인데 그렇게 원망하는 것을 보았습니다. 그 원인이 목사님에게 있는 것입니까. 왜 자신에게 있는 것을 모릅니까. 꼭 원인을 남에게 돌리는 것, 그것은 어리석어졌기 때문입니다. 원인이 거기에 있는 것이 아닙니다. 나에게 있는 것입니다. 그런데 끝까지 남에게 있다고 생각합니다. 내가 못사는 것도 남들 때문이고, 잘못된 것도 남 때문입니다. 만사가 다 남 때문입니다. 마지막에는 부모도 하나님도 다 원망해버립니다. 원인을, 참원인을 모르게 되어버렸습니다. 철학자 프랜시스 베이컨이 쓴 「우상론」이라는 책이 있습니다. 그 책에서 베이컨은 사람들이 우상을 섬기면서 어리석어지고 말았다, 합니다. 첫째는 극장 우상입니다. 향락주의입니다. 향락에 빠지는 사람은 정신 못차립니다. 잘못된 향락에 빠지면 어리석어집니다. 둘째는 시장 우상입니다. 시장성을 생각합니다. 항상 손익관계를 계산하는 것입니다. 교회에 나와서 교인들하고 악수를 할 때도 '이 사람하고 악수를 해두면 내가 장사를 하는 데 도움이 될까, 안될까?' 하고 계산을 합니다. 모든 일에서, 심지어는 아들딸을 장가보내고 시집보낼 때도 돈부터 계산합니다. 어두워졌습니다. 결국 망가지는 것입니다. 어리석어지는 것입니다. 이렇게 시장이라고 하는 우상, 돈이라고 하는 우상에 빠지면 제정신 못차립니다. 셋째는 동굴 우상입니다. 자기경험, 자기철학, 자기집착에 빠져서, 생각이 동굴에 빠져서 전혀 밖을 못봅니다. 정말 어렵습니다. 정말 답답합니다. 아무리 설명을 해주어도 소용이 없습니다. 정말로 소용이 없습니다. 동굴에 깊이 빠져 들어간 그 사람, 모르는 것입니다. 무지하기 이를 데 없습니다. 그러나 어찌합니까. 불쌍합니다. 넷째는 종족 우상입니다. 인간성에 매이는 것입니다. 할말없으면 '인간이므로' 라고 핑계댑니다. '마음에는 원이로되…' 이래가면서 자기변명을 합니다. 이것도 진실을 찾을 수가 없습니다. 바른 지식을 가질 수가 없게 됩니다. 그러므로 예수님께서 불쌍히 여기시는 것입니다. 모르기 때문입니다. 모를 수밖에 없게 되어 있습니다. 또 있습니다. 내가 하고 있는 일이 무슨 일인지를 모릅니다. 이것이 무엇을 의미하는지, 이것을 향한 하나님의 뜻이 무엇인지를 모릅니다. 유명한 철학자 이마누엘 칸트는 말합니다. 바른 지식을 얻기 위해서는 첫째가 정직해야 한다는 것입니다. 진실을 찾고나서야 지식을 얻을 수 있는 것이다, 합니다. 또한 믿음이 있어야 합니다. 의심하는 자는 아무것도 모르게 됩니다. 믿으십시오. 믿고야 알 수 있습니다. 또한 믿음이 정당한 기초 위에 서야 합니다. 그래서 믿음과 진실이 만나야 합니다. 그리고야 지식이 있는 것입니다. 믿음도 없고 진실도 없으니 내가 지금 무엇을 하고 있는지 나도 모르는 것입니다. 그런가하면 내가 선택한 그 선택이 자유인 줄로 착각을 합니다. 내 결정 내 판단 자체가 지금 병들었다는 것을 모르고 있습니다. 나는 스스로 자유롭게 선택을 한 줄 아는데 정신이 벌써 자유롭지 못했습니다. 이성이 벌써 병들었습니다. 다시 보십시오. 돈에 눈이 어두웠지요, 시기 질투에 눈이 어두웠지요, 욕심에 빠졌지요, 근심 걱정, 불신앙에 빠졌으니 어떻게 바른 판단을 하겠습니까. 내 판단력이 자유롭지 못합니다. 그것을 모르고 있습니다. 예수님의 말씀대로 말하면 이미 사단의 종이 되었습니다. 바리새인이 그렇고 가룟 유다가 그랬습니다. 사단에게 붙들려 있는데 어떻게 그 생각이 바르겠습니까. 그러므로 가야바가 그런 망언을 하는 것입니다. 그러므로 빌라도가 그렇게 될 수밖에 없었던 것입니다. 내 영혼이 얼마나 자유합니까. 벌써 나는 자유를 잃었습니다. 그러므로 불쌍한 것입니다. 판단의 능력과 지혜가 없습니다. 자유가 없습니다. 더 중요한 것이 있습니다. 저들은 모릅니다. 무엇을 모릅니까. 자기 행동의 후속결과를 모릅니다. 그 미래를 모르고 있습니다. 예수님께서 재판을 받으실 때의 빌라도를 보십시오. 손을 씻으면서 '아무리 보아도 이 사람은 죄가 없는 사람인데 왜 자꾸 죽이려고 하는지 모르겠다, 나는 이 일에 상관없다' 했습니다. 너희가 당하라, 합니다. 그리고 참 엄청난 이야기가 있습니다. 마태복음 27장 25절에 보면 "그 피를 우리와 우리 자손에게 돌릴지어다" 합니다. 예수를 십자가에 못박아 흐르는 그 피를 우리와 우리 자손들에게 돌릴지어다, 라고 소리지릅니다. 그 결과 40년 후에 예루살렘은 철저하게 망해 없어졌습니다. 그뿐입니까. "그 피를 우리와 우리 자손에게"—꼭 그렇게 연계하고 싶지는 않으나 어떤 분들은 나치의 6백만 유대인 학살도 여기에 연계합니다. 죄없는 유대인이요, 전쟁으로도 아닙니다. 마주 총을 쏜 것도 아니지 않습니까. 가만있는 6백만 유대인을 생으로 잡아다 죽였습니다. 요즘은 전쟁에 몇백 명, 몇십 명 죽었다 합니다마는, 자, 서로 마주 총을 쏜 것도 아닌데 6백만의 유대사람을 끌어가 가스 챔버에서 죽였습니다. 어찌해서 역사에 이렇듯 끔찍한 일이 있을 수 있습니까. 이제 그옛날로 돌아가봅시다. 예수를 십자가에 못박으면서 그 피를, 그 죄를 우리와 우리 자손에게 돌려라—돌아갔습니다. 이 사람들이 지금 무슨 말을 하고 있는 것입니까. 그렇게 아무것도 몰랐더라는 것입니다.

그래서 예수님 말씀하십니다. '아버지여 이들의 죄를 사하여주옵소서.' 깊이 생각하면 여기에 구원론이 있고 선교론이 있답니다. 모르니까, 몰라서 저러는 것이니까 불쌍히 여기시는 것입니다. 이제 알게 하면 되겠습니다, 이제 깨우치면 되겠습니다, 자유가 없는 사람을 자유케 하면 되겠습니다, 생각이 망가진 사람들을 중생케 하면 되겠습니다, 그러므로 하나님이여 저희를 사하여주옵소서, 모르기 때문입니다—이 무지한 사람들을 높은 차원에서 사랑하십니다. 불쌍히 여기십니다. 연민의 정으로 대하십니다. 십자가를 지고 죽으시면서 십자가지우는 사람들을 연민의 정으로 내려다보십니다. 그리고 기도하십니다. '저 죄를 사하여주옵소서.' 여기에 진정한 승리가 있는 것입니다. 예수님의 마음에 미움이란 없습니다. 원망도 없습니다. 오직 사랑만 있습니다. 뜨거운 사랑만 있습니다. 그래서 하나님 앞에 그렇게 기도하십니다. 그럼으로 십자가에서 승리하신 것입니다. 제가 일생 잊지 못하는 김익두 목사님의 체험담이 있습니다. 여름, 한창 더운 때였습니다. 이렇다할 교통수단도 없던 때여서 보따리를 짊어진 채 몇십 리 어느 시골길을 걸어서 부흥회를 인도하러 가는 길이었습니다. 높은 산을 만났습니다. 너무나도 덥지마는 저 위로 가면 바람을 좀 쐬겠다해서 비지땀을 흘리며 산을 올랐습니다. 산마루에 올라 옷을 벗어놓고 바람을 쐬고 있는데 맞은편에서 술취한 청년이 하나 비틀비틀 올라오더니 목사님을 쳐다보고 "너 왜 나보다 먼저 올라왔냐?" 하고 다짜고짜 주먹질 발길질을 퍼붓는데 목사님 표현대로는 이사간 집 굴뚝 부수듯 하는 것입니다. 이렇게 억울할 데가 어디 있습니까. 먼저 올라오기 시합을 한 것도 아닌데요. 한참을 그렇게 때리던 이 청년, 끝내는 제풀에 지쳐서 씨근씨근 숨을 몰아쉬고 있습니다. 이때 목사님이 그의 손을 딱 잡고 "형님 다 때렸소?" 했습니다. "다 때렸다, 어쩔래?" 하고 청년은 눈을 부라렸지만 이미 기가 한풀 꺾여 있었습니다. 자기의 손을 잡은 목사님의 악력(握力)이 괴력이었기 때문입니다. 제가 옛날에 목사님과 악수를 해보았는데 내 손이 으스러지는 것같았습니다. 이 분이 일찍이 황해도 신천 장의 유명한 깡패였습니다. 주먹 세기로 사방에 소문난 분이었습니다. "예수는 내가 믿고 복은 자네가 받았네." 청년의 손목을 잡은 채 목사님이 말했습니다. 이 사람이 못알아들었습니다. "이 사람아, 내가 김익두야." 청년은 깜짝놀라서 벌벌떱니다. "예수믿기 전에 이런 일 당했으면 자네는 오늘 아예 여기서 뫼 쓰는 게야. 내가 예수믿는 덕에 자네가 살았단말이야. 그러니 예수는 내가 믿고 복은 자네가 받았다는 걸세." 얼마나 놀랍습니까. 청년이 목사님 앞에 무릎을 꿇습니다. "이제 저는 어떻게 하면 좋겠습니까?" "날 따라와." 청년은 목사님을 따라가 부흥회 일주일 참석하고, 거기서 회개하고 예수믿고 세례받고 뒷날 장로가 되었다고 합니다. 그 이야기 하시면서 싱글벙글 웃으시는데, 참 놀랍고 존경스러웠습니다. 매맞으면서 미워했겠습니까. 매맞으면서 신세타령 했겠습니까. 그는 억울한 매를 맞으면서 불쌍히 여기고 있었습니다. '이 청년이 어쩌다 술도깨비가 됐나. 어쩌다가 이 지경이 됐나. 어쩌다 이렇게 망가졌나.' 그를 불쌍히 여겼습니다. 예수님께서 십자가에 달리신 채 기도하십니다. "아버지여 저희를 사하여주옵소서. 자기의 하는 것을 알지 못함이니이다." 여러분, 가장 불행한 일은 알 권리를 잃어버리는 것입니다. 더 불행한 것은 알 능력을 잃어버리는 것입니다. 더 불행한 것은 알 자유를 잃어버리는 것입니다. 이제 성령 안에서 새로워짐으로 눈이 열리고 귀가 열리고 비로소 하나님을 알고 그리스도의 사랑을 알고 내가 하나님의 자녀 됨을 알게 되는 것입니다. 그러므로 예수님께서 말씀하십니다. '하나님이여 저들의 죄를 사하소서. 모르기 때문입니다.' 예수님의 착실한 제자 스데반도 순교하면서 똑같은 기도를 합니다. '하나님이여 저들의 죄를 사하여주시옵소서.' 순교자들이 다 그런 모습으로 갔습니다. 그리스도인은 어떤 경우에건 아무도 미워하지 않습니다. 다만 사랑하고 불쌍히 여기고 위해서 기도할 것입니다. 여기에 진정한 승리가 있습니다. △

아버지께서 내게 주신 잔

··· 너희가 누구를 찾느냐 대답하되 나사렛 예수라 하거늘 가라사대 내로라 하시니라 그를 파는 유다도 저희와 함께 섰더라 예수께서 저희에게 내로라 하실 때에 저희가 물러가서 땅에 엎드러지는지라 이에 다시 누구를 찾느냐고 물으신대 저희가 말하되 나사렛 예수라 하거늘 예수께서 대답하시되 너희에게 내로라 하였으니 나를 찾거든 이 사람들의 가는 것을 용납하라 하시니 이는 아버지께서 내게 주신 자 중에서 하나도 잃지 아니하였삽나이다 하신 말씀을 응하게 하려 함이러라 이에 시몬 베드로가 검을 가졌는데 이것을 빼어 대제사장의 종을 쳐서 오른편 귀를 베어버리니 그 종의 이름은 말고라 예수께서 베드로더러 이르시되 검을 집에 꽂으라 아버지께서 주신 잔을 내가 마시지 아니하겠느냐 하시니라

(요한복음 18 : 1 - 11)

아버지께서 내게 주신 잔

　목회 중에 이러한 상담을 하다보면 퍽 괴로울 때가 있습니다. 혼기를 놓친 우리교회 청년들이 찾아와서 '목사님, 결혼을 해야겠는데 어떤 남자하고 결혼하면 좋겠습니까?'라고 물어봅니다. 그럴 때는 제가 늘 대답하는 말이 있습니다. "공부를 많이 못했더라도 건강한 남자, 특별한 직장이 없더라도 믿음이 좋은 사람, 그 무엇보다도 성품이 좋은 사람, 그리고 아주 겸손해서 봉사할 줄 아는 사람, 적어도 봉사의 기쁨을 아는 그런 남자하고 했으면 좋겠다"하고 얘기를 합니다. 이거 제대로 말한 것이지요? 바로 이게 하나님의 뜻입니다. 고맙다, 하고 가더니 며칠후에 다시 왔습니다. 이제는 구체적으로 미스터 김하고 할까요 미스터 박하고 할까요, 합니다. 그런데 이건 내가 대답할 수가 없거든요. 이러이러한 사람하고 하라, 하기는 좋지마는 미스터 김이냐 미스터 박이냐 할 때는 구체적인 대답을 할 수가 없는 것입니다. 남의 운명을 좌우하는 일이기 때문에 이런 상담을 할 때는 여간 답답하고 괴로운 것이 아닙니다.
　여러분, 인간은 인간이기 때문에 인간적 고민이 있습니다. 동물이 가지는 동물적 고민, 배고프고 춥고 아프고 덥고… 이런 생리학적 고민은 인간도 가진 것입니다마는 인간이기 때문에 인간만이 가지는 고민이 있습니다. 나아가 그리스도인이기 때문에 그리스도인만이 가지는 고민이 있습니다. 이것은 믿지 않는 사람에게는 없는 고민입니다. 하나님의 뜻을 묻는 이것은 믿는 사람만이 가지는 고민입니다. 우선 하나님의 능력과 지혜의 소재에 관한 고민입니다. 하나님의 능력이 어디에 있습니까, 하나님의 지혜를 보여주십시오, 전쟁이 있고 환난이 있고 고통이 있습니다. 왜 이런 일들은 있어야 합니까, 하나님께서는 지금 뭘 하고 계십니까, 하나님께서는 어느 편입니까—이걸 알 수가 없습니다. 두 번째는 하나님께서 나를 사랑하실까, 하는 고민입니다. 물론 사랑한다고 믿기도 하지마는 나의 나 됨을 알 때 내가 사랑받을만한 자격이 없는 것을 잘 압니다. 그런고로 아직도 나를 사랑하실까, 내가 수많은 날 하나님의 뜻을 어겼는데 아직도 하나님께서는 나를 사랑하고 계실까—거기서 흔들림이 있습니다. 자신이 없습니다. 이것은 율법적 고민입니다. 세 번째는 하나님의 거룩한 역사에 아직도 내가 필요할까, 하는 고민입니다. 능력도 없고 지혜도 없고 젊음도 없고 이제는 힘도 돈도 없는 나같은 이 쓸모없는 인간이 하나님 당신께는 아직도 필요합니까, 내가 할 일이 있습니까—그것을 묻고 싶은 것입니다. 그것을 알 수가 없는 것입니다. 또 네 번째로, 지금의 이 현실 속에, 내가 처한 이 현실 속에, 정치 경제 문화, 모든 문제에서 이 현실 속에서 내게 향하신 하나님의 뜻은 무엇입니까, 내게 향하신 하나님의 뜻은 어디에 있습니까—그것이 답답하고 괴롭습니다. 그리고 마지막으로 하나 더 있는 것은 내가 참겠습니다, 때로는 어려울 때 내가 희생하겠습니다, 썩어지는 밀알처럼 희생도 하겠습니다, 그런데 나의 희생에 대한 미래적 대가, 미래적 보상은 무엇입니까, 이렇게 참아서 무엇이 이루어지는 것입니까, 내가 희생해서 얻을 것이 무엇입니까—그것을 모르겠다는 것입니다. 믿는 사람만이 가지는 고민입니다.

　예수 그리스도께서 겟세마네동산에서 기도하신 것은 예수님의 모든 생의, 복음사역의 집약적인 결론일 뿐만 아니라 우리 그리스도인의 모든 신앙생활, 모든 운명을 좌우하는 결정적인 중요한 사건입니다. 여기서 예수님께서는 중요한 문제를 놓고 기도하십니다. 바로 기도로 문제를 해결하셨다는 것도 우리는 생각해야 됩니다. 그리고 기도의 자세, 기도의 내용, 기도에 대한 응답, 예수님께서 들으신 응답은 뭐냐—아니생각할 수가 없습니다. 여기서 우리는 모든 우리의 복잡한 문제에 대한 해답을 얻을 수 있습니다. 예수님께서 겟세마네 동산에서 기도하신 내용을 자세히 보십시오. 몇가지 특징이 있습니다. 첫째, 고민하여 죽게 되었다고 말씀하십니다(마 26 : 38, 요 12 : 27, …). 4복음서가 다 이 사실을 말씀하고 있습니다. 고민하여 죽게 되었다—예수님께서 무슨 고민을 하셨습니까. 여기서 예수님의 예수님다운 휴머니즘을 볼 수가 있습니다. 보십시오. 무슨 고민을 하셨느냐—한 가지는 분명합니다. 죽을까봐 걱정하신 것은 아닙니다. '33살에 죽는 것이 너무 괴로워서'—그런 것이 아닙니다. 이미 죽기로 결심을 하셨고, 그것을 제자들에게 수없이 말씀하셨고, 바로 몇시간 전에는 성만찬예식까지 거행하셨습니다. '이것은 너희를 위한 피다. 내가 너희를 위해 몸을 주노라. 몸을 주고 피를 주노라. 나는 십자가의 길을 간다. 내 평안을 너희에게 주노라. 이는 세상이 주는 것과 다르다. 너희가 다 나를 떠나겠지만 나는 혼자 있는 것이 아니다. 아버지께서 나와 함께 계시느니라.' 말씀하셨습니다. 십자가 지기로 결심하셨습니다. 다 결정된 것입니다. 그런데 왜 고민이 있습니까. 바로 여기에 문제가 있는 것입니다. 예수님, 무엇을 고민하셨을까? 그 마음에 깊은 고민이 있어, 민망하여 죽을 지경이 되도록 되셨다는데—두고두고 우리는 이를 생각하여야 하겠습니다. 또하나는 아버지의 뜻과 내 뜻의 대립입니다. 예수님 항상 아버지의 뜻을 순종해오셨는데 오늘와서 아버지의 뜻과 내 뜻을 대응시켜 말씀하십니다. 십자가는 결정적인 것이요 목적입니다. 그런데 현실에 있어서의 방법이 문제입니다. 또한 현실에 있어서 시간이 문제입니다. 내일아침 빌라도법정에서 재판을 받고 이렇게 죽어가는 것, 이것이 당신의 뜻입니까? 그것을 묻고 계신 것입니다. 그 과정에 문제가 있고 그 타이밍에 문제가 있고 그 방법에 문제가 있습니다. 그 시점에 문제가 있습니다. 나의 뜻과 아버지의 뜻—이렇게 대립시켜 말씀을 하십니다. 그리고 결론을 지으십니다. '나의 뜻대로 마옵시고 아버지의 뜻대로 하시옵소서.' 그리고 아버지의 뜻에 순종하십니다. 여러분 겟세마네동산의 기도를 말씀한 성경 보면 하나님께서 어떻게 응답하셨는지 그 내용이 없습니다. 하늘로부터 소리가 들려왔다는 얘기도 없습니다. 오히려 침묵 속에서 응답을 받으십니다. 예수님께서 들으신 응답을 생각하여야 됩니다. 하나님 앞에 전적으로 위탁하십니다. 모순되고 부조리한 현실, 그 십자가사건 앞에서 '아버지의 뜻대로' 하고 아버지께 위탁해버리십니다. 여기서 해답이 무엇입니까. 겟세마네동산에서의 응답은 무엇입니까. 보십시오. 응답으로 십자가가 떠나버린 것이 아닙니다. 죽음을 피하게 된 것도 아닙니다. 예수님 십자가에 돌아가실 때 십자가 밑에서 소리소리 지르는 사람들이 예수님 향하여 십자가에서 뛰어내리라, 뛰어내리라, 뛰어내리면 믿겠노라 하였는데 뛰어내리는 사건이 생긴 것도 아닙니다. 그런 이적이 나타난 것도 아닙니다. 그런 기적을 바라시지도 않았습니다. 그러면 예수님의 응답은 어디에 있습니까. 받은바 응답은 '아버지께서 내게 주시는 잔'이라는 사실의 해독입니다. 그렇게 이해하게 되고 그렇게 느끼게 되고 그렇게 받아들이게 됩니다. 이것이 아버지의 뜻이라고, 사랑하는 아버지가 사랑하는 아들에게 주시는 십자가라고, 그렇게 수용하십니다. 그것이 응답입니다. 보십시오. 분명히 가야바라는 대제사장이 음모를 꾸며서 예수님을 죽입니다. 그러나 이것이 가야바의 일입니까. 빌라도가 멍청한 재판을 해버립니다. 그러면 빌라도가 한 짓입니까. 어이없게도 가룟 유다가 예수님을 배반합니다. 그러면 가룟 유다 때문입니까. 그 무지한 군중들, 배반했습니다. '호산나 만세' 하다가 오늘와서 예수님을 십자가에 못박으라고 소리지릅니다. 그러면 이 군중 때문입니까. 예수님께서 기도해서 들으신바 응답은 이것입니다. 저도 아니고 이도 아닙니다. 그것은 세상에 주어진 현실일 뿐입니다. 아버지께서 내게 주시는 잔, 사랑하는 아버지가 사랑하는 아들에게 주시는 십자가입니다. 그렇게 응답을 받으셨습니다. 그렇게 믿고 그렇게 순종하며 십자가를 지십니다. 이것이 하나님의 능력입니다. 십자가가 하나님의 능력이요 하나님의 지혜라고 사도 바울은 말씀합니다. 하나님의 능력이 어디 갔습니까, 라고 부르짖는 것이 아닙니다. 하나님의 능력이 십자가 위에 나타났습니다. 하나님의 지혜가 십자가 위에 있었던 것입니다. 그것을 깨달으시고 그것을 믿으시고 그리고 십자가를 지시게 됩니다. 내게 향하신, 지금 내게로 향하신 아버지의 뜻을 받아들이시는 것입니다.

미국에서 공부할 때, 아마도 1974년인가봅니다. 한창「Super Star」라고 하는 뮤지컬이 유행하고 있을 때입니다. 어디까지나 뮤지컬인데 하도 인기가 좋아서 그 뮤지컬을 그대로 촬영하여 필름으로 각 극장에서 돌렸습니다. 제가 친구들과 같이 그걸 구경하러 갔습니다. 교수님도 같이 갔습니다. 입장료가 비쌌습니다. 영화관람료가 보통 5불인데 이것은 12불이었습니다. 비싸지만 봐야겠다, 해서 봤는데 보고 큰 충격을 받았습니다. 돌아와서 하룻밤 새도록 생각하고 다음날 또 가서 두 번째로 12불 내고 보았습니다. 장면 장면에 큰 감격이 있었습니다마는 특별히 겟세마네동산의 기도장면이 엄청났습니다. 어디까지나 이것은 '아마도 이렇게 기도하셨을 것이다'하는 작가의 imagination일 뿐입니다. 성경 그대로는 아니지마는 참으로 놀라웠습니다. 그 긴 기도를 다 한번 읽어드리고 싶습니다마는 그렇게는 못하고 몇대목만 소개하고 싶습니다. 'Why should I die? — 내가 왜 죽어야 합니까?' 'If I die, what will be my reward? — 내가 죽는다면 그 대가는 무엇입니까?' 'Why should I die? — 왜 죽어야 합니까?' 'Can You show me now that I would not be killed in vain — 하나님, 내가 죽으면 이 죽음이 헛된 것이 아니라는 것을 지금 보여주십시오.' 'Show me just a little of Your omnipresent brain — 내게 하나님의 전능한 능력을 잠깐만 보여주십시오.' 그리고 긴 기도 끝에 'Alright I will die — 내가 죽을 것입니다' 하십니다. 'Just watch me die. See how I die — 내 죽는 것을 보십시오. 어떻게 죽는가 보십시오.' 그리고 'I will drink your cup of poison — 당신이 주신 잔을 내가 마시겠습니다.' 'Nail me to the cross and break me — 십자가에 못박아주십시오.' 그리고 'Bleed me, beat me, kill me, take me now, before I change my mind'라고 하는 말이 들려올 때 내가 숨이 막히는 것같았습니다. '나를 죽여주시고 취해주시옵소서, 내 마음 변하기 전에…' 숨이 막힐 정도로 큰 충격을 받았습니다. 여러분, 하나님의 뜻 앞에 예수님께서 십자가를 지십니다. 골고다언덕에서 지신 것은 지나는 과정일 뿐, 겟세마네동산에서 십자가를 지신 것입니다. 거기서 결정을 하신 것입니다. 얼마나 놀라운 일입니까. 아버지께서 내게 주시는 잔이기에 그는 침묵하셨습니다. 순종하셨습니다. 용서하셨습니다. 원수를 위하여 기도하셨습니다. 그렇게 십자가를 지신 것입니다.

우스운 얘기가 하나 있습니다. 아인슈타인 박사가 상대성원리를 연구해서 발표했을 때 많은 사람이 흥미를 가졌습니다. 그때는 지금처럼 녹음시설이 없을 때니까 직접 가서 강연을 해야 되고 직접 들어야 될 때였습니다. 아인슈타인 박사가 스스로도 이 원리를 신기하게 생각을 해서 어디서든지 오라고 하면 가서 강연을 했습니다. 낮에도 가고 저녁에도 가고… 비서 겸한 운전기사가 따라다녔는데 좌우간 서른 번이나 똑같은 강연 하는 것을 운전기사가 보았습니다. 대학에서 오라 해도 가고 고등학교에서 오라 해도 가서 강연을 늘 즐겁게 하는지라 이 기사가 따라다니면서 서른 번을 다 들었더니 그 내용이 절로 외어졌습니다. 그래서 어느날도 강연하러 갈 때 이 기사가 아인슈타인 보고 말했습니다. "박사님은 30번이나 똑같은 걸 하셨습니다. 그래 제가 다 외었습니다. 오늘은 내가 한번 대신하면 안되겠습니까?" 또 아인슈타인 박사가 보통으로 유머가 좋은 게 아니었습니다. 음악도 잘하고… "알았네. 오늘은 자네가 하게." 이리하여 아인슈타인 박사가 운전을 하고 기사가 뒷자리에 떡하니 앉았습니다. 가서 이제 기사가 강연을 합니다. 아인슈타인 박사가 뒤에서 들어보니 기가차게 하는 것입니다. 자신과 똑같게 좌악 강연을 하는 것입니다. 모두가 박수를 쳤습니다. 한데 끝에가서 유명한 대학교수가 강연자에게 질문을 하는 것입니다. 세부적인 것을 들어 조목조목 질문을 하는 것이니 이 기사 큰일났다 했는데 뜻밖에도 운전기사는 빙그레 웃으면서 "아이고 뭐, 그렇게 유치한 질문을 다 하십니까. 그런 질문에는 제 운전기사가 대답할 것입니다"하고 저 뒤에 서 있는 아인슈타인을 가리키는 것입니다. 이 사람의 용기가 어디서 났습니까. 이 시나리오를 알고 있거든요. 아인슈타인 박사가 든든하게 여기 있지 않습니까. 그러니 꽝꽝 큰소리치는 것입니다. 여러분, 하나님의 시나리오, 십자가를 통해서 부활을 하시고 만백성을 구원하시는 이 거룩한 역사를 그리스도께서 확실하게 이해하시는 것이니 십자가가 문제입니까. 비난이 문제입니까. 문제될 것이 아무것도 없는 것입니다. 빌라도 때문도 아니고 가야바 때문도 아닙니다. 오로지, 오로지 아버지께서 내게 주신 잔을 우리를 위하여 마시신 것입니다. 호라티우스 보나르라고 하는 분의 유명한 신앙적 시가 있는데 제가 다 읽었으면 좋겠지만 시간상 맨마지막 부분만 읽어드리겠습니다. '저 스스로 저의 운명을 선택하지 아니하겠습니다. 할 수 있더라도 하지 않겠습니다. 나의 하나님이여, 당신께서 선택하여주시옵소서. 그리하면 제가 순종하고 따르겠습니다.' 내 운명을 내가 결정하는 것으로 알지 마십시오. 그가 결정하십니다. 그것이 주의 뜻인 줄 알았다면 이제는 즐거운 마음으로 순종할 것입니다. 내 뜻대로 마옵시고 아버지의 뜻대로 하시옵소서. 내게 주신, 아버지께서 내게 주신 잔을 내가 마시지 않겠느냐, 내 영혼을 아버지 손에 부탁하나이다─ 그리고 십자가를 지셨습니다. 이로써 부활의 아침을 맞고 영원한 영광을 얻고 만백성을 구원하는 길을 열어놓으신 것입니다. 아버지께서 내게 주시는 잔… △

갈릴리에서 온 선지자

저희가 예루살렘에 가까이 와서 감람산 벳바게에 이르렀을 때에 예수께서 두 제자를 보내시며 이르시되 너희 맞은 편 마을로 가라 곧 매인 나귀와 나귀 새끼가 함께 있는 것을 보리니 풀어 내게로 끌고 오너라 만일 누가 무슨 말을 하거든 주가 쓰시겠다 하라 그리하면 즉시 보내리라 하시니 이는 선지자로 하신 말씀을 이루려 하심이라 일렀으되 시온 딸에게 이르기를 네 왕이 네게 임하노니 그는 겸손하여 나귀, 곧 멍에 메는 짐승의 새끼를 탔도다 하라 하였느니라 제자들이 가서 예수의 명하신대로 하여 나귀와 나귀 새끼를 끌고 와서 자기들의 겉옷을 그 위에 얹으매 예수께서 그 위에 타시니 무리의 대부분은 그 겉옷을 길에 펴며 다른 이는 나무가지를 베어 길에 펴고 앞에서 가고 뒤에서 따르는 무리가 소리 질러 가로되 호산나 다윗의 자손이여 찬송하리로다 주의 이름으로 오시는 이여 가장 높은 곳에서 호산나 하더라 예수께서 예루살렘에 들어가시니 온 성이 소동하여 가로되 이는 누구뇨 하거늘 무리가 가로되 갈릴리 나사렛에서 나온 선지자 예수라 하니라

(마태복음 21 : 1 - 11)

갈릴리에서 온 선지자

「Christian Century」라고 하는 유명한 기독교잡지가 있습니다. 이 잡지에 로날드 고에츠 박사의 중요한 논문이 실린 바 있습니다. 'A period of anti-modesty'라고 하는 제목의 글입니다. '반겸손(反謙遜)의 시대'라고 하는 것입니다. 반겸손의 시대 — 아마 여러분도 여러 모로 이것이 무엇을 의미하는지 다같이 피부로 느끼고 있을 줄 압니다. 이 분은 이 논문에서 그 뿌리를 어디다 두었는고하면 칼 마르크스와 프로이트와 니체에다 두었습니다. 멀리 올라가서 이런 사람들의 그릇된 사상으로 인하여 우리 모두의 마음속에 알게모르게 반겸손의 성향이 자리잡게 되었다, 하는 것입니다. 겸손은 미덕이 아니요 하나의 억압의 수단이라고 저들은 말했습니다. 가해자의 피해계급 통제수단으로 겸손과 온유를 강요해왔다 — 이렇게 니체는 말합니다. 그래서 생긴 그들나름의 종합된 논리가 힘의 철학입니다. 힘만이 정의다, 하고 그리고 초인간성을 말합니다. 하나님 앞에 겸손하라, 하는 사람들이 결국은 피지배계급을 다스려왔다, 그런고로 초인적 인간만이 자유할 수 있다, 라고 선동을 해서 여러분 아시는 대로 혁명이 나오고 공산당이 나오고 온세계가 이렇게 소란해졌고 지금도 그 영향이 확산되어가는 것을 볼 수 있습니다. 우리는 지금 우리주변에서 얼마든지 이것을 느낍니다. 보십시오. 정의라는 이름으로 반항을 합니다. 정의라고 하지만 알고보면 주관적인 것입니다. 객관적이라고 하는 말까지도 주관적입니다. 자기나름의 정의를 주장하며 반항을 하고 결국은 전체를 다 무너뜨리고 맙니다. 그런가하면 PR라는 이름으로 자기자랑을 앞세웁니다. 옛날에야 자기자랑같은 것은 참 죄송스럽고 부끄러워서도 하지 못하던 것입니다. 그러나 지금은 그저 자기자랑입니다. 자기아들자랑, 마누라자랑, 주책없는 자랑, 거침없이 합니다. 저는 사회생활에서 참 마음에 안드는 게 있습니다. 가끔 명함을 받을 때가 있는데 보면 명함에 자기얼굴사진을 박어넣은 게 있습니다. 뭐 거기까지는 나도 좀 봐주겠으나 어떤 사람들은 가족사진까지 박어넣고 있습니다. 내가 왜 자기가족들 얼굴까지 익혀야 됩니까. 말하기에 따라서는 나름의 의미가 있겠으나 나는 이런 사람입니다, 나는 이렇습니다, 하는 자기자랑인 것입니다. 내가 명함받은 것 중에서 제일 기가막힌 명함은 이런 명함이었습니다. 명함을 딱 받아보니 거기에 '40일 금식기도 두 번'이라고 피아르해놓은 것입니다. 이 명함을 내놓고 '나는 이런 사람입니다' 하는 것입니다. 거 참, 이상한 세상이 됐습니다. 이게 다 자기피아르이거든요. 내 물건 팔기 위해서 상품가치를 높이던 그런 솜씨로 자기얼굴을, 자기명예, 자기지식, 자기능력을 크게 자랑하는 사이에 그만 다들 병들었습니다. 또한 개성이라는 이름으로 순종을 거부합니다. 무슨 말을 하면 '그건 당신 생각이고 내 생각은 다르다' 합니다. 남편과 아내도 그건 다르다, 개성이다, 이것입니다. 부모자식간에도 세대차이니뭐니 하고 개성이다뭐다 하면서 영 순종하려들지 않습니다. 이러는 동안에 인간성이 두루 파탄나고 질서가 무너지고 세상이 이렇게 힘들어졌습니다. 정말 살기 힘든 세상이 되고 말았습니다. 겸손이 없습니다. 겸비의 덕은 눈닦고도 찾아보기 어렵습니다. 은근한 겸비의 덕이 사라져가는 그런 슬픔을 느낍니다.

그런데 오늘본문을 보십시오. 엄청난 진리가 있습니다. 이것은 놀라움입니다. 두고두고 생각해야 될 깊은 뜻이 여기에 있습니다.

예수께서 나귀를 타고 예루살렘에 입성하십니다. 이에 대해서 많은 학자들이 생각하는 것, 저도 동의하고 싶은 것이 있습니다. 그 유월절에 예수님께서 예루살렘에 올라가시되 모름지기 두 가지 행사만 하시지 않았더라도 십자가에 돌아가시지 않았을 것이고 또 얼마동안, 몇년 더 계시면서 계속 구원사역을 펴나가셨을 것이다, 그렇게 일찍 돌아가시지 않을 수 있었을 것이다, 라고 상황해석을 하는 것입니다. 두 가지─하나는 나귀타고 입성하신 것입니다. 이는 정치적인 오해를 많이 받을 수 있는 것입니다. 로마가 통제하는 사회입니다. 정치적으로는 절대로 어떤 행사나 집회나 운동이 있을 수가 없습니다. 그런 터인데 왕의 대관식이라니, 이 이벤트 자체가 문제되는 것입니다. 어떻게 이스라엘관습에 따른 대관식행사를 할 수 있난말입니까. 그리고 나귀를 타고 올라가시는 것이 어찌 무사하기를 바라겠습니까. 여기에 문제가 있습니다. 또하나는 예루살렘성전을 깨끗이하신 것입니다. 이것은 정면충돌 하신 것입니다. 이 두 사건을 두고 젊은신학자들, 말하기 좋아하는 젊은신학자들은 이런 말을 합니다. '예수님께서 나 죽여라, 나 죽여라, 하신 거나 마찬가지다.' 나 죽여라, 하신 거나 다른 게 없는 것입니다. 지금 예수님을 죽이기로 결정하고 가야바가 기다리고 있는 그 소굴을 당신 발로 찾아들어가 성전을 깨끗이하고 '만민이 기도하는 집을 어찌하여 강도의 굴혈로 만드느냐(마 21:13)' 호통치시고 채찍을 휘두르셨으니 말입니다. 무슨 일입니까. 구태여 말하자면 이렇게 했다고해서 성전이 깨끗해졌습니까. 모르기는 하지만 저들은 다음날도 거기서 장사 또 했을 것입니다. 그러니 이 행사가 무슨 의미가 있느냐고요. 나귀를 타고 올라가신다고 왕이 될 것도 아니요, 성전을 깨끗이하셨다고 성전이 영영 깨끗해지는 것도 아닙니다. 그런데 왜 이런 일을 행사하신 것입니까. 이 이벤트의 의미가 대체 무엇입니까. 우리는 그것을 생각해야 됩니다. 왜 예수님께서 이렇게 하셨을까? 위험한 일, 오해가 많을 일인데도 불구하고 예수님께서는 거침없이 이렇게 하십니다. 왜요? 그는 왕이시기 때문입니다. 왕되심, 주되심, Lordship을 여기서 계시적으로 나타내신 것입니다. 그래 정정당당하게 나귀를 타고 호산나만세 소리에 싸여 예루살렘으로 입성하십니다. 그것이 바로 종려주일의 의미입니다. 나귀를 타셨다, 나귀새끼를 타셨다―성경은 구약신약을 막론하고 증거합니다, 이것은 겸손의 증거라고요. 겸손하여 나귀새끼를 타셨습니다. 왜 말을 타지 않으시고, 왜 백마를 타지 않으시고, 왜 마차를 타지 않으시고 나귀새끼를 타셨느냐―그것은 바로 겸손을 뜻하는 것입니다. 겸손과 왕권의 오묘한 조화와 긴장관계를 우리에게 말씀하고 있는 것입니다. 상징적인 동시에 계시적인 의미가 그 속에 있습니다. 권세, 참권세는 바로 겸손에서부터 오는 것입니다. 심리학적으로도, 정치적으로도, 특별히 신앙적으로는 무릇 권세란 겸손한 자에게 주어집니다. 그래서 성경은 말씀합니다. 교만한 자를 물리치시고 겸손한 자에게 권능을 주신다고, 온유한 자가 땅을 차지한다고. 겸손이 권세의 뿌리라는 것을 말씀하고 있습니다. 여러분, 여러분 자신이 혹 어떤 시험에 빠진 일이 있습니까? 그 자체를 놓고 생각하지 말고 깊이 자성해보십시오. 그것은 욕심 때문입니다. 야고보서 1장 14절에서 말씀합니다. "오직 각 사람이 시험을 받는 것은 자기욕심에 끌려 미혹됨이니…" 자기도모르게 마음속에 자리잡은 욕심 때문에 질투가 나오고 번민이 나오고 사건이 생기고 시험에 빠집니다. 이것을 알아야 합니다. 또한 우리는 부끄러운 일을 당하기도 하고 비겁해질 때도 있습니다. 비겁해지는 그 것은 교만 때문입니다. 교만은 뿌리가 없는 나무입니다. 허세입니다. 그런고로 시험에 빠집니다. 부끄러워집니다. 겸손한 자는 부끄러울 일이 없습니다. 교만한 만큼 부끄러움을 당할 수밖에 없고 나약해질 수밖에 없는 것입니다. 문제는 나도 스스로 내가 교만하다는 걸 모르고 있다는 데 있습니다. 여러분, 많은 비난을 받고 있습니까? 그리고 잘 참을 수 있습니까? 그 참는 인내의 힘은 겸손에서 옵니다. 겸손한 자만이 참을 수 있습니다. 참지 못했다면 누구든지 교만한 사람입니다. 결국은 겸손입니다. 겸손하면 얼마든지 참을 수 있습니다. 또 겸손 뒤에는 무엇이 있습니까. 소망이 있습니다. 소망이 있으면 겸손할 수 있습니다. 소망 없는 겸손이라면 그것은 비굴함입니다. 비참한 것입니다. 절망입니다. 그러나 소망이 든든합니다. 앞이 보입니다. 미래가 보입니다. 영원한 세계가 보입니다. 그러면 넉넉하게 참을 수 있습니다. 겸손할 수도 있습니다. 얼마든지 겸손할 수 있습니다. 비난따위가 문제되지 않기 때문입니다. 이제 오늘말씀을 잘 봅시다. 예수님께서 얼마나 겸손하십니까. 그는 하나님의 경륜을 아십니다. 하나님의 뜻을 아십니다. 하나님의 뜻에 전체를 맡기고 저 앞에 있는 구속의 역사를 바라보면서 오늘 겸손하여 나귀새끼를 타고 올라가십니다. 누가 뭐라고 하든 예수님께서는 왕권을 이렇게 시위하십니다. 사무엘상 15장을 보면 하나님께서는 사울이 스스로 낮출 때 높이어 왕이 되게 하시고 스스로 자기를 높이고 교만하고 기념비를 세울 때 그를 내려치십니다. 교만한 자를 물리치시고 겸손한 다윗을 왕으로 세우십니다. 우리는 다윗의 일생을 통해서 겸손이 무엇인가를 배워야 됩니다. 하나님께서는 다윗을 무척이나 기뻐하십니다. 그것을 알아야 합니다. 오늘성경은 분명히 말씀합니다. 예수님께서는 겸손하여 나귀새끼를 타셨다고. 죽기까지 복종하셨습니다. 하나님의 뜻에 복종하는 바로 거기에 겸손이 있는 것입니다. 겸손이란 죄와 타협하는 것을 말하는 게 아닙니다. 불의 앞에 비굴해지는 게 아닙니다. 당당함을 말합니다. 주님만 생각하고 단순한 마음입니다. 그리고 여유를 가집니다. 그것이 겸손입니다. 보십시오. 빌립보서는 말씀합니다. "그는 근본 하나님의 본체시나 하나님과 동등됨을 취할 것으로 여기지 아니하시고 오히려 자기를 비어…(빌 2 : 6)" 스스로 비웠다, '에케노센'이라고 말씀합니다. 영어로는 emptied입니다. 보십시오. 알지만 모르는 것처럼, 할 수 있으나 할 수 없는 것처럼, 할말이 많아도 할말 없는 것처럼… 또 있습니다. 얼마든지 의인입니다. 의를 주장할 수 있습니다. 그러나 죄인인 것처럼, 마치 저주받은 자인 것처럼 말없이 십자가를 지십니다. 하나님의 아들이 저주받은 죄인의 모습으로 죽으십니다. 이것이 겸손입니다. 그래서 빌립보서 2장 5절에 말씀합니다. "너희 안에 이 마음을 품으라 곧 그리스도 예수의 마음이니…" 여러분은 스스로 얼마나 겸손해보았다고 생각하십니까? 우리는 그리스도께로서 깊은 겸손을 배워야 합니다. 그리고 십자가 앞에 섭니다. 그리고 부활의 아침을 바라봅니다. 그 겸손과 온유 속에 엄청난 용기가 있습니다. 예수님만이 아시는 용기가 있습니다. 이것으로 나귀를 타고 올라가시는 것입니다. 십자가를 넘어서는 소망이 있기 때문에 용기가 있는 것입니다. 이것을 잊지 말아야 합니다. 또한 많은 비난과 오해를 극복하고 계십니다. 참 오해가 많습니다. 나귀를 타고 입성하면 로마사람들은 정치운동으로 몰아서 유대인의 왕이라며 죽일 것 아닙니까. 이런 위험함이 있지마는 개의치 않으십니다. 특별히 안타까운 것은 제자들의 오해입니다. 제자들은 예수님을 따를 때 모름지기 예수께서 꼭 왕이 되실 줄로 믿고, 왕이 되면 한 자리 하겠다고 따랐거든요. 그 우편에 앉느냐 좌편에 앉느냐 하면서까지요. 그러던 참에 예수님 나귀를 타고 올라가시니까 '아, 됐다. 이제는 때가 됐구나' 생각하고 만세를 부르는 것입니다. 예수님 드디어 왕이 되신다, 하여 만세를 부릅니다. 세속적인 왕이 되시는 줄 알고 만세를 부릅니다. 이런 사람들의 오해, 예수님 개의치 않으십니다. 여러분이 혹 이런저런 비난을 받습니까? 그거 다 면하려고, 안들으려고 한다면 아무 일도 못합니다. 제 선친이 제게 주신 교훈이 있습니다. "소가 없으면 외양간이 깨끗하단다." 그렇지요. 소가 없으면 깨끗하지요. 아무것도 할 수가 없는 것입니다. 불가(佛家)에서 이야기하는 것입니다마는 어떤 사람이 아침에 세수를 했습니다. 세수한 물이 아까워서 그걸로 발도 씻었습니다. 그리고 이 물을 버리려고 가지고 나와서 화단에다 버리려고 하다가 푸릇푸릇하게 잎이 올라오는 걸 보고 거기다 부으면 안되겠다 싶어 그 옆에 부으려고 했더니 지렁이가 지나가므로 거기도 못붓고 다시 이리저리 살피다가 보니 또 개미가 눈에 띄는지라 개미한테 부으면 홍수났다 하겠구나 싶어 또 못붓고… 그래 들고다니다가 결국은 그 물을 마셔버렸다고 합니다. 여러분, 우리가 매사에 이리 비키고 저리 신경쓰면 아무 일도 못합니다. 세상에 오해받지 않고 되는 일 없습니다. 이걸 잊지 말고 정정당당할 것입니다. 이것이 주의 길이라면 그것이 겸손입니다. 그리고 겸손에서 오는 용기입니다. 오해가 있든없든 누가 뭐라고 하든 주님께서는 의연히 나귀를 타고 올라가십니다. 그 심경은 예수님만이 아십니다. 아무도 모릅니다. 왜 그러해야 하는지를. 그러한 고독함을 극복하고 나귀를 타고 올라가십니다. 그리고 찬송, 제자들의 찬송, 어린이의 찬송, 다 불완전합니다. 예수님의 마음을 이해하지 못하는 한. 그래도 그 찬송을 받으십니다. '정신차리고 불러라. 뜻이나 알고 소리지르느냐' 하시지 않습니다. 이것이 다 하나님의 하시는 일이기 때문에 기쁜 마음으로 찬송을 받으시고 그걸 방해하는 사람들에게 '돌이라도 노래를 할 것이다(눅 19 : 40)' '어린이의 찬송을 온전케 하실 것이다(마 21 : 16)'하십니다. 예수님께서 그들의 찬송을 기쁘게 수용하고 받아들으십니다. 그리고 예루살렘으로 올라가십니다. 그런데 참 유감스러운 것이 있습니다. 성전에 올라가셨을 때 그 무서운 사람들이, 고관들이 나와서 '누구냐. 누구기에 이 짓을 하노?' 하고 물을 때 거기서 당당하게 베드로가 나서서 '메시야십니다. 주는 그리스도시요 살아계신 하나님의 아들이십니다' 라고 했더면 좋았을 것을 기껏 한다는 소리가 이러했습니다. '나사렛에서 온 선지자입니다.' 해석을 좀 붙이면 '촌사람들 여기 와서 퍼레이드 한번 하는 것이니 좀 봐주시구려' 라는 얘기입니다. 너무나도 마음에 안듭니다. 나사렛에서 온 선지자라—이 무슨 소리입니까. 만왕의 왕이 지금 대관식을 하는 순간이 아닙니까.

우리의 부족한 찬송을 거룩히 받아주시는 하나님께 참으로 감사합니다. 그리고 그리스도인이란 종교학적으로 예수 그리스도를 주로 고백하는 자를 이릅니다. as the Lord, as my Lord, 내 주로 고백하는 자가 그리스도인입니다. 그러면 주님과 같은 마음으로 주께 충성을 다해야 하겠지요? 옛날 로마에서 기독교가 핍박을 받을 때 로마정부는 이런 인사법을 유행시켰다고 합니다. 사람을 만나면 "가이사는 우리의 주인이십니다" 라고 인사하라, 했습니다. 굿 모닝, 굿 이브닝

이 아니라 "가이사는 우리의 주인이십니다"라고 인사하고, 인사받는 사람은 "그렇죠. 가이사가 우리의 주인이시죠"라고 대답하게 했습니다. 기독교인들이 거기서 색출당합니다. "가이사가 우리의 주인이십니다" 할 때 "아니오. 예수님께서 우리의 주인이십니다" 하는 것이니 곧장 잡혀서 원형극장으로 끌려가 순교당하는 것이었습니다. 그 한마디에, 얼마나 중요한지 모르는 이 말에 내 생명을 거는 것입니다. 목숨을 거는 것입니다. 폴 투르니에라고 하는 심리학자는 「The Secret」이라고 하는 책에서 하나님과 우리와의 관계를 삼단계로 말하고 있습니다. 첫째는 물러서는 단계입니다. 나는 움직임 없이 그대로 있고 하나님만 아시고 하나님만 깨달으시라는 태도입니다. 하나님의 진리만 배우겠다는 것입니다. 객관적으로 이해하겠다고 몸부림을 칩니다. 그러나 이래서는 아무것도 얻는 게 없습니다. 둘째는 상호관계적 단계입니다. 내가 하나님께, 내 의로 하나님께 나아가겠다, 합니다. 그래서는 어떤 건 이해하면 좋고 이해 안되면 반대하고, 이해되는 건 순종하고 이해 안되는 건 거역하고, 실리를 계산해가면서 사는 그런 그리스도인이 있습니다. 셋째는 소통의 단계입니다. 무조건 듣습니다. 그리고 믿습니다. 이해되는 것도 믿고 이해 안되는 것도 믿습니다. 왜? 주께서 나를 사랑하시기 때문입니다. 그가 나를 사랑하심을 알기 때문입니다. 그 능력과 지혜와 사랑을 내가 믿기 때문에 범사에 주의 하시는 일을 다 그대로 수용하고 그 말씀에 전적으로 자기생명을 위탁하는 것입니다. 여러분, 주님께서 나귀를 타고 올라가신 일은 상징적이고 계시적이고 해학적이고, 어찌생각하면 아주 유머러스하기까지 합니다. 내게 이같은 겸손이 있는가, 내게 이같은 용기가 있는가, 내게 이같은 충성이 있는가, 다시한번 물어야 할 것입니다. 주님과 함께 주님의 깊은 마음을 이해하고 그 겸손 그 용기로 행하면 주님과 함께 영광을 얻게 될 것입니다. △

부활의 권능과 신비

그러나 무엇이든지 내게 유익하던 것을 내가 그리스도를 위하여 다 해로 여길 뿐더러 또한 모든 것을 해로 여김은 내 주 그리스도 예수를 아는 지식이 가장 고상함을 인함이라 내가 그를 위하여 모든 것을 잃어버리고 배설물로 여김은 그리스도를 얻고 그 안에서 발견되려 함이니 내가 가진 의는 율법에서 난 것이 아니요 오직 그리스도를 믿음으로 말미암은 것이니 곧 믿음으로 하나님께로서 난 의라 내가 그리스도와 그 부활의 권능과 그 고난에 참예함을 알려 하여 그의 죽으심을 본받아 어찌하든지 죽은 자 가운데서 부활에 이르려 하노니 내가 이미 얻었다 함도 아니요 온전히 이루었다 함도 아니라 오직 내가 그리스도 예수께 잡힌 바 된 그것을 잡으려고 좇아가노라

(빌립보서 3 : 7 - 12)

부활의 권능과 신비

6·25 한국전쟁 때 유엔군이 국군과 함께 압록강까지 밀고올라간 역사가 있습니다. 그러나 중공군의 개입으로 인하여 유엔군은 부득이 후퇴할 수밖에 없었습니다. 후퇴작전이라는 것이 언제나 참 어려운 바가 있습니다. 후퇴하는 중에 해병대 한 중대가 어려움을 만나 산골짜기로 피하게 됐고 중공군이 그 골짜기를 포위하여 망을 좁혀오고 있었습니다. 시시각각 위험한 순간이 닥쳐오고 있습니다. 이 해병중대는 절망적인 상태에 빠졌습니다. 모두들 낙심하고 있는데 젊은 병사 하나가 콩통조림으로 시장기를 달래고 있다가 그 옆을 지나가던 종군기자의 질문을 받습니다. 종군기자는 그 병사가 너무나도 측은해서 위로할 겸 이렇게 물었습니다. "지금 당신의 소원이 뭐요?" 이때 병사가 대답한 말이 너무나 유명한 말이 되었습니다. "Give me tomorrow(내일을 주십시오)." 그렇습니다. 내일이 있다고 믿는 것과 없다고 생각하는 것은 엄청난 차이가 있습니다.

세상에서 가장 무서운 사람은 '나만 죽으면 그만이다' 하는 사람입니다. 이거 맹랑한 생각입니다. '나만 죽으면 끝이다.' 이 사람 무서운 사람입니다. 이보다 더 무서운 사람은 '나를 괴롭히는 저 사람을 죽이면 그만이다' 하는 사람입니다. 이건 더 무서운 사람입니다. 죽여서 해결하려는 것입니다. 여러분 아시는대로 인류역사에 많은 독재자들이 있습니다. 지금도 이 지구촌 여기저기에 전쟁보다 훨씬 더 무서운 독재자의 폭력이 있습니다. 그런데 이 독재자들에게 공통점이 하나 있습니다. 그것은 바로 내 적을 숙청함으로 문제를 해결하려 하는 것입니다. 누구든 나를 반대하는 자는 모조리 숙청해버리면 된다—그렇게 생각하는 그 사람들이 제일 무서운 사람들입니다. 여러분, 잘믿거나 못믿거나 간에 부활신앙이 없는 철학, 부활신앙이 없는 도덕과 윤리, 그리고 종교, 선과 의와 사랑, 이 모든것 다 아무 것도 아닙니다. 부활신앙이 없고 내세가 없다면 그 많은 의로움, 고난, 의미가 없습니다. 그 뼈아픈 인내와 수고가 무슨 의미가 있다는 것입니까. 그 희생에 무슨 가치를 부여할 것입니까. 그런고로 이마누엘 칸트의 말대로 부득불 내세에 대한 신앙을 가질 수밖에 없습니다. 그렇지 않고는 모든 가치관이 무너지고 마니까요. 생명문제는 참으로 신비로운 것입니다. 우리가 수없이 장례식을 치릅니다. 임종하는 사람을 봅니다. 그러면서도 여전히 죽음이 뭔지를 모르겠는 것입니다. 내가 죽어보지 못했으니까요. 내가 죽을 때까지는 죽음의 문제, 알 수가 없습니다. 그런가하면 더더욱 사후의 문제, 항상 신비롭게 우리에게 남아 있는 문제가 될 수밖에 없습니다. 부활사건과 부활신앙은 같지 않습니다. 부활사건이라는 역사적 사건이, 주께서 이루시고 십자가에 돌아가시고 부활하신 엄연한 사건이 여기 있습니다. 그러나 이 사건을 내가 믿을 때까지는 이 사건의 의미가, 그 능력이 나와 아무 상관이 없습니다. 아시는대로 예수님 부활하신 다음에도, 부활하신 예수님을 만나보고도 제자들은 물고기잡으러 갔습니다. 비겁한 자가 됐습니다. 오순절 성령강림 함으로써 비로소 부활신앙을 가지게 될 때 거침없이 복음을 전하는 담대한, 순교까지도 마다하지 않는 위대한 부활의 증인들이 됐더라는 것입니다. 마땅히 부활사건에 따르는 부활신앙이 함께 있어야 하는 것입니다. 역시 부활은 생명의 문제요 신비로운 것입니다. 2003년 4월호 「가이드 포스트」지에 어느 목사님의 재미있는 경험담이 실려 있습니다. 조지 모건이라고 하는 목사님이 시골에서 목회를 하고 있습니다. 교인이 그리 많지 않은데 어린아이들과 함께 지내면서 부활절 전주일에 아이들에게 플라스틱으로 만들어진 속이 텅빈 예쁜 계란을 하나씩 줬습니다. 주면서 "여기에다 생명을 담아오너라" 하였습니다. 아이들은 집에 돌아가서 나름대로 궁리했습니다. 생명이 뭘까? 생명을 여기다 넣어가지고 오라는데… 그래서 곤충도 잡아다 넣고 꽃을 꺾어서 넣기도 하고 저마다 나름대로 생명이라고 여기는 것을 하나씩 넣어가지고 왔습니다. 그런데 그 어린아이들 중에 너무 몸이 약해서 휠체어를 타고 교회에 나오는 어린아이가 하나 있었습니다. 이 어린아이는 그날 플라스틱계란을 텅빈 그대로 가지고 왔습니다. 목사님은 안쓰러웠습니다. '이 애는 몸이 약하니까 곤충채집도 못하고 이렇게 빈 것을 가지고 왔구나' 생각을 해서 그 아이 보고 "너는 숙제를 못했구나. 그러나 괜찮다. 못할 수도 있는 거지 뭐" 하고 위로했더니 이 아이 보십시오. 정색을 하고 하는 말이 "아니에요. 나는 그 속에 보이지 않는 생명을 담아 가지고 왔습니다. 예수님의 무덤도 비어 있지 않았습니까" 하는 것입니다. 목사님이 할말을 잃고 이 아이를 끌어안고 칭찬했다고 합니다. 여러분은 생명자체를 본 일이 있습니까? 생명을 무엇으로 말할 것입니까? 생명은 볼 수 없는 것입니다. 의사가 핀셋으로 집을 수 있는 게 아닙니다. 어느 누구도 '이것이 생명이다' 하고 뭘 내세우지 못합니다. 생명은 신비로운 것이요 보이지 않는 것입니다. 그것이 우리 속에 있어서 오늘도 우리가 살아 움직이고 있는 것입니다.

    생명, 아주 중요합니다. 생명에는 단계가 있습니다. 먼저는 우리가 잘 아는대로 식물적 생명이 있습니다. 식물이 자라는 것, 말라빠지고 죽은 것같은 나뭇가지에서 싹이 나고 꽃이 피는 것, 신기합니다. 식물적 생명의 단계입니다. 더 높은 차원에 우리가 잘 아는대로 동물적 생명이 있습니다. 차원이 다릅니다. 식물의 세계와 동물의 세계, 다 생명입니다. 신비로운 것은, 더 놀라운 것은 인간적 생명입니다. 우리는 식물도 아니고 동물도 아닙니다. 더 높은 차원의, 만물의 영장(靈長) 인간이라고 하는 생명체를 우리가 지니고 있습니다. 그러나 이것은 우리가 경험하는 것이되 설명은 다 할 수도 없고 여전히 신비로운 것입니다. 그러나 한 단계를 더 알아야 됩니다. 그보다도 한 단계 더 높은, 차원이 틀리는 생명이 또 있습니다. 그것이 바로 그리스도적 생명입니다. 그리스도적 생명의 단계로 이어집니다. 이것이 바로 부활절의 의미입니다. 부활을 통해서 첫열매가 되셔서 사람이 죽고사는 인간적 생명, 이 차원 다음의 세계를 우리에게 환하게 계시해주신 것입니다. 부활절입니다. 예수부활생명의 단계, 크리스토페어의 단계, 이것을 바로 이해하여야 합니다. 부활이라는 것은 결코 자연현상이 아니요 윤회적 현상도 아닙니다. 이것은 하나님의 특별한 능력입니다. 신비로운 것입니다. 부활은 옛것의 발전이나 옛것의 최선에서 나오는 것이 아니라 오히려 옛것의 죽음에서 다시 나오는 새생명의 세계를 말합니다. 여러분, 분명하게 알고 삽시다. 부활생명이란 진화적 생명이 아닙니다. 변증법적으로 설명되는 진화적 생명이 아닌 것입니다. 부활생명은 하나의 생명의 변화입니다. 생명은 살아 있기에 계속 변화합니다. 부단히 변화합니다. 먼저, 죽음지향적, 사망지향적 변화가 있습니다. 여기 꽃이 있습니다. 곧 시듭니다. 시들어서 죽어버립니다. 또한 썩습니다. 모든 생명이 죽어 썩어 없어집니다. 계속 죽음으로 지향하고 있습니다. 그런가하면 역설적으로 이 죽음의 거름더미에서 다시 나오는 장미꽃을 볼 수 있습니다. 죽은 것같은데 그 속에서 생명이 나옵니다. 다 죽은 시체 같은 곳에서 솟아나는 생명을 봅니다. 생명지향적 변화, 이것이 중요한 것입니다. 한 단 더 높은 변화가 있습니다. 바로 그리스도 부활생명지향적 변화입니다. 그래서 성경은 부활이라는 말과 변화라고 하는 말을 거의 같은 말로, 같은 술어로 사용하고 있습니다. 그리스도와 함께 변화할 것이다, 그리스도와 함께 부활할 것이다―부활변화, 생명의 변화, 부활신앙적 변화, 부활지향적 생명의 변화, 여기에 부활의 의미가 있는 것입니다. 더 중요한 문제가 있습니다. 부활이란 부활되어지는 것이 아니고 부활시키시는 것입니다. 이것은 자연현상이 아닙니다. 하나님의 능력이 나타나서 부활케 하시는 역사라는 것을 알아야 합니다. 베드로의 증언 중에서 들을 수 있습니다. 사도행전 2장 32절에 보면 "이 예수를 하나님이 살리신지라" 하였습니다. 윤회가 아닙니다. 자연현상이 아닙니다. 진화가 아닙니다. 하나님께서 살리셨습니다. 이걸 잊지 말아야 합니다. 나아가 36절에 보면 "너희가 십자가에 못박은 이 예수를 하나님이 주와 그리스도가 되게 하셨느니라" 하였습니다. 하나님이―거기에 주도권이 있습니다. 또한 사도행전 3장 13절에 보면 '우리 조상의 하나님이 예수를 영화롭게 하셨느니라' 합니다. 하나님께서 살리시고 주가 되게 하시고 영화롭게 하신다―하나님 그의 창조적 역사, 그것이 부활생명의 근본입니다.

　　오늘본문에 보면 '그 부활의 권능, 그것을 알려 하여' 라고 말씀합니다. 사도 바울은 여기서 진실하게 말씀합니다. "그 부활의 권능과 그 고난에 참예함을 알려 하여"―고난과 부활의 의미를 연계해서 설명하고 있습니다. 십자가의 의로운 고난, 거기서 부활로 이어집니다. 자원적인 희생에서 이어집니다. 사망의 권세를 넘어서는, 아가페적인 뜨거운 사랑이 있고, 그리고 부활의 역사가 이루어집니다. 특별히 사도 바울이 신약에서 강조하고 있는 것은 하나님의 의의 문제입니다. 그는 우리죄를 위하여 죽으셨습니다. 그의 부활은 무엇을 의미하는가? 우리를 의롭다 하시는 것을 의미합니다. 그가 부활하셨다는 것은 우리가 죄사하심받음을 말씀하는 것이요 우리의 의가 살아나는 것을 의미하는 것입니다. 그렇기 때문에 그의 죽으심은 우리의 죽음이요 그의 사심은 우리가 의롭다 하심을 얻었음을 확증하는 증거로 받아들이게 됩니다. 부활은 생명일 뿐만 아니라 의롭다 하심의 역사가 거기에 있는 것입니다. 사도 바울은 이것을 깨달았습니다. 부활의 권능을 알았습니다. 더 확실하게 알려고 힘썼습니다. 인도에 선다 씽이라고 하는 유명한 성자가 있었습니다. 그가 어느 때 영국을 방문해서 연설을 할 때 많은 사람들이 모여들어 감동을 받았습니다. 유명한 교수가 그에게 핵심적인 질문을 했습니다. "당신은 뿌리깊은 힌두교의 유명한 학자요 또 힌두교인인데 어떻게 해서 기독교로 개종하게 되었습니까?" 선다 씽은 대단히 중요한 대답을 했습니다. "예수부활 때문입니다. 기독교에는 부활이 있기 때문입니다. 힌두교나 불교는 인생무상, 끝인데 기독교만이 생명의 종교인 것입니다." 언젠가 제가 장례식을 집전하는데 하관식 할 때 "여기서 이젠 묻어버리지마는 예수님 오실 때 재림할 것입니다. 다같이 부활할 것입니다…" 이런 설교를 하고 내려오는데 어느 점잖은 분이, 기독교인이 아니었습니다, 가까이 다가오더니 내 옆구리를 쿡 찌르고 말을 겁니다. "목사님, 나 하나 물어봅시다." "그러세요."

"예수믿는 사람들은 정말 부활을 믿는구만요." "그럼요, 정말 믿지 가짜로 믿나요?" 심각하게 생각하더라고요. 그 다음에 보니 교회나 왔더라고요. 여러분, 이걸 알아야 됩니다. 기독교의 생명은 부활에 있는 것입니다. 사도 바울은 생각합니다, 이 신비로운 능력은 어떻게 알 것이냐고. "죽으심을 본받아…" 그리스도처럼 죽어야 그리스도처럼 살 수 있고, 그리스도와 함께 죽어야 그리스도와 함께 살 수 있습니다. 바울은 갈라디아서 2장 20절에 외칩니다. "내가 그리스도와 함께 십자가에 못박혔나니…" 내가 십자가에 못박혔다―그리고 그리스도의 부활의 아침에 동참하게 되는 것입니다. 그리하여 부활에 이르는 것입니다. 갈라디아서 5장 24절에서 말씀합니다. "그리스도 예수의 사람들은 육체와 함께 그 정과 욕심을 십자가에 못박았느니라." 아직도 여러분의 마음속에 확실한 믿음이 없습니까? 그렇다면 자세히 더듬어보십시오. 아직도 덜 죽어서 그렇습니다. 예수 때문에 죽어야 됩니다. 내 욕심도 내 명예도 내 지식도 내 체면도 죽어버려야 됩니다. 내가 이제 가끔 느낍니다. 훌륭한 학자들이며 아주 상당하던 분들이 나이 좀 들었다고 치매걸려서 딴소리 하는 걸 보니 그 안다는 게 아무것도 아니더군요. 하찮은 것입니다. 뭘 내세우겠다는 것입니까, 도대체. 죽어버립시다. 죽어지는 것과 죽이는 것은 다릅니다. 나를 그리스도와 함께 십자가에 못박아버립시다. 다 십자가 앞에 죽어버립시다. 그럴 때 부활의 능력을 신비롭게 오늘도 체험할 수가 있는 것입니다.

조 모루시오라고 하는 분이 쓴 「If I Should Die Before I Live」라는 책이 있습니다. 거기 보면 부활절을 네 개의 문장부호로 설명합니다. '첫째, 부활절은 쉼표다. 모든 일을 쉬게 한다. 둘째, 부활절은 마침표다. 인생의 모든것을 다 끝내버리는 것이다. 셋째, 부활절은 의문표다. 끝까지 의심이 남는다.' 제가 몇달 전에 LA에 있는 '폴 게팅'이라고 하는 박물관에 한번 구경을 갔습니다. 생긴 지 얼마 안된 박물관입니다. 새로 만든 박물관인데 꽤 큰 박물관입니다. 가서 거기에 소장된 그림을 보았습니다. 제가 유럽이나 어디 가면 유명한 박물관은 대체로 즐겨 보는 편인데 거기서 그런 그림은 처음 보았습니다. 예수님과 도마가 만나는 장면인데 오백년 전에 그린 그림입니다. 너무나도 실감나게 그렸습다. 예수님께서 손을 내밀고 옆구리를 보여주면서 자 손을 만져보라, 네 손을 내 옆구리에 넣어보라, 하시지 않습니까. 다른 데서 본 여느 그림에서는 그 말씀을 하시자마자 도마가 그냥 "주여!" 하는데 이 그림에서는 도마가 눈여겨 들여다보면서 손가락을 그냥 구멍에다가 넣어버리는 것입니다. 도마가 지독한 사람인 것은 사실이나 이렇게 옆구리 구멍에다가 손가락을 대놓고 넣는 것입니다. 저는 생각했습니다. 저렇게 옆구리 구멍에다 손가락을 넣는다고 믿음이 생길까? 여러분, 부활은 신비로운 것입니다. 내가 세상을 떠날 때까지는 계속 의심은 남습니다. 마태복음 28장에 보면 부활하신 예수님께서 나타나셨을 때 제자들이 예수님 앞에 경배합니다. 눈앞에 예수님을 보면서 경배하나 오히려 의심하는 자도 있더라—성경은 이렇게 증거하고 있습니다. 충분히 그럴 것 아니겠습니까. 여전히 신비로운 의심이 있습니다. 그런가하면 부활절은 느낌표다, 하였습니다. 쉼표, 마침표, 물음표, 느낌표다… '어찌하여 산자를 죽은 자 가운데서 찾느냐.' 감사 감격하고 부활하신 주님을 영접하게 되는 것입니다. 그것이 부활절이다, 라고 말하고 있습니다. 오늘이 있어서 내일을 믿는 것이 아닙니다. 내일이 있기에 오늘을 믿는 것입니다. 죽음이 있어서 부활을 바라보고 있는 게 아닙니다. 부활이 있기에 오늘을 살고 죽음을 기쁘게 받아들이는 것입니다. 부활의 권능, 그것을 알고 좋아하십니까? 그의 십자가의 죽으심의 의미를 알고 죽으심을 본받을 때, 만에 하나라도 본받을 때, 그리스도와 함께 죽을 때 그리스도와 함께하는 엄청난 생명력을 깨닫게 될 것입니다. 그의 사랑, 그의 용서, 그의 능력, 그의 승리, 그리고 저 부활의 아침 — 오늘도 체험하며 살아가게 될 것입니다. △

거짓없는 믿음의 유산

나의 밤낮 간구하는 가운데 쉬지 않고 너를 생각하여 청결한 양심으로 조상 적부터 섬겨 오는 하나님께 감사하고 네 눈물을 생각하여 너 보기를 원함은 내 기쁨이 가득하게 하려 함이니 이는 네 속에 거짓이 없는 믿음을 생각함이라 이 믿음은 먼저 네 외조모 로이스와 네 어머니 유니게 속에 있더니 네 속에도 있는 줄을 확신하노라 그러므로 내가 나의 안수함으로 네 속에 있는 하나님의 은사를 다시 불일듯하게 하기 위하여 너로 생각하게 하노니 하나님이 우리에게 주신 것은 두려워하는 마음이 아니요 오직 능력과 사랑과 근신하는 마음이니 그러므로 네가 우리 주의 증거와 또는 주를 위하여 갇힌 자 된 나를 부끄러워 말고 오직 하나님의 능력을 좇아 복음과 힘께 고난을 받으라

(디모데후서 1 : 3 - 8)

거짓없는 믿음의 유산

재미있는 이야기가 있습니다. 어느날 할아버지가 사랑하는 어린 손녀와 함께 앉아서 이야기를 나누는데, 이 아이는 자기 앞에 종이를 놓고 그림을 그리고 있었습니다. 느닷없이 손녀가 할아버지 보고 이렇게 묻습니다. "할아버지, 나는 누가 만들었어요?" "하나님께서 만드셨지." 할아버지는 이렇게 대답했습니다. "할아버지는 누가 만들었어요?" "하나님께서 만드셨지." "…" 손녀는 아무 말이 없습니다. 궁금해서 할아버지가 "너 무슨 생각을 하니?"하고 물었더니 손녀는 자못 진지하게 대답합니다. "아무래도 하나님께서 요새는 솜씨가 더 좋아지신 것같아요. 할아버지를 만드실 때는 쭈글쭈글 할아버지같은 모습으로 만드시고 나를 만드실 때는 예쁘게 만드셨네요." 아이들의 참 깨끗한 마음을 읽을 수 있습니다. 유대인에게 내려오는 전설같은 민담이 있습니다. 하나님께서 아기를 만드셔서 세상으로 보내려 하시는데 이 아기가 세상을 내려다보니 세상이 평화와 사랑으로 충만한 것이 아니라 위험과 전쟁과 다툼이 있는지라 두렵고 무서워서 세상으로 내려가지 못하겠다, 하였습니다. 그래 하나님께서 빙그레 웃으시면서 이렇게 말씀하셨다고 합니다. "아무 걱정 하지 않아도 된다. 네가 외롭고 힘들고 어려울 때 너를 감싸주고 안아주고 위로해주고 하는 천사를 내가 함께 보내줄 터이니 걱정하지 말아라. 첫째천사는 어머니요 둘째천사는 선생님이니라." 여러분, 세상을 살아가는 데 가장 근본적인 위로는 어머니입니다. 그리고 내 정신세계를 지도해주는 이는 선생님입니다. 이 둘은 마치 천사와 같은 분들이다, 그렇게 생각됩니다.

존 로렌스라고 하는 교수가 「Life's Choices(삶의 선택들)」라고 하는 책을 썼습니다. 이 책에서 그는 중요한 문제를 말해주고 있습니다. 아이들은 생활하면서 배운다, 라고 하는 전제입니다. 우리는 말로 가르치려고 합니다. 말을 많이 해서 가르치려고들지마는 가정교육은 그렇게 이루어지는 것이 아니라는 것입니다. 그냥 두면 됩니다. 그냥 두고 좋은 본을 보이면 되겠다, 하는 것입니다. 생활 속에서, 생활을 하면서 배우기 때문입니다. 많은 분들이 물어봅니다. "자녀들이 문제인데 어떻게 가르치면 될까요?" 그리 복잡하게 생각하지 마십시오. 그냥 내버려두십시오. 아버지는 아버지노릇만 잘하십시오. 어머니는 어머니로 할일만 잘하십시오. 그러면 그 생활 속에서 아이들은 저절로 배우고 저절로 크는 것입니다. 로렌스 교수의 말을 들어봅시다. 비평 속에서 자란 아이는 비난을 배운다, 했습니다. 이것을 잘못했다 저것을 잘못했다, 많은 비평을 들으며 자란 아이는 커서도 남의 잘못만 지적하는 아이가 됩니다. 그런 어른이 됩니다. 그래서 밝게 보지를 못하고 뭐가 잘못되고 뭐가 잘못되었고… 이거 참 구제불능입니다. 그런 인간이 됩니다. 또, 적대감 속에서 자란 아이는 싸우는 아이가 됩니다. 보십시오. 부부싸움 하는 것 보고 자란 아이는 나가서 남들과 싸웁니다. 틀림없습니다. 조롱을 받으면서 자란 아이는 부끄러움을 배우고, 수치감을 느끼면서 자란 아이는 죄책감에 시달리고, 아량 속에서 자란 아이는 인내를 배우고, 격려와 칭찬을 들으면서 자란 아이는 자신감을 가지게 됩니다. 하나님 찬양하는 것을 보고 자란 아이는 감사할 줄 아는 사람이 됩니다. 공정함 속에서 자란 아이는 정의를 배우고, 안전함에서 자란 아이는 믿음을 배우고, 인정받으면서 자란 아이는 자신을 좋아하는 자신감을 가지게 되고, 용납과 애정 속에서 자란 아이는 세상에서 사랑을 발견할 수 있는 사람이 된다―자세하게 이런 이야기들을 하고 있습니다.

　우리의 많은 부분이 유전적인, 혹은 유산적인 성격이 있다는 것을 알아야 합니다. 유산이 무엇입니까. 우리의 육체가 벌써 유산입니다. 부모가 나를 낳아주었습니다. 잘생겼든 못생겼든, 그 자체가 벌써 귀한 유산입니다. 그런데, 제 얼굴모습이 마음에 안든다고 이리저리 뜯어고치다가 망가지지 않습니까. 그냥 두십시오, 그냥. 소중한 생명이고 부모가 물려준 것입니다. 그래서 옛날어른들은 모발도 안잘랐다고 하지 않습니까. 부모가 물려준 소중한 것이다―이렇게 소중히 여길 줄 알아야 합니다. 또 무엇입니까. 우리의 건강도 그렇습니다. 요새들어 의학이 많이 발전했다고들 합니다. 많은 것을 연구합니다. 뭐 건강을 위하는 것이라면 다들 정신없습니다. 어떻게 먹어야 하고 뭘 먹어야 하고 어떻게 운동을 해야 하고… 난리를 칩니다마는 의학서적에서 말하는 결론은 이렇습니다. 건강은 85%가 유전이라고 합니다. 난리를 쳐봐야 별것 아닙니다. 그 여러분이 소중하게 지키는 위생 다 안지켜도 애시당초 건강하게 태어난 사람은 건강합니다. 언젠가 「타임즈」를 보다가 실컷 웃었습니다. 어느 개인이 연구한 논문입니다마는 희한한 이야기였습니다. 우리가 치아의 건강을 위해서 열심히들 이를 닦는데 이닦는 그것이 말짱 헛것이라고 합니다. 닦는 것과 이의 건강과는 무관하다는 논문입니다. 그러고보니 생각나는 것이 있습니다. 모택동이라고 하는 분은 한평생 한 번도 이를 안닦았습니다. 왜 안닦느냐, 물으면 대답이 어느 동물이 이를 닦느냐, 입니다. 안닦아도 건강한데 거 왜 닦느라고 야단이냐,

했습니다. 하기야 요새는 이를 너무 닦다가 되레 망가뜨리는 일도 많습니다. 생각을 해보십시오. 그것은 타고난 것입니다. 저는 음식을 대할 때마다 가끔가끔 하나님께 감사하고, 우리할아버지께 감사합니다. 좋은 치아를 물려받았거든요. 우리어머니는 치아가 나빴습니다. 그래 늘 고생하셨습니다. 그러나 할아버지 아버지 쪽으로는 튼튼합니다. 할아버지께서는 86세까지 치아가 완전했습니다. 그래서 늘 음식은 굳은 것만 좋아하셨습니다. 그래서 제가 좋은 음식을 먹을 때마다 '오, 할아버지 감사합니다'합니다. 그거 제가 위생을 지킨다고 될 일이 아니지요. 타고나야지. 요새와서 뭐 성인병이니 당뇨니 고혈압이니 암(cancer)이니 하는데 그 85%가 유전입니다. 그래서 의사가 진찰을 할 때 "부모님은 어떠십니까?"하고 묻습니다. 아버지는 "90세고 어머니는 80세고" 그러면 "당신은 진찰할 것 없소. 그냥 가시오" 합니다. 왜요? 그 사람은 암에 안걸리거든요. 그러나 "우리어머니가 서른 살에 암으로 돌아가셨어요" 하면, "당신은 매년 세 번씩 체크하세요" 합니다. 결국 우리의 건강도 물려받은 것입니다. 소중하게 물려받은 것입니다. 우리의 지식, 기능도 그렇습니다. 그것뿐이겠습니까. 무엇보다 중요한 것은 가치관과 세계관, 인간성도 소중하게 물려받은 것이라는 것입니다. 다니엘 골먼이라고 하는 분이 「Primal Leadership」이라고 하는 책을 썼는데 제가 이번 여행중에 이 책을 정독했습니다. 읽어나가면서 이런 이야기를 볼 수 있었습니다. '사람에게는 두 날개가 있다, 하나는 감성이고 하나는 지성이다, 지성과 감성의 두 날개를 가지고 살고, 두 날개에 운명이 걸렸다, 그런데 감성은 물려받은 것이고 지성은 내가 얻는 것이다.' 여러분, 요새 그런 사람 많이 봅니다. 공부는 많이 했습니다. 많이 해서 박사도 되었습니다. 그런데 감성이 틀려먹었습니다. 그래 운명이 곤두박질하는 것을 볼 때마다 아이고 거 공부하느라고 괜히 수고 많이 했구나, 생각을 합니다. 감성과 지성, 두 날개로 나는 것입니다. 여기에 운명이 걸렸습니다.

오늘성경말씀에 보면 디모데라고 하는 사람이 나옵니다. 바울의 동역자요, 특별히 바울의 '믿음의 아들'입니다. 사도 바울이 로마감옥에 있으면서 사랑하는 이 아들에게 편지를 씁니다. 그 편지에서 디모데를 굳게 세우고자 하여 그의 믿음의 속성을 말해줍니다. '네 속에 있는 거짓없는 믿음, 그것은 네 외할머니 로이스와 네 어머니 유니게 속에 있던 것이다. 이것은 네가 생각하기 전에, 네 의식 이전에 소중하게 물려받은 것이다'라고 일깨워줍니다. 그렇습니다. 우리의 성품, 때로는 우리의 믿음, 소중한 유산입니다. 물려받은 부분이 너무나 많습니다. 너무나 소중한 것입니다. 참유산은 돈이 아닙니다. 간혹 돈을 주려고, 자식에게 뭐 좀 잘해주려고 야단을 피우지만 그러는 것은 아닙니다. 돈을 주면 자식을 잃어버린다, 라는 말도 있습니다. 어쨌든 참유산이란 정신적인 것입니다. 가치관과 인생관과 세계관, 그 속에 있는 것입니다. 특별히 더 중요한 신학적 의미가 있습니다. 하나님께서 우리에게 말씀하셨습니다. 이 법은 강하게 말씀하십니다. 십계명 보십시오. '네가 하나님의 말씀을 잘 지키고 율법을 지켜 행하면 내가 네 후손에게 수천 대까지 복을 주리라, 수천 대까지.' 그런가하면 '네가 하나님의 말씀을 떠나고 율법을 거역하면 삼사 대까지 벌을 주리라. 저주가 삼사 대까지 이어지리라'하십니다. 종교개혁자 마르틴 루터는 이 두 말씀을 대비하여 하나님을 찬양합니다. '복은 수천 대까지, 벌은 삼사 대까지. 오, 좋으신 하나님.' 안그렇습니까? 이렇게 찬양을 합니다. 미안하지만 저는 미국에 가서 볼 때마다 그 땅은 정말 질투가 날 만큼 넓고 너무나들 잘산다는 것을 느낍니다. 그런데 그럴 때마다 저는 오직 신앙의 자유를 위해서 이 땅에 온 청교도들을 복주셔서 이 땅이 이와같은 복을 누리는구나, 하고 생각을 합니다. 여러분도 한번 생각을 해보십시오. 차들이 허드슨강 밑을 뚫고 들어가고 나오고 들어가고 하는 것을 볼 때마다 (이거 백 년 전에 만든 것이거든요. 우리조상들은 백 년 전 그때 잠꼬대나 하고 있었는데) 그들의 조상이 얼마나 훌륭했나, 경탄합니다. 그들의 화폐인 달러, 손에 딱 들고 보십시오. 작든크든 뒷면에 보면 뭐라고 써 있습니까. 'In God we trust(우리는 하나님을 의지합니다).' 라고 딱 박아놓았습니다. 이것을 이렇게 돈에다 쓸 수밖에 없었던, 국회에서 결정할 때의 그들의 믿음을 생각해보십시오. 얼마나 훌륭합니까. 오늘 우리국회에서 한번 이거 결정해볼까요? 되나? 턱도 없는 것이 아닙니까. 그들, 얼마나 훌륭합니까, 그 옛날에. 우리는 하나님을 믿습니다—돈에다 딱 박아놓았습니다. 우리돈에는 이상한 것이 하나 그려져 있더라고요. 상상해보십시오, 그 조상들의 믿음. 그래 그 후손들이 복을 누리는 것입니다. 그런고로 여러분, 축복이 유산이라는 것을 생각해볼 때 우리의 책임이 얼마나 큽니까. 유산의 성격을 알고 믿고 지켜나가야 하는 것입니다. 소중히 여겨야 합니다. 사랑해야 합니다. 우리가 어떤 유산을 받았든지 여기서 멈추고, 적어도 우리가 다음으로 물려줄 유산은 자자손손이 하나님께 감사할 수 있는 그런 유산이어야 하겠습니다. 듣고 배우고, 보고 배우고, 느끼고 배우고, 생활에서 배우고, 삶에서 배우고, 사랑받으며 배우고, 믿고 따라가면서 배울 수 있는 소중한 유산이 이어져야 할 것입니다. 오늘본문에는 '거짓없는 믿음'이라고 말씀합니다. 그렇습니다. 거짓없는 믿음이란, 하나님 앞에 참된 믿음, 복음을 받아들이는 데 있어서의 참믿음, 교회를 섬기는 믿음을 말합니다. 특별히 거짓없는 믿음은 사람에게 보이려고 하지 않는 믿음을 말합니다. 예수님께서는 외식(外飾)에 대해서 무섭게 책망하십니다. 기도할 때 사람에게 보이려고 하고, 선행을 할 때 사람에게 보이려고 하는 이런 것은 거짓믿음입니다. 남들이 보든말든 이름도 없이 빛도 없이 — 하나님과의 관계에서 바른 믿음, 거짓없는 믿음은 지식적인 믿음이 아니라 생활화한 믿음을 말합니다. 그리고 깊은 신앙 속에서 모든 환난을 견디며 감사하는 그런 믿음을 말합니다.

　제가 군대에 있을 때 군복차림으로 가끔 시간을 내어서 나가던 교회가 있습니다. 조그마한 시골교회인데, 그 교회의 입구를 들어서다보면 계단을 몇단 올라가는 그 옆에 아주 퇴색하고 낡은, 작은 목패가 하나 있었습니다. 그걸 자세히 보니 '김마리아기념등'이라고 써 있습니다. 이상해서 한번 물어보았습니다. 아무도 모르고 있었습니다. 그것이 있는 것을 의식하는 사람도 없었습니다. 그래서 어느 장로님에게 진지하게 물어보았더니 그 장로님이 대답해주었습니다. 오래전에 이 교회에 출석하던 나이많은 권사님이 계셨는데 홀로 살면서 아들 하나를 키웠습니다. 훌륭하게 공부를 시키고 돈도 많이 벌어 부자도 되었는데 아들이 예수믿지를 않았습니다. 어머니가 아무리 권면해도 믿지 않으므로 "나, 그러면 죽을 때 유언한다" 했더니 이 아들이 "어머니, 그 유언만은 하지 마세요. 저는 예수를 안믿을 거니까요. 어머니가 그렇게 유언하시면 나는 불효자가 됩니다" 하는 것입니다. 그 정도였습니다. 그래서 어머니는 "그래? 그럼 좋다. 예수 안믿어도 좋다. 그런데 너 돈 좀 있으니 이렇게 하기로 하자. 내가 나가는 교회의 전등전기료는 네가 물어라. 평생 물어라" 하였습니다. 하니 "알겠습니다. 그것은 제가 지키겠습니다"라고 아들은 대답했고 어머니는 돌아가셨습니다. 이제 매달 전기요금 고지서가 아들한테 갑니다. 그는 매달 교회전기료를 냅니다. 계속 내면서 어머니를 생각합니다. 낼 때마가 어머니를 생각합니다. '얼마나 답답하셨으면 이렇게 명령을 하셨을까?' 그 아들, 마침내 교회로 돌아왔습니다. 여러분은 무엇을 물려주고 싶습니까? 짐 스토벌이라고 하는, 시각장애자이면서 저술로 많은 사람에게 감동을 주는 분이 있습니다. 그분의 최근작에「최고의 유산 상속받기」라고 하는 책이 있습니다. 그 속에서 역사적인 사실인 실화 하나를 소개하고 있습니다. 엄청난 백만장자인 레드 스티븐슨이라고 하는 분이 있었습니다. 이 분이 세상을 떠나게 될 때 자기친구이면서 고문변호사인 헤밀턴씨에게 유언장을 자세히 작성해서 맡겼습니다. 이제 본인이 세상을 떠난 다음에 고문변호사가 자손들을 다 모아놓고 유언장을 공개합니다. 1년 전에 찍어놓은 비디오까지 있습니다, 확실하게. 유언장을 읽어나갑니다. 아들에게는 얼마, 딸에게는 얼마, 무엇은 얼마, 누구는 얼마, 해서 다 나누어주었습니다. 쓸 만큼 다 주었는데, 이상하게도 가장 사랑하던 손자, 24살난 손자(이 놈은 망나니입니다), 공부도 안하고 밖으로 나돌며 할아버지속을 썩인 이 손자에게는 유산이 없습니다. 그리고 유언장이 별도로 하나 더 있는데 '최고의 유산'이라고 써놓고 봉한 것이었습니다. 거기에 조건이 붙어 있었습니다. 이 유산을 내 손자에게 주되 내가 12가지 과제를 줄 터이니 내 손자가 이 과제를 다 실천한 다음에 합당하거든 주십시오, 하고 봉을 해놓았습니다. 모든 자손이 다 유산을 받았지만 이 손자는 이런 조건이 있어서 받지를 못했습니다. 그 12가지 조건, 첫째는 그 할아버지의 친구네 목장에 가서 한 달 동안 일을 하라, 가장 어려운 일을. 손자는 그 일을 하고 싶지 않았지만 유산 받을 욕심에 일을 해야 했습니다. 그리고 둘째, 셋째… 조건이 이어지는데 어느 공장에 가서 일하라, 어느 고아원에 가서 일하라, 이런 것이었습니다. 손자는 12과제대로 일을 해가기 시작합니다, 하고 싶지 않지만. 그러면서 많은 것을 깨달아 나갔습니다. 이렇게 일 년을 보내고 나서 그는 귀중한 깨달음을 글로 써서 변호사에게 제출합니다. 스티븐슨이 이것을 보고 만족히 여겨서 그에게 유산을 주었습니다. 그 '리포트'에는 이렇게 씌어 있었습니다. 첫째로, 일은 자부심을 갖게 한다는 것이었습니다. 그렇습니다. 사람은 일을 하여야 자부심이 생깁니다. 놀고먹으려면 사람이 살 수가 없습니다, 자부심이 무너져서. '일은 자부심을 갖게 한다.' 둘째는, 가족은 그냥 주어지는 관계가 아니다, 평생 사랑으로 이루어지는 것이다, 라는 것이었습니다. 그렇습니다. 그 집의 아들이라고 아들입니까. 부부라고 부부입니까. 자동적으로 가족관계가 이루어지는 것이 아닙니다. 많은 사랑의 희생이 따라야 관계가 세워지는 것입니다. 셋째로, 돈은 옳게 쓸 때 세상을 바꾼다, 돈이라는 것이 참 중요하다, 라는 것을 깨달았습니다. 넷째, 고난은 인격형성을 위하여 반드시 필요한 것이다, 고난을 통해서 사람은 배우고 깨달으니까. 다섯째, 삶을 풍요롭게 만드는 것은 감사뿐이다, 부하고 가난하고가 문제가 아니다, 작은 일이나 큰일에 감사하게 될 때 삶은 풍요하게 되는 것이다, 하였습니다. 그렇습니다. 여섯째, 우정은 평등에서 시작된다, 고자세로는 친구가 없다, 낮추어 평등하게 될 때 비로소 친구를 얻게 되는 것이다, 하였습니다. 일곱째, 배움은 평생의 일이다, 하였습니다. 여덟째, 영혼을 치유하는 것은 밝은 웃음뿐이다, 하였습니다. 여러분, 밝은 얼굴로 다른 사람의 영혼을 치유할 수도 있고, 내 영혼을 치유할 수도 있습니다. '밝은 얼굴이 영혼을 치유한다.' 아홉째, 꿈은 자신이 성장할 때에만 얻을 수 있는 것이다, 하였습니다. 꿈만 꾸고 인격이 성장하지 못하면 소용이 없습니다. 인격이 이것을 감당해야 합니다. 열째, 즐거움은 나눔에서부터 시작된다, 이기주의에는 행복이 없다, 나만 생각하는 사람에게는 즐거움이 없다, 참행복은 나누면서부터만 이루어지는 것이다, 하였고 열한째, 인생의 절정은 바로 오늘이다, 어제도 아니고 내일도 아니다, 가장 중요한 시간은 오늘이다, 하였습니다. 열두째, 돈을 주어도 살 수 없는 가장 소중한 것은 사랑뿐이다, 하였습니다. 12가지. 깨달아서 이것을 써서 변호사에게 갖다냅니다. 변호사는 만족히 여기고 그때가서 '최고의 유산'이라고 하는 봉투를 뜯었습니다. 할아버지가 평생토록 키워왔던 자선단체기관을 손자에게 물려준 것입니다. '네가 맡아 하라.' 얼마나 훌륭한 이야기입니까. 고아가 누구입니까. 부모가 없어서 고아가 아닙니다. 유산이 없어서 고아입니다. 유산이 없는 사람, 소중한 유산이 없는 사람은 불쌍한 사람입니다. 여러분, 내가 받은 유산도 소중하지마는 내가 물려주는 유산이 내 자녀와 가정의 미래를 결정합니다. 여러분은 무엇을 줄 수 있을 것같습니까? 소중한, 거짓없는 깨끗한 믿음, 거룩한 신덕(信德)을 유산으로 물려주어서 자손만대 계계승승 복을 받는 가정들이 되기를 바랍니다. △

특별한 효도의 뜻

　노아가 농업을 시작하여 포도나무를 심었더니 포도주를 마시고 취하여 그 장막 안에서 벌거벗은지라 가나안의 아비 함이 그 아비의 하체를 보고 밖으로 나가서 두 형제에게 고하매 셈과 야벳이 옷을 취하여 자기들의 어깨에 메고 뒷걸음쳐 들어가서 아비의 하체에 덮었으며 그들이 얼굴을 돌이키고 그 아비의 하체를 보지 아니하였더라 노아가 술이 깨어 그 작은 아들이 자기에게 행한 일을 알고 이에 가로되 가나안은 저주를 받아 그 형제의 종들의 종이 되기를 원하노라 또 가로되 셈의 하나님 여호와를 찬송하리로다 가나안은 셈의 종이 되고 하나님이 야벳을 창대케 하사 셈의 장막에 거하게 하시고 가나안은 그의 종이 되게 하시기를 원하노라 하였더라 홍수 후에 노아가 삼백 오십 년을 지내었고 향년이 구백 오십 세에 죽었더라

(창세기 9 : 20 - 29)

특별한 효도의 뜻

칠순님은 아버지가 어머니와 사별하고 홀로되어 시골에 계십니다. 그 아버지를 생각해서 서울에 사는 아들이 서울로 모셔왔습니다. 그래 아버지가 아들의 집에 와서 사는데 무료한 시간을 보내자니 여러 모로 힘들었습니다. 그렇게 하루하루 지내다보니 집안의 위계질서를 조금씩 깨닫게 되었습니다. 이 집안에서 제일 센 존재가, 위계의 제1호가 며느리더라고요. 며느리가 왕이요 둘째가 손자손녀 아이들이며 세 번째가 아들이요 네 번째가 이 집의 식모이며 다섯 번째가 이 집의 강아지인 것입니다. 그리고 자기는 여섯 번째인 것을 알게 되었습니다. 며느리가 외출에서 돌아오면 자기남편 언제 돌아온다고 했냐, 강아지 밥 줬냐부터 물어보지만 할아버지 점심 차려 드렸냐고 묻는 법은 없습니다. 무료해서도 견디기 힘든데 집안위계가 그 모양이고보니 만정이 떨어시고 괴로워서 다시 시골로 내려갑니다. 떠나면서 아들 앞으로 편지 한 장 써놓았습니다. 내용은 간단합니다. '3호야 잘 있거라, 6호는 간다.' 요새세상이 이렇습니다. 공자의 제자였던 민자건에 관한 이야기는 역사에 나올 만큼 훌륭한 이야기입니다. 그의 덕행과 효행은 후세의 많은 사람들에게 귀감이 되고 있습니다. 그가 어렸을 때 그의 계모가 심성이 퍽도 고약했습니다. 한겨울이 되면 자기아들들에게는 두툼하게 솜을 넣어 만든 옷을 입히고 민자건, 이 전처의 자식에게는 솜 대신에 갈대잎을 넣어 만든 옷을 입혔습니다. 그러나 자건은 이것을 알고도 모르는 척 전혀 원망하지 않고 잘 참고 견뎠습니다. 어느날 이 사실을 알게 된 아버지가 불같이 화를 내고 이 후처를 당장 내쫓으려들었습니다. 그럴 때 자건은 아버지에게 이런 유명한 말을 합니다. "아버지, 고정하십시오. 어머님이 계시면 아들 하나가 춥고 어머님이 안계시면 아들 셋이 춥습니다." 이 말에 아버지가 감동하고 계모는 크게 뉘우치고 마음씨를 고쳤습니다. 이후로 이 아들 자건에게 잘했고 자건은 그 계모에게 효성을 다해서 이 이야기는 후세까지 전해지는 유명한 교훈이 되고 있습니다.

오늘본문에는 특별한 효의 덕이 나타납니다. 효도라 하면 일단 부모님을 육체적으로 편안하게 해드리는 것입니다. 우선 음식이나 옷이나 잠자리나 용돈이나… 이런 주로 물질적인 것에서 여유를 드림으로 편안하게 해드릴 때 이를 효도라고 하겠지요. 두 번째로는 좀더 높은 수준의 효도입니다. 정신적으로 부모님의 뜻을 잘 받들어서 순종을 합니다. 내 생각이 있어도 생각을 돌리고 부모님의 뜻을 따라가며 부모님의 말씀을 잘 순종할 때 이것이 효도입니다. 그보다도 더 높은 수준의 효도는 인격적으로 사회적으로 높은 이름을 얻어서 부모님께 좋은 명예를 드리는 것입니다. 이 사람이 아무개아들이 아니냐, 그 부모가 누구 아닌가—이런 평판을 얻어 부모님께 높고 귀한 이름을 드리는 것, 그것이 효도입니다. 그러나 오늘본문에 나타난 이야기는 아주 특별한 이야기요 섬세하고 실제적인 말씀입니다. 유능한 하나님의 사람 노아에게 세 아들이 있습니다. 홍수 이전에는 사람들이 오래 살았습니다. 홍수 이후에는 급격히 사람의 수명이 짧아집니다. 그런데 노아는 600세가 된 노인입니다. 무료할 수밖에 없고 또 여러 가지로 힘든 일이 많았던 것같은데 무릇 나이가 많으면 실수가 흔하게 옵니다. 탐식을 하게 되고 자기절제를 잘 못합니다. 그날도 노아할아버지는 포도주를 좀 지나치게 마셨던가봅니다. 대취하여 그만 대낮인데 벌거벗고 주무시는 것입니다. 이 모습을 둘째아들 함이 보았습니다. 그는 신바람나게 가서 형제들에게 떠벌렸습니다. 아버지가 벌거벗고 지금 저렇게 주책없이 노망을 떤다… 문제가 여기에 있습니다. 주석가들이 말하는 바로는 이 아들이 원래 좀 방종해서 평소 아버지로부터 책망을 많이 들은 것같다고 합니다. 더구나 술취함으로 인해서 아버지로부터 큰 책망을 들은 일이 있는 것같습니다. 그런데 오늘 보니 그 눈에는 아버지도 그렇고그런 것입니다. 그래 신이 난 모양이고 나보고 술취하지 말라고 하더니 아버지자기는 한술 더 뜬다—이러고 소문을 낸 것입니다. 그러나 이 소리를 들은 맏이 셈과 막내 야벳은 황급히 달려와 아버지의 벗은 하체를 보지 않으려고 옷을 든 채 뒷걸음질쳐서 아버지를 덮어드렸다, 합니다. 잠에서 깨어난 다음에 이런 일이 있었던 것을 알고 아버지는 저들의 행한 데 합당하게 이제 축복과 저주를 내립니다. '함 너는 형제들의 종이 될 것이다. 지성을 나해시 이비의 명예를 높이고 부끄러움을 덮어준 두 아들은 복을 받을 것이다.' 이런 말씀입니다. 얘기는 그것입니다. 그러나 여기에는 엄청난, 중요한 효도의 의미가 있습니다.

 무엇보다 중요한 것은 젊은사람은 나이많은 사람, 자식은 부모의 깊은 뜻을 이해하여야 한다는 것입니다. 그 뜻을 이해하여야 됩니다. 나이많으면 고독합니다. 힘이 없습니다. 그리고 낙이 없습니다. 낙이라고는 오로지 먹는 것밖에 없습니다. 요새라고 뭐 텔레비전을 본다고 하지만 켜놓고는 졸고 앉았기 일쑤입니다. 그리고 생각도 없고, 생각하기도 귀찮습니다. 그저 끼마다 맛있게 음식 잡수시는 그것밖에는 낙이 없습니다. 이게 유일한 낙입니다. 그래서 탐식을 하게 됩니다. 과음과식을 해서 그때문에 밤에 숨겨두는 일도 있지 않습니까. 저는 이 나이 되어서야 비로소 깨닫는 할아버지의 말씀이 있습니다. 할아버지가 늘 말씀하셨습니다. "나이가 많으면 말이다. 내가 얼마나 먹고 있는지 대중을 할 수 없단다. 배부른 걸 모른단다." 그렇습니다. 의학적으로 볼 때 위신경이 둔해져서 먹는 양을 모릅니다. 그래 대중없이 먹어놓으니 일어서려면 일어설 수가 없고 힘이 드는 것입니다. 그래서 우리할아버지 말씀이 "눈으로 짐작을 해서 요만큼만 먹어야겠다, 하고 먹어야지 배부를 때까지 먹다가는 일나는 거지"하신 것입니다. 그런 말씀을 하실 때 그때는 제가 무슨 말씀인지 미처 몰랐습니다. 이제야 압니다, 이제야. '그게 그 뜻이구나.' 그렇게 된다고요. 나이많으면 이런저런, 나이많은 분들에게만 있는 사정이 있는 것입니다. 잔소리도 많지 않습니까. 왜냐하면 기억력이 없기 때문입니다. 마음이 안놓여서도 그렇지만 방금 한 말을 잊어버렸거든요. 30분밖에 기억을 못한다고 합니다. 그러니 했던 말 또 할 수밖에요. 얼마전 숭실대학 강당에서 저 북한과학기술대학 설명회라고 하는 모임이 있었습니다. 어느 장로님에게 기도 부탁했는데 이 분, 팔순님은 분입니다. 기도하는 것 가만히 들어보니 왕청스레 월드컵얘기를 하는 것입니다. 그때가 월드컵 할 때였거든요. 아니, 과학기술대학을 위한 기도에 왜 월드컵이 나옵니까. 월드컵에 대해서 말씀하시고 그 다음에 평양으로 갔다가 다시 월드컵으로 왔다가… 세 번째나 왕복을 하는 것입니다. 큰일났구나 싶었습니다. 이거 언제 끝나려나 하고 초조했는데 어느 순간 고맙게도 끝났습니다. 어이 끝났나 했는데 뒤에 알아보니 사회하시는 장로님이 가서 끌어내렸다는 것입니다, 그만하라고. 여러분, 이거 남의 이야기가 아닙니다. 나이많으면 자기가 한 말을 잊어버립니다. 그러니 또 할 수밖에 없지 않습니까. 저는 어머니와 할아버지의 대화를, 여러 번 같은 대화장면을 보았습니다. 조용할 때 팔순넘은 할아버지가 며느리라고 하지만 그래도 환갑넘은 며느리에게 "아가야"하고 부르십니다. "예, 아버님." "오늘이 며칠이냐?" 어머니가 며칠이라고 대답하면 "음력으로 며칠이냐?" 물으시고 또 대답하면 "무슨 요일이냐?" 물으시고 어머니는 공순하게 무슨 요일입니다, 하고 대답해드립니다. 조금 있다가 할아버지는 또 "아가야, 오늘이 며칠이냐?" 자꾸 반복해서 물으십니다. 저는 할아버지 앞에 버릇이 없거든요. "할아버지, 그거 아까 물어봤잖아요. 그랬는데 왜 또다시 물어봅니까?" 하는데 어머니가 크게 책망을 하십니다. "백번을 물어보셔도 백번을 대답해야 한다." 그뿐이 아닙니다. 언젠가 한번 어머니가 저를 보고 말씀하십니다. "할아버지가 왜 날짜를 물어보시는지 아느냐?" 바닷가이기 때문에 음력 따라서 물때가 좌우되거든요. 그 물때를 따라서 시장에 생선이 나오기 때문에 그걸 잡수시고 싶은 것입니다. "내가 모르겠느냐. 다 알지." 그런고로 충분히 이해하여야 됩니다. 다른 낙이 없습니다. 나이많아 실수도 하고 주책도 부리고 과식도 하고 과음도 하고 또 건망증도 있고 노망도 있는 것입니다. 그걸 충분히 이해하는 것, 그것이 효도입니다.

 그뿐입니까. 허물을 덮어드립니다. 셈과 야벳은 아버지 벗은 것 안보려고 뒷걸음질했습니다. 사랑은 허다한 허물을 덮는다고 했습니다(잠언 10 : 12, 야고보서 5 : 20, 베드로전서 4 : 8). 사랑은 덮는 것입니다. 아니, 덮이는 것이 아니라 보이지 않는 것입니다. 그 허물이 보이지를 않습니다. 사랑하면 허물이 허물로 보이지를 않습니다.

다 이해를 하니까 그렇습니다. 갈라디아서 4장 13, 14, 15절을 읽을 때마다 저는 늘 가슴뜨겁게 생각합니다. 사도 바울의 말씀을 들어보십시오. '내가 너희 가운데 있을 때 너희 믿음을 시험할만한 것이 내 육체에 있으되 나를 업신여기지 아니하고 그리스도와 같이 영접하였느니라. 할 수만 있었더면 너희 눈이라도 빼어 나를 주었으리라.' 얼마나 굉장한 말씀입니까. 얼마나 뜨거운 말씀입니까. 이렇게 한번 추리해봅시다. 그는 간질병이 있었던 것같습니다. 갈라디아교회에 가서 설교하다말고 간질병이 발작해서 쓰러졌다고 생각을 해봅시다. 거품을 물고 쓰러졌습니다. 이제 믿음에 시험이 들 것 아닙니까. '아니, 제 병도 못고치는 주제에 무슨 설교를 하나. 주의 종이 뭐 저런 정도인가.' 안그렇습니까? 너희 믿음을 시험할만한 것이 내 육체에 있건마는 너희는 나를 업신여기지 아니하고 그리스도와 같이 영접하였느니라—너무도 감사해하고 있습니다. 그의 허물과 그의 단점과 그의 약점, 다 덮었습니다. 사랑은 허다한 허물을 덮어주는 것입니다. 노아는 바로 이 문제에서 감사하고 있습니다. 그것을 생각하여야 합니다.

그리고 이 두 형제는 아버지의 위대함을 기억합니다. 온세상이 다 죄악에 빠질 때 죄에 물들지 아니한 분입니다. 120년 동안을 믿음으로 방주를 예비한 분입니다. 여덟 식구를 구원하고 세상을 구원한 위대한 아버지입니다. 누가 뭐라해도 위대한 아버지입니다. 오늘의 저 부끄러운 사건이 무슨 문제입니까. 그래서 저들은 아버지를 소중히 여겼습니다. 뿐만아니라(여러분, 이것을 잊지 말아야 합니다) 아버지의 명예를 높이 생각했습니다. 그리고 아버지에게는 축복권이 있습니다. 그래서 말입니다. 아브라함이 이삭에게 복을 빕니다. 이

삭이 야곱과 에서에게 복을 빕니다. 야곱이 12지파를 앞에 놓고 그들의 행위를 기억하면서 하나하나 이름을 불러가며 복을 빕니다. 오늘도 노아가 세 아들을 앞에 놓고 함게 저주하고 셈과 야벳에게 복을 빕니다. "너는 종의 종이 되리라." 무서운 말씀 아닙니까. 우리 다시한번 영적으로 생각해봅시다. 부모님의 마음속에 복비는 마음이 있어야 됩니다. 설사 하나님을 향하여 기도하지 않는다 하더라도 마음속에 진정으로 자식을 향하여 축복하는 마음이 있어야 됩니다. 어떻게 그리 됩니까. 오늘 노아와 같이 이렇게 자식의 사랑을 느낄 때, 고마움을 느낄 때 복비는 마음을 가지는 것입니다. 아버지의 마음을 기쁘게 하고야 비로소 복을 받는 법입니다. 모순치고 가장 지극한 모순이 뭐냐하면 부모에게 불효하면서 자기자식 효자 만들겠다는 사람입니다. 부모님을 마음아프게 하면서 자식 잘되길 바라는 이게 멍청한 사람들이지 그게 턱이나 있는 일입니까. 복받는 비결은 부모님의 마음을 기쁘게 하는 데 있습니다. 그 복이 이어지는 것입니다. 옛날에는 그저 이 세상에 사람 태어난 것만으로 기뻐했습니다. 생명을 소중히 여김이 있고야 부모님에게 효도할 마음이 있는 것입니다. 내가 괴로울 때마다 부모님이 왜 나를 낳아놓았나, 뭐 이런 생각을 하는 일도 있습디다마는 근본적으로 자기생 자체를 행복하게 여기는 사람만이 부모에 대해서 감사하게 생각합니다. 또 명예와 신분을 부모로부터 물려받았지요. 그 물려받은 데 대한 감사가 있어야 합니다. 무엇보다도 부모는 첫번째로 가장 근본적인 선생님입니다. 그로부터 신앙을 배우고 생활을 배우고 학문을 배우고 인간의 삶의 지혜를 배웁니다. 그 물려받은 것에 대한 감사가 비로소 효로 이어지는 것입니다. 이것은 계명입니다. 약속 있는 계명입니다. 가정분위기를 참으로 서로 사랑하고 존중하는 분위기로 이루어야 축복이 이루어집니다. 우스운 이야기가 있습니다. 아버지 어머니가 사이가 좋지 않았습니다. 아들이 보기에 아주 좋지 않았습니다. 그런데 어느날 어머니가 아들 보고 이런 말을 합니다. "나는 죽었다가 다시 태어나도 네 아버지의 아내가 될 거다." 듣고 아들이 뭐라고 했는지 아십니까? "아이고, 우리아버지 불쌍해서 어떡하나" 했습니다. 말이라고 다 되는 말이 아닙니다. 감동을 주는 것이 있어야 그게 될말입니다. 진정으로 사랑하는, 부모에게 효도하는 이런 분위기가 무르익어야 축복의 역사가 나타납니다.

KBS방송프로그램에 '행복한 세상'이라고 하는 동화형식의 짤막한 프로그램이 있습니다. 거기 나온 이야기입니다. 남편은 세상을 떠났고 딸 하나만 데리고 어렵게 사는 어머니가 분식점을 하고 있습니다, 혼자서. 이 딸을 잘 키우기 위해서 지금 고등학교 다니는 이 아이가 예술적인, 미술적인 소질이 있다고해서 지금 미술학원에 보내고 있습니다. 어느날 분식점에서 일을 하는데 비가 오더니 장대비가 막 쏟아지는 것입니다. 어머니는 깜짝놀라서 딸이 돌아올 때가 된 걸 알고 우산 두 개를 들고 미술학원으로 달려갔습니다. 아무 생각 없이 가서 문앞에 서서 보니 아차, 일하던 모습 그대로 온 것입니다. 앞치마를 둘렀지요. 뭐, 옷은 말이 아니지요. 밀가루가 덕지덕지 붙었지요. 이 모양을 하고 여기를 온 것입니다. '이를 어쩌나? 아이들이 보면 감수성이 예민한 우리딸이 부끄럽다고 생각할 텐데…' 그러나 어떡합니까, 여기까지 왔으니. 우산 둘을 들고 처마밑에 서 있는데 시간이 되어 저 2층에서 딸이 내려다보는 것입니다. '엄마가 왔다'하고 손을 흔드는데 이놈이 안나오는 것입니다. 엄마꼴이 말이 아니어서 창피하다고 안나오나보다, 생각을 하고 그냥 집으로 돌아옵니다. 한 달 동안 말을 안했습니다, 너무 속상해서. 그랬는데 한 달 후에 딸이 그림을 잘 그렸다고 미술발표회를 하고 상받는다고 하기에 미술학원에 갔습니다. 딸이 특상을 받았는데 수상작품의 제목이 '세상에서 가장 아름다운 모습'이었습니다. 어머니의 모습을 그린 것입니다. 우산 둘을 들고 서 있는 어머니, 비맞으며 서 있는 그 날의 그 어머니모습을 그린 것입니다. 어머니는 너무도 고마워서 딸을 얼싸안고 행복에 겨워했습니다. 여러분, 효도가 어디에 있습니까? 참으로 부모님의 마음을 기쁘게 하고 모든 흠을, 모든 부족함을 다 덮을 때, 그 이름을 높여드릴 때, 그 속에 참기쁨이 있고 참축복이 있는 것입니다. 장수와 형통의 비결이 여기 있습니다. 효도하고 장수하고, 효도해야 형통한다고 성경은 확실하게 가르칩니다. 여러분, 모쪼록 다시한번 마음을 가다듬어서 모두가 효도하는 마음, 기쁘시게 하는 마음이 되고, 그리고 부모는 자식을 위하여 복비는 마음이 되어야 할 것입니다. 바로 거기에 하나님의 축복이 있는 것입니다. △

두려워 말고 믿기만 하라

예수께서 가라사대 딸아 네 믿음이 너를 구원하였으니 평안히 가라 네 병에서 놓여 건강할지어다 아직 말씀하실 때에 회당장의 집에서 사람들이 와서 가로되 당신의 딸이 죽었나이다 어찌하여 선생을 더 피롭게 하나이까 예수께서 그 하는 말을 곁에서 들으시고 회당장에게 이르시되 두려워 말고 믿기만 하라 하시고 베드로와 야고보와 야고보의 형제 요한 외에 아무도 따라옴을 허치 아니하시고 회당장의 집에 함께 가사 훤화함과 사람들의 울며 심히 통곡함을 보시고 들어가서 저희에게 이르시되 너희가 어찌하여 훤화하며 우느냐 이 아이가 죽은 것이 아니라 잔다 하시니 저희가 비웃더라 예수께서 저희를 다 내어 보내신 후에 아이의 부모와 또 자기와 함께 한 자들을 데리시고 아이 있는 곳에 들어가사 그 아이의 손을 잡고 가라사대 달리다굼 하시니 번역하면 곧 소녀야 내가 네게 말하노니 일어나라 하심이라 소녀가 곧 일어나서 걸으니 나이 열 두 살이라 사람들이 곧 크게 놀라고 놀라거늘 예수께서 이 일을 아무도 알지 못하게 하라고 저희를 많이 경계하시고 이에 소녀에게 먹을 것을 주라 하시니라

(마가복음 5 : 34 - 43)

두려워 말고 믿기만 하라

　언젠가 「가이드 포스트」지에 나온 사실기사 하나를 소개하겠습니다. 'Victory over Fear' 곧 '두려움에 대한 승리'라고 하는 제목의 글입니다. 주인공은 알렉산더 플러머라고 하는 사람인데 그는 65세가 되도록 한 번도 아파본 일이 없는 건강한 사람입니다. 이 책에 나온 사진을 보아도 참으로 건강해보이는 사람이었습니다. 그는 정기적으로 일년에 한 번씩 건강진단을 받고 결과를 기다렸는데 의사로부터 의외의 소식을 듣습니다. 당신은 지금 전립선암에 걸렸습니다, 빨리 와서 다시 체크를 해봐야겠습니다─그는 깜짝놀랐습니다. 가슴이 철렁 내려앉았습니다. 그도그럴것은 그의 아버지가 바로 지금의 자기나이에 전립선암을 선고받고 두 달만에 죽었습니다. 삼촌도 두 사람이 그 병으로 죽었고 사촌도 몇사람이 그 병으로 죽었습니다. 집안의 많은 사람이 다들 이 병으로 갔습니다. '아, 이제는 내 차례에 왔구나' 하는 순간 맥이 풀어지고 모든 의욕이 없어졌습니다. 깊은 두려움이 그 마음을 괴롭히기 시작했습니다. 그는 이렇게 말합니다. '나를 괴롭게 하는 것은 암이라고 하는 불치병이 아니고 죽음에 대한 두려움인 것을 깨닫기 시작했다.' 이렇게 쓰고 있습니다. 그럼 끝이 아니겠습니까. 암이라고 하는 병이 무서운 게 아닙니다. 그 병으로 인해서 죽어간다는 것, 곧 죽어야 한다는 문제에 직면한 것입니다. 몹시 두려웠습니다. 완전히 두려움에 사로잡혔습니다. 즐겨 하던 운동도 하지 않았습니다. 사업도 정리해버렸습니다. 주일마다 교회나가는 것도, 사람들 만나는 것도 달갑지 않습니다. 뭔가 마음이 깨끗치 않아서 교회나가지 않았습니다. 동생되는 사람이 이 형님을 위로하면서 물었습니다. "형님은 나보다 믿음이 훨씬 좋은 줄 알았는데 어찌하여 이 어려운 때에 교회나가지 않습니까?" 형은 대답합니다. "그건 암걸리기 전의 애기지." 그리고 교회에 나가지를 않았습니다. 잘 먹지도 않았습니다. 축 늘어진 채 그야말로 두려움과 투쟁을 하고 있었습니다. 깊은 우울증에 빠졌습니다. "만사를 긍정적으로 생각하고 긍정적인 태도를 가져야 합니다. 그래야 병을 이길 수 있습니다" 라고 의사가 말하지만 들은 척도 하지 않습니다. 쓸데없는 말이라며 그 위로를 받아들이지 않았습니다. 또 어떤 사람은 좀더 명랑하게 살아야 될 것이라고, 뭐 어차피 인간이란 한 번은 가는 게 아니냐고 위로하고 충고하지만 전혀 받아들이지 않았습니다. 그러다가 그는 하나님 앞에 다시 새로운 마음으로 기도하기 시작합니다. '하나님, 사람이 났다가 한 번 가는 것은 당연한 일인 줄 압니다마는 지금 내 마음은 몹시 두렵습니다. 이 두려움을 없이하여주십시오. 나의 이 무서운 두려움 자체를 하나님께서 가져가십시오. 이 두려움 때문에 정말 못살겠습니다. 한순간도 견딜 수가 없습니다. 하나님이여, 나의 두려움을 제하여주시옵소서.' 간절하게 오직 그 하나의 제목으로 기도하였습니다. 마침내 그 마음속에서 두려움이 사라져갔습니다. 죽은 다음에 주님과 만날 것을 생각하니 마음이 환하게 열리면서 두려움의 그림자가 깨끗이 사라지고 말았습니다. 이제는 하나도 두렵지 않습니다. 죽음이 조금도 무섭지 않습니다. 그런 순간이 올 때 '하 거 이상하다' 하면서 이제는 전과 같이 식사도 하고 운동도 하고 했습니다. 어느 사이에 10킬로나 잃어버렸던 체중을 회복합니다. 병원에 가서 다시 진찰을 받았더니 의사 하는 말이 "이건 기적입니다. 다 나았습니다. 다시는 병원에 오지 마세요" 하는 것입니다. 이제 그는 자기가 얻은 이 경험을 많은 사람에게 이야기합니다. 문제는 두려움이라고, 두려움 때문에 오는 우울증이라고, 이것이 먼저 해결되어야 사람이 살아갈 수 있다고 그는 증거하고 있습니다. Victory over Fear— 두려움으로부터의 승리, 그것이 근본문제라고 그는 사람 모이는 곳마다 가서 간증을 하고 산다, 하는 얘기입니다.

심리학자 메리 조 메도우와 리챠드 디 케오가 쓴 「Psychology of Religion」이라는 종교심리학책에 보면 불안을 세 가지 유형으로 나누어서 설명하고 있습니다. 첫째는, 사람들이 불안해하고 있는데, 그 불안에는 정상적이고 실제적인 불안이 있다는 것입니다. 외부의 환경이나 객관적인 위험 때문에 오는 불안입니다. 있을 수 있는 불안입니다. 전쟁이라든가 질병이라든가 우리 눈앞에 닥친 어려운 일로 인해서 불안은 정상적으로 있을 수 있는 일입니다. 그러나 문제는 두 번째 불안입니다. 이것은 신경증적 불안이라고 이릅니다. 있을 수도 있고 없을 수도 있는데 꼭 있는 방향으로만 생각합니다. 좋아질 수도 있고 나빠질 수도 있는데 꼭 나빠지는 방향으로만 생각합니다. 일어날 수 있는 확률이 백만분의 일이 될까말까 한 일도 꼭 나쁜 방향으로만 생각이 갑니다. 집을 나올 때 차사고 나면 어떡하나, 합니다. 남편이 저녁에 조금 늦어지면 '오다가 강도를 만났나?' 합니다. 아주 나쁜 방향으로만 생각하는 부정적인 감정 때문에, 혹은 왜곡된 인식, 잘못된 지식, 이것으로 인해서 불안을 야기한다는 것입니다. 때로는 습관적으로 오기도 합니다. 그래서 옛날어른들도 말했지요. '걱정도 팔자다.' 그거 팔자입니다. 못고치는 병입니다. 이렇게 아예 불안체질인 사람이 있다는 것입니다. 그래서 저도 못살고 남도 죽여놓습니다. 저만이 아니라 온집안을 그늘지게 만듭니다. 바로 이런 사람, 이건 중증입니다. 그런가하면 도덕적 불안이라는 게 있습니다. 사람마다 이것은 스스로 모르고 있고 변명하고 있고 숨기고 있다는 것입니다. 마음 깊은 곳에 있습니다. 누가 물으면 아니라고 합니다. 스스로 변명을 합니다. 합리화하고 역설을 하지마는 소용없습니다. 내가 죄인인 것은 내가 압니다. 누가 뭐래도 내 양심이 나를 심판합니다. 그래서 죄의식과 가책의식에 매이고 허무와 의미상실에 빠집니다. 아니라 아니라 하면서도 그게 아닙니다. 네 잘못이다, 네가 주인이다―이것을 피할 길이 없습니다. 여기서 불안이 되고 우울증환자가 되는 것입니다. 견딜 수 없는 자기불안에 빠집니다. 그래서 말입니다. 가끔 이런 경우를 봅니다. 병원에 문병을 가보면 그다지 큰병도 아닌 것같아 입원할 필요까지는 없을 것같은데 누워 있는 환자가 있습니다. "그래 어떻습니까?" 인사하면 영 엉뚱한 대답을 하는 분이 있습니다. "죄가 많아서요." 그래 내가 "아니, 죽을병이나 들어가지고 회개를 하시지 뭐 이 정도 가지고 죄타령 하시오?" 하고 말하면 "아니지요. 항상 그때문에 늘 불안하거든요" 합니다. 겸손하고 정직한 사람의 고백이라 하겠습니다. 그러나 무엇보다도 더 근본적인 불안이 있습니다. 바로 죽음에 대한 불안입니다. 알고보면 사람에게는 두 가지 걱정밖에 없습니다. 하나는 죽을까 걱정이고 하나는 저주받을까 걱정입니다. 죄책입니다. 그러므로 죽음의 문제를 해결하고 죄의 문제를 해결한다면 그는 온전한 자유인이 되는 것입니다. 거기에 구원이 있습니다. 여러분은 천당·지옥을 믿습니까? 이렇게 물으면 믿는다, 안믿는다, 하겠지마는 믿거나말거나 간에 중요한 것은 죽음 다음에 우리는 심판대 앞에 서야 된다는 것입니다. 내가 알거나모르거나, 시인을 하거나말거나 내 영혼은 내 속에서 이것을 미리 느끼고 있는 것입니다. 하나님의 심판대 앞에 설 것을 내 영혼이 알고 있습니다. 그래 여기서부터 미리 불안해하는 것입니다. 하나님을 만날 준비가 다 되어 있는 사람, 심판대 앞에 서기에 족한 준비가 되어 있는 사람, 이대로 죽어도 상관이 없습니다. 뭐, 실패하고 성공하고 병들고 건강하고… 그게 무슨 문제가 됩니까. 그게 대수입니까. 문제는 바로 여기에 있습니다. 모든 불안의 근본은 하나님의 심판대에 있다는 것을 잊지 말아야 합니다. 내가 하나님 앞에 어떤 모습으로 서게 될까, 그것을 고민하고 있고 그때문에 우리는 불안에 떠는 것입니다.

오늘본문에 보면 가버나움이라고 하는 곳에 있는 회당장의 딸이 지금 병들어 죽어가고 있습니다. 그리고 이 딸의 아버지의 믿음에 대한 이야기가 기록되어 있습니다. 이 회당장이 예수님 앞에 어떤 자세로 나왔는가―성경은 자세하게 증거하고 있습니다. 5장 22절로 보면 이렇게 말씀합니다. "와서 예수를 보고 발 아래 엎드리어 많이 간구하여 가로되 내 어린 딸이 죽게 되었사오니 오셔서 그 위에 손을 얹으사 그로 구원을 얻어 살게 하소서." 좀 말이 깁니다. 유식한 사람이 원래 말이 많습니다. 뭐 그저 '살려주세요' 하면 되지 뭐가 이렇게 복잡한가, 말을 많이 하는가, 오셔서 손을 얹고 어쩌고… 손을 얹든지말든지 그건 예수님 알아서 하실 일인데 말이 깁니다. 지성인들이 거의 이 모양입니다. 생각이 너무 많습니다. 이제 보십시오. 아버지가 딸의 죽음을 보아야 됩니다. 죽어가는 딸을 앞에 두고 속수무책입니다. 어떡하면 좋은가―여러 가지로 복잡한 생각 속에 이제 예수님 앞에 와서 무릎을 꿇은 것입니다. 윌리엄 제임스의

「The Varieties of Religious Experience」라는 책에 보면 재미있는 말이 있습니다. '사람은 한 번 태어난 영혼이 있고, 두 번 태어난 영혼이 있다.' 이렇게 구분해서 말합니다. 한 번 태어난 영혼은 어떠냐하면 하나님은 하늘에 계시고, 하나님은 선한 자에게 복을 내리시고 악한 자를 벌하시고, 착하게 살면 복을 받고 죄를 지으면 벌받는다, 선한 자에게는 형통함이 있고 악한 자의 길은 망할 것이다, 합니다. 이렇게 생각하고 사는 사람, 그 사람은 한 번 태어난 영혼입니다. 그러면 한 번 더, 두 번 태어난 사람은 어떠냐. 이 사람은 생각이 좀더 깊습니다. 세상을 자세히 보니 세상은 그런 것만은 아니더라고요. 부정한 자가 잘되고 의로운 사람이 망하더라고요. 아니, 착하고 잘믿는 사람이 병들어 죽고 오히려 죄악 중에 사는 사람이 건강하더라고요. 의로운 사람이 오히려 사업에 실패하고 부유한 사람이, 수단과 방법을 가리지 않는 못된 사람이 성공하는 것처럼 보이거든요. 이거 때문에 잠시 그는 상실감에 빠지기도 하고 무력감에 빠져 무기력한 생활도 합니다마는 이것을 다 극복하면서 두 번 태어난 사람은, 그런 영혼은 보다 깊은 데를 봅니다. 이 모든 혼란 속에 하나님의 지혜가 있음을 알고, 이 모든 부조리함 속에 하나님의 능력이 있음을 봅니다. 내가 병들고 고통당하고 실패하고 어려운 일을 당해도 아니, 이것은 저주가 아니요 하나님께서 내게 폐푸시는 사랑이요 내게 주시는 사랑의 표현이요, 하나님께서는 나를 특별히 사랑하시고 나로 깨닫게 하시고 무엇인가 이루시는 큰 역사가 있음을 알게 됩니다. 그래서 고난 중에 하나님께 영광을 돌립니다. 환난과 핍박 속에서 하나님의 능력을 체험합니다. 감당하기 어려운 많은 시련 속에서도 주의 영광을 찬양합니다. 죽음을 앞에 놓고도 하나님께 감사의 기도를 드립니다. 이 사람은 두 번 태어난 영혼이다, 라고 말합니다.

오늘본문의 회당장 야이로, 이 사람이 지금 한 번 태어났습니다. 그리고 이 사건을 통해서 또 한 번 태어나는 절차를 거치게 됩니다. 보십시오. 이 사람이 보통으로는 예수님 앞에 와서 무릎을 꿇을 사람이 아닙니다. 교만합니다. 회당장입니다. 목수의 아들과는 얘기가 안됩니다. 멀지도 않은 같은 가버나움사람이요 목수의 아들인 예수에게 가서 무릎을 꿇을 수 있는 사람이 아닌 것입니다. 그런데 이거 참 부끄럽습니다. 회장당의 딸이 왜 죽지요? 회장당의 가정에 왜 우환이 있지요? 교인들 보기도 부끄럽습니다. 아마 어떤 교인은 이렇게 수군댔을는지도 모릅니다. '무슨 문제가 있는가보다. 아무래도 저 회장당이 하나님 앞에 무슨 벌을 받고 있는가보다…' 남들만 그리 생각하는 게 아니라 회장당 자신도 그같은 가책을 느끼고 있는 것입니다. 그래서 괴롭습니다. 이걸 극복하려고 애를 썼습니다. 도저히 해결할 길이 없던 끝에 소문에 듣자하니 예수라는 분은 어떤 병이라도 다 고친다더라, 합니다. '그렇다. 예수님 앞에 가야지.' 체면이고 지위고 가릴 것 없이, 다 털어버리고 예수님 앞에 가서 무릎을 꿇고 많이 간구합니다. 간절히 구합니다. '내 딸이 죽게 되었습니다.' 어찌생각하면 딸의 병이 아버지를 그리스도께로 인도한 것입니다. 결정적으로 이 딸이 죽게 되지 않았다면 절대로 올 사람이 아닙니다. 그런데 이제 예수님 앞에 왔습니다. 그래서 메시야로, 훌륭한 의사로 고백합니다. '당신은 내 딸의 병을 고칠 수 있습니다.' 그 고백과 함께 예수님 앞에 간청을 합니다. 예수님께서 '가자' 하시고 그를 앞세워 그의 집으로 가는데, 가는 도중에 사람이 왔습니다. 그 사람 하는 말이 '당신의 딸이 죽었습니다. 이제 선생님을 더 괴롭히지 마세요' 하는 것입니다. 이 말을 듣는 야이로가 지금 난처해졌습니다. 어찌하면 좋겠습니까. 그래도 모시고 가야 합니까 말아야 합니까. 의사로서는 끝난 것입니다. 죽어갈 때는 의사가 필요하지만 이미 죽었거든요. 죽어가는 것을 보고 간 아버지의 마음은 무릎을 꿇었지마는 죽었다고 하는 말을 듣고 예수님을 모시고 갈 거냐 말 거냐—여기에는 문제가 있는 것입니다. 이 시점에서 그는 참으로 큰 갈등을 겪고 있습니다. 기로에 섰습니다. 한가닥 희망마저 무너지는 시간입니다. 한가닥 믿음마저 끊어지는 시간입니다. 당황하고 있습니다. 대책이 없습니다. 바로 그 순간 믿음의 비약이 필요했습니다. 지금까지는 훌륭한 선생이요, 랍비요, 그리고 의사로, 능력있는 사람으로 알았지마는 이제는 생명의 주인으로, 예수를 하나님으로 믿어야 하는 순간입니다. 보통믿음이 아닙니다. 특별한 믿음으로 이제 비약을 해야 되는 순간입니다. 하나님의 아들로 믿어야 한다—죽은 자도 살리신다는 믿음, 생명의 주인으로 예수를 믿어야 했습니다. 그런데 그런 믿음을 야이로가 가질 수 있는 게 아닙니다. 누구나 가질 수 있는 게 아닙니다. 이에 예수님께서 명령하십니다. '믿기만 하라. 그러면 네 딸이 구원을 얻으리라. 믿기만 하라.' 자, 이제 여기서 '믿습니다' 하면 믿음이 있는 것입니까. 믿어질 것입니까. 문제는 야이로에게 필요했던 것이 순종이라는 것입니다. 믿음으로 인한 순종입니다. 믿어지든 안믿어지든 지금은 순종해야 됩니다. 오로지 순종, 단순한 순종의 믿음… 사실로 납득이 가지 않습니다. 믿어지지도 않습니다. 그러나 종래에 가졌던 지식이나 의지나 감성을 다 버리고 순수한 마음으로 예수님을 영접하고 예수님의 명령에 따라야 했습니다. '믿기만 하라.' '예.' 그리고 예수님을 모시고 딸이 죽었다고 하는 자기집으로 가야 합니다. 바로 그 순간입니다. 만일에 그가 '다 끝났습니다, 그만합시다' 했다면 어떻게 되었겠습니까. 그러나 오늘 야이로는 얼마나 믿었는지 모르겠으나 순종하여 예수님을 모시고 자기집으로 갑니다. 어떻게 될 것인지는 모릅니다. 그러나 모든 의심을 버리고 순종했습니다. 사람들은 자기가 할 수 있는 일이면 하나님께서도 하실 수 있다고 생각합니다. 자기가 할 수 있는 일일 때에 그것을 위해서 기도합니다. 어느 한계를 넘어서면 이제는 기도하지 않습니다. 하나님께서도 못하시니까, 라고 생각해서입니다. 그러나 엄청나게도 하나님께서는 인간궁극에서 당신의 사역을 시작하십니다. 인간의 능력이 끝났을 때 거기서부터 하나님의 역사가 시작됩니다. 그걸 잊지 말아야 합니다. 할 수 있다고 할 때 역사하시는 게 아닙니다. 사람으로서 할 수 없다고 할 때 그때 하나님의 역사는 시작됩니다. 오늘 가만히 보십시오. 회당장 야이로는 믿었다기보다는 믿고 싶었습니다. 믿으려고 하는 마음이 있었습니다. 믿기보다는 오로지 순종했습니다. 그래서 낡은 사고를 버렸고, 관습적인 신앙을 버렸고, 추상적인 믿음을 버렸고, 자기의를 다 포기해버리고 단순한 마음으로, simplified, 단순한 마음으로 예수님을 모시고 집으로 갑니다. 놀라운 이야기입니다. 한계를 넘어서는 시간입니다. 예수님, 죽은 딸의 손을 잡고 "달리다굼"—일어나라, 하십니다. 일으키십니다. 모두들 깜짝놀랐습니다. 모두가 놀랐고 하나님께 영광을 돌립니다. 그러나 가장 중요한 것은 이 분이 누구시냐입니다. 예수께 대한 믿음이 한 차원 높이 올라가는 시간입니다. 여러분, 다시한번 생각해봅시다. 이 집에 왜 이런 어려움이 있었습니까. 왜 딸이 죽어가며 왜 딸이 죽었으며, 왜 이런 불안 이런 고통이 있었습니까. 이 회당장 야이로의 믿음을 높이기 위하여, 그 믿음을 온전케 하기 위하여 이 사건은 있어야 했습니다. "믿기만 하라." 이 말씀에 깨끗하게 순종할 때 높은 믿음, 큰 믿음, 위대한 믿음을 얻게 될 것입니다. △

복받는 또다른 비결

젊은 자들아 이와 같이 장로들에게 순복하고 다 서로 겸손으로 허리를 동이라 하나님이 교만한 자를 대적하시되 겸손한 자들에게는 은혜를 주시느니라 그러므로 하나님의 능하신 손 아래서 겸손하라 때가 되면 너희를 높이시리라 너희 염려를 다 주께 맡겨 버리라 이는 저가 너희를 권고하심이니라 근신하라 깨어라 너의 대적 마귀가 우는 사자같이 두루 다니며 삼킬 자를 찾나니 너희는 믿음을 굳게 하여 저를 대적하라 이는 세상에 있는 너희 형제들도 동일한 고난을 당하는 줄을 앎이니라 모든 은혜의 하나님 곧 그리스도 안에서 너희를 부르사 자기의 영원한 영광에 들어가게 하신 이가 잠깐 고난을 받은 너희를 친히 온전케 하시며 굳게 하시며 강하게 하시며 터를 견고케 하시리라 권력이 세세 무궁토록 그에게 있을지어다 아멘

(베드로전서 5 : 5 - 11)

복받는 또다른 비결

여러분이 잘 아시는 철학자 파스칼의 「팡세」에서 이런 글을 읽을 수가 있습니다. '자신의 비참함을 모르고 하나님을 아는 것은 오만을 낳는다. 하나님을 알지 못하고 자신의 비참함을 아는 것은 절망을 불러일으킨다. 그러므로 그리스도 예수를 알면서 결정적으로 자기자신을 알 수 있다.' 자기자신을 아는 길이 여기 있습니다. 나 스스로 나를 알 수가 없기에 우리는 십자가를 통해서, 십자가 안에서 내가 얼마나 비참한 죄인인지도 알고, 얼마나 내가 소중한 존재인지도 알게 됩니다. 여기서, 극과 극의 더블 이미지를 우리는 십자가 안에서 발견하게 됩니다. 흔히 말하기를, superego, trueego라는 말을 합니다. 우리가 허깨비같은 초인간상에 끌려서 참인간의 모습을 잃어버리고 살 때, 거기에 모든 불행이 함께하는 것입니다. 그런고로 인간이 그리스도 안에서 참인간의 모습, 나 자신의 진실한 모습을 발견할 수 있다는 그것은 참으로 위대한 일입니다. 교만한 사람은 자기가 교만하다는 것을 생각지 못하고 삽니다. 교만을 마치 정의감인 양, 때로는 지도력인 양, 어떤 때는 솔직함이라는 말로 위장, 변명을 하면서 교만에 취해서 자기자신을 완전히 잃어버린 상태에서 살아가는 비참한 군상을 볼 수 있습니다. 권위와 권위주의는 다릅니다. 권위란 진실과 겸손에 뿌리를 두고 있습니다. 그러나 권위주의란 교만한 데서부터 오는 것입니다. 전혀 다른 뜻을 가지고 있습니다. 중국에 「회남자(淮南子)」라고 하는 고전이 있는데 거기 다음과 같은 교훈이 있습니다. '천하를 위태하게 하는 것에 세 가지가 있다. 첫째는 덕이 모자라는 사람임에도 불구하고 사랑을 받는 것이다.' 덕

없는 사람이 사랑을 받게되면 세상에 망조가 듭니다. '둘째는 재능이 보잘것없는 사람이 높은 지위에 올라 있는 것이다.' 그걸 감당할 수가 없으니 이 또한 망조가 드는 것입니다. '셋째, 스스로 공을 세운 일이 없으면서 후한 녹봉을 받는 것이다.' 이것은 모순이거든요. 이리되면 참으로 공을 세운 사람이 천대받는 결과가 올 수밖에 없습니다. 이러면 세상이 위태로워진다, 하는 말입니다. 복을 받는 비결을 우리는 상식적으로 알고 있습니다. 그것은 선과 의와 진실과 정결과 부지런함과 그리고 충성됨입니다. 이런 덕목들을 생각합니다. 이렇게 살 때 하나님께서 복을 주실 거다, 합니다. 그렇습니다. 그러나 이보다 더 중요한 문제가 있습니다. 그것은 겸손한 자에게 복을 주신다는 것입니다. 모든것의 뿌리는, 기초는 겸손입니다. 아우구스티누스에게 제자가 물었습니다. '그리스도인의 최고의 덕목이 무엇입니까?' 그는 이렇게 대답합니다. '그것은 겸손이다.' '둘째로 중요한 덕목은 무엇입니까?' '겸손이다.' '세 번째는 무엇이겠슙까?' '역시 겸손이다.' 유명한 교훈으로 전해지고 있습니다. 기독교인의 덕목은 시작도 끝도 겸손입니다. 마귀가 우리를 시험합니다. 그리스도인도 시험합니다. 그리스도인들이 시험에 빠지는 경우가 있습니다. 그것은 거의 100% 마귀의 시험입니다. 마귀가 그리스도인을 시험하는 방법은 세상사람을 시험하는 방법하고는 다릅니다. 술좌석으로 시험하는 것도 아니고 명예를 가지고 시험하는 것도 아닙니다. 기독교인을 시험할 때는 딱 교만을 가지고 시험합니다. 교만이라는 화살을 쏘는 것입니다. 여기에 쓰러지는 사람들을 봅니다. 참으로 유감된 일입니다. 유명한 얘기가 있습니다. 어느 동방의 고귀한 주교가 광야를 지나가는데 사단이 그를 시험했습니다. 시험하는 방법으로 그에게 사단이 가브리엘 천사로, 천사의 모습으로 둔갑해 나타나서 '하나님이 나를 당신에게 보냈습니다'라고 했습니다. 그랬더니 주교가 깜짝 놀라면서 '그럴 리가 없습니다. 나는 허물이 많고 부족한 죄인입니다. 하나님께서 나에게 가브리엘 천사를 보낼 리가 없습니다.'하고 딱잘라 대답합니다. 사단이 물러서면서 '겸손한 자는 나도 시험할 수가 없구나'하였다고 합니다. 이걸 잊지 마십시오. 믿는 사람을 시험하는 방법은 교만입니다. 여기에서 넘어지는 것입니다. 금덩이도 아니고 공명심도 아닙니다. 교만입니다. 겸손할 때 은혜받고 겸손해서 은혜가 은혜되고 겸손해서 은혜를 지켜갈 수 있습니다. 여러분 스스로 생각해보십시오. 처음 믿을 때, 또 어느 때 특별한 은혜 받았을 때 그 높은 은혜에 충만한 생활을 지속하지 못하고 '요새와서 왜 이렇게 맥이 빠졌지? 왜 은혜가 이렇게 이전만 못할까?' 합니다. 원인은 깊은 속에 교만이 스며들었기 때문입니다. 벌써 교만하기 시작했습니다. 나도모르게 교만해졌습니다. 그래 은혜가 떠나게 됐습니다. 참으로 위험한 일입니다. 이제 문제는 겸손이 무엇인지 잘 모른다는 데서 비롯됩니다. 여기에 중요한 비유가 있습니다. 도끼로 나무를 찍고 다듬어서 집을 짓습니다. 훌륭한 집을 지었습니다. 그러나 도끼는 교만할 수 없습니다. 도끼는 도끼일 뿐입니다. 도끼를 만든 자가 있지요, 도끼를 손에 들고 사용한 사람이 있습니다. 도끼를 통해서 이 귀한 집을 만든, 지은, 그 사람의 경륜, 목적이 있지 않습니까. 도끼는 아무것도 아닙니다. 다만 쓰여졌을 뿐입니다. 그래서 이사야 10장 15절에 말씀하십니다. "도끼가 어찌 찍는 자에게 스스로 자랑하겠으며…" 도끼가 어떻게 스스로 자랑할 수가 있느냐—여러분이 무슨 일을 했든지 자랑할 것 아무것도 없습니다. 전혀 없습니다. 왜요? 다 하나님께서 쓰시고 그의 경륜 따라서 나를 통해서 이루신 것 일 뿐이니까 전혀 자랑할 수가 없습니다. 교만할 것 없습니다.

　오늘본문에 보면 사도 베드로는 이렇게 교훈하고 있습니다. "겸손으로 허리를 동이라." 모름지기 베드로가 이 편지를 쓰면서 마음 속으로 이렇게 생각했을 것이라고 한번 추리해봅니다. 요한복음 13장에 보면 예수님께서 십자가지시기 전날밤에 성만찬예식을 행하십니다. 성만찬예식을 행하려고 보시니 제자들의 마음이 교만합니다. 시기 질투로 가득차 있습니다. 이 더러운 마음들을 가지고는 성찬식을 행할 수가 없으십니다. 그래 예수님께서 대야에 물을 떠다가 한 사람 한 사람의 발을 씻기십니다. 그때 수건을 허리에 두르셨습니다. 그리하시고 허리를 굽히사 제자들의 발을 씻기십니다. 가룟 유다의 발까지 씻기십니다. 그런데 이제 문제가 있습니다. 그때의 그 모습을 베드로는 잊을 수가 없습니다. '그때 주께서 수건을 허리에 두르셨는데, 그것은 겸손이다.' 그래서 이제 말씀합니다. "겸손으로 허리를 동이라." 얼마나 실제적이고 깊은 상징적 의미가 있는 말씀입니까. 그리고 그는 이렇게 교훈하고 있습니다. "하나님의 능하신 손 아래서 겸손하라." 하나님의 손 아래서 겸손하라. 왜? 하나님의 능력, 하나님의 지혜, 하나님의 사랑 속에 우리가 있지 않습니까. 하나님 앞에 겸손하여야 됩니다. 여러분, 기도도 조심해야 합니다. 어떤 사람들 보면 교만한 기도가 많습니다. 요새는 어조까지 좀 이상해서 "믿십니다!" 이래가면서 이상하게 하더라고요. 어찌 그런 어조가 있을 수 있습니까, 도대체가. 참 이상하게 됐더라고요, 기도하는 것이. 또 숫제 하나님을 협박합니다. "반드시 주실 줄로 믿십니다." 이러고 나오는데 꼭 그 다음말이 한마디 더 있는 것같습니다.

'안주시면 나 하나님 안믿겠습니다.' 영락없이 협박입니다. 이거 대체 어조부터 시작해서 자세가 잘못됐습니다. 겸손하십시오, 기도도. 간절히 기도할 것입니다마는 고집부리지 마십시오. '저의 소원은 이렇습니다마는 들어주셔도 좋고 안들어주셔도 괜찮습니다, 내 뜻대로 마옵시고 아버지의 뜻대로 하옵시고, 내가 기도하는 것 외에 하나님의 뜻이 별도로 있다면 그 뜻을 알게 해주십시오.' 그저 이렇게 기도하여야 하나님께서 예쁘게 보시지 이건 고집만 부리고 있는 거야. 누구 앞에 협박을 하는 거야, 도대체. 하나님의 엄위하신 능력, 그 지혜 그 앞에 기도도 마땅히 겸손하여야 됩니다. 야고보 사도는 이렇게 말씀합니다. "너희가 얻지 못함은 구하지 아니함이요 구하여도 받지 못함은 정욕으로 쓰려고 잘못구함이니라(약 4 : 2, 3)." 거기에 정욕이 들어 있습니다. 잘못구하고 있습니다. 교만함이 있습니다. 또한 "주님 앞에서 낮추라 그리하면 주께서 너희를 높이시리라"하고 야고보 사도는 말씀합니다(약 4 : 10). 기도할 때 겸손할 것입니다. 정말로 겸손한 사람 하나를 소개하고 싶습니다. 우리가 부르는 찬송 가운데 '예수로 나의 구주 삼고' '인애하신 구세주여' 등의 좋은 찬송, 우리가 즐겨 부르는 찬송 24곡, 그것이 파니 제인 크로스비라는 분의 작품입니다. 제가 그분이 살던 마을, 그가 살던 집을 가봤습니다. 참으로 놀라웠습니다. 이 분은 일생동안 4천 곡 이상의 찬송을 지었습니다. 그는 생의 중도에 장님이, 시각장애자가 됐습니다. 의사가 눈수술을 하고나서 붕대를 풀 때 말했습니다. "죄송합니다. 내가 최선을 다해서 수술했습니다마는 당신의 시력은 잃어버렸습니다. 시력을 회복할 수는 없습니다." 그때 그가 저 유명한 말을 합니다. "Oh God, thanks for making me blind(하나님이여, 나를 장님 만들어

주신 것 감사합니다)." 화려한 세상을 보지 않게 하시고 하나님만 볼 수 있게 해주신 것을 감사합니다―그때부터 찬송이 터져나오고 물경 4천 곡의 찬송을 지은 것입니다. 온세계의 그리스도인들이 그의 찬송을 부릅니다. 보십시오. 그는 하나님 앞에 겸손했습니다. 하나님께서 하시는 일을 고분고분 수용했습니다. 감사했습니다. 이것이 겸손이라는 것입니다. 하나님 앞에 겸손한 것입니다.

또한 때를 기다릴 줄 알아야 됩니다. '때가 되면 이루리라.' 하나님께서 때를 정하셨습니다. 크로노스가 있고 카이로스가 있습니다. 하나님의 시간이 있고 내 시간이 있습니다. 여러분, 결코 조급히 서두르지 마십시오. 당장 안된다고 안달하지 마십시오. 와 참! 우리네는 너무 조급합니다. 나는 신문보다가 깜짝놀랄 뿐만 아니라 외국사람들이 볼까봐 창피해졌습니다. 버스타고 가면서 운전기사 때리는 사람―세상에 어디 이런 망종이 다 있습니까. 어디에 이런 야만인이 있단말입니까. 입에라도 담을 얘깁니까, 이게. 버스운전기사를 패는 이같은, 이같은 사람들이 사는 세상입니다. 왜요? 조급해서입니다. 당장 내뜻대로 안된다고해서입니다. 여러분, 느긋하게 기다리세요. 그것이 겸손입니다. 자식들에 대해서도 너무 서두르지 마십시오. 조용히 기다리세요. 어떤 어머니가 바람기있는 남편 때문에 속을 썩이다가 나보고 자기자식 가리켜 말합디다. "요녀석이 지 애비 닮아가지고 벌써부터 여자를 밝혀요. 걱정이에요." 그래서 아이가 몇살이냐고 내가 물어봤습니다. 초등학교 4학년이라는 대답입니다. 말문이 막힐 노릇입니다. 왜 속단을 하는 것입니까. 서두르지 마십시오. 하나님께서 행하시는 일을 볼까요? 75세된 아브라함에게 '내가 네게 아들을 주마' 하십니다. 금년에 주실라나, 내년에 주실라나?

웬걸요. 아내가 단산을 해버리지 않습니까. 25년 후에 아들을 주셨습니다. 이것이 하나님의 시간입니다. 우리가 서둘러서 되겠습니까. 때가 이르면 하나님께서 정하신 때가 올 터이니 믿고 조용하게 기다릴 것입니다. 그것이 겸손입니다. 또한 깊이 생각하여야 됩니다. "너희를 높이시리라." 그가 높이시면 높아질 것이요 그가 낮추시면 낮아질 것입니다. 높이시든낮추시든 하나님의 처사에 대해서 불평하지 마십시오. 성경에 나타난 몇사람의 예를 들겠습니다. 다윗을 보십시오. 그는 이스라엘의 왕입니다. 그런데 어찌 그런 일이 있을 수 있습니까. 아들 압살롬이 아버지를 대항해서 사람들을 모아 전쟁을 일으킵니다. 아버지를 죽이겠다고 뒤쫓습니다. 자, 다윗은 얼마든지 방어할 수 있건마는 겸손하여 '하나님께서 하시는 일이구만. 내가 어찌 아들과 맞서 싸우겠느냐'하고 보좌를 물려놓고 피난의 길을 떠납니다, 정처없이. 그뿐입니까. 가는 노상에서 시므이라는 사람이 다윗을 저주합니다. 옆에 있던 장군이 시므이의 목을 치려고 했지마는 다윗은 말립니다. 하나님께서 다윗을 저주하라 하셔서 그러는 것 아니겠느냐, 하나님께서 명예를 회복시켜주실 때까지 나는 기다릴 것이니라, 손대지 마라, 하고 내처 피난길을 갑니다. 그는 겸손했습니다. 하나님 앞에 겸손했습니다. 하나님의 처사에 대하여 겸손했습니다. 그래서 배반하는 아들도 원망하지 않고 또 자기를 저주하는 시므이도 원망하지 않았습니다. 그것이 다윗의 겸손입니다. 다윗은 의인이 아닙니다. 그런고로 그는 또다른 축복의 길을 알아서 겸손을 통하여 하나님의 복을 받았습니다. 모세를 보십시오. 민수기 12장에 보면 분명 실수는 모세가 했습니다마는 형님이 비난하고 누이가 비난하고 많은 사람이 비방을 합니다. 그 많은 비방을 받을 때 그는 온유 겸손했습니다. 하나님께서 그 중심을 보십니다. 아무도 탓하지 않았습니다. 아무도 원망하지 않고 잘 참았습니다. 마침내 하나님 말씀하시기를 '온지면에 이 사람처럼 온유한 사람이 없다. 온유하기가 모세만한 사람이 없다' 하시기에 이릅니다. 그가 선행을 해서 복받은 게 아닙니다. 온유해서 복을 받은 것입니다. 이걸 잊지 말아야 합니다. 신약에 돌아와 보면 바울이라는 사람은 겸손에 관한 한 더 뭐라 할 수 없을 만큼 훌륭한 하나님의 사람이었습니다. 그는 겸손이 얼마나 소중한지를 알고 있습니다. 나로 겸손케 하시는 것이 은혜라고 생각했습니다. 나는 내버려두면 교만한 사람이다, 교만할 수밖에 없는 사람이다, 라고 스스로 알고 있습니다. 자신을 알고 있습니다. 그런고로 내가 받은 은혜가 크기 때문에 자고하지 않게 하시려고 내게 육체의 가시, 사단의 사자를 주셨다, 합니다. 때마다 찌르는 것입니다. 겸손할 수밖에 없었습니다. 그는 그것을 은혜로 받아들이고 있습니다. 나를 겸손하게 하신 하나님, 계속 찔러서 찔러서 겸손할 수밖에 없도록, 그래서 은혜를 저버리지 않도록 하시는 하나님, 그에게 감사하고 있습니다. 그는 겸손과 은혜가 얼마나 소중한지를 잘 아는 사람입니다. 특별히 강제로 겸손케 하시는 하나님의 은혜를 그는 수용하고 있습니다. 감사하고 있습니다.

마음에 근심과 걱정이 있습니까? 불안과 공포가 있습니까? 혹이라도 원망하는 마음이 있습니까? 그 뿌리는 교만입니다. 말씀드릴까요? 여러분, 아내가 얼마나 예뻐보입니까? 많이 예쁘게 보이거든 겸손한 줄 아시고 '어떻게 저리도 생겼나' 싶거든 교만한 줄 아십시오. 결혼을 어떻게 생각하십니까? 아무리 생각해봐도 하나님께서 내게 참 좋은 남편, 좋은 아내를 주셨구나, 그저 감사하다, 이렇게 생각하면 겸손한 것이고, 이건 하나님도 실수했다, 어쩌다 이런 사람을 만났을까, 하는 사람은 교만한 사람입니다. 이걸 잊지 마십시오. 겸손할 때 은혜가 은혜되고 은혜를 지켜갈 수 있는 것입니다. 유명한 헨리 나우언이라고, 아마 들어서 아실 것입니다. 그분이 세상을 떠나기 일 년전에 써놓은 일기가 있습니다. 「안식의 여정」곧「Sabbatical Journey」라고, 일기장을 책으로 낸 것이 있습니다. 그 속에 '신앙인으로서 주의해야 할 일'이라는 제목의 글이 있습니다. 주의해야 할 일 첫째는 '남의 선망의 대상이 되고자 하는 마음을 주의하라'하는 것입니다. 사람들로부터 인정받고 칭찬받으려 하는 마음 버릴 것입니다. 그거 있는 동안 교만에 빠지거든요. 그리되면 고독하게 되거든요. 둘째는 '자기자신에 몰입하게 되면 불행해진다' 하는 것입니다. 이기주의에 빠지니까요. 셋째는 '근거없는 근심에 빠지지 않도록 조심하라'하는 것입니다. 신앙을 저버리게 되니까요. 그렇습니다. 요새와서 servant leadership이라는 말이 유행처럼 돌아가고 있습니다. 지도력은 봉사에서 오는 것입니다. 힘으로 되는 게 아니고, 지식으로 되는 것도 아니고, 기술로도 아닙니다. 지도력은 봉사정신에 있는 것입니다. 마태복음 20장 28절에 예수님 말씀하십니다. "인자가 온 것은 섬김을 받으려 함이 아니라 도리어 섬기려 하고 자기 목숨을 많은 사람의 대속물로 주려 함이니라." 오로지 섬기려 왔노라 —주님의 말씀입니다. 봉사정신이란 출세수단이 아닙니다. 봉사 그 자체가 목적입니다. 나의 고독과 근심, 절망과 낙심, 원망, 다 그 뿌리는 교만에 있습니다. 다시한번, 아니 근본적으로 다시 겸손합시다. 잃어버린 겸손을 되찾아봅시다. 하나님께서는 교만한 자를 물리치시고 겸손한 자에게 오늘도 은혜를 더하십니다. △

모든 위로의 하나님

　찬송하리로다 그는 우리 주 예수 그리스도의 하나님이시요 자비의 아버지시요 모든 위로의 하나님이시며 우리의 모든 환난 중에서 우리를 위로하사 우리로 하여금 하나님께 받는 위로로써 모든 환난 중에 있는 자들을 능히 위로하게 하시는 이시로다 그리스도의 고난이 우리에게 넘친 것같이 우리의 위로도 그리스도로 말미암아 넘치는도다 우리가 환난 받는 것도 너희의 위로와 구원을 위함이요 혹 위로받는 것도 너희의 위로를 위함이니 이 위로가 너희 속에 역사하여 우리가 받는 것같은 고난을 너희도 견디게 하느니라 너희를 위한 우리의 소망이 견고함은 너희가 고난에 참예하는 자가 된 것같이 위로에도 그러할 줄을 앎이라

(고린도후서 1 : 3 - 7)

모든 위로의 하나님

론 멜(Ron Mehl)이라고 하는 교수가 쓴 「The Cure for a Troubled Heart」라고 하는 유명한 책에 보면 저자 자신의 경험을 진솔, 간결하게 이야기한 것을 읽을 수 있습니다. 그에게 몇자녀가 있는데 특별히 그중의 아들 하나가 큰 고민에 빠졌다는 것입니다. 근심과 걱정, 상심, 실의, 마지막에는 절망감에 빠져서 헤매고 있더라는 것입니다. 아버지는 그가 괴로워하는 걸 알고 있습니다. 무엇 때문에 그런다는 것도 짐작하고 있습니다. 그러나 이 괴로워하는 아들에게 '왜 그러느냐?'라고 물을 수가 없었습니다. 그렇게 물으면 더 괴로울까봐, 더 마음이 아플 것같아서입니다. 아무 말도 할 수가 없었습니다. 왜냐하면 그가 고민하는 문제를 해결해줄 수 없기 때문이지요. 아버지가 해결해줄 수 있는 성격의 고민이 아니기 때문이었습니다. 그러나 너무도 괴로워서 절망에 지친 이 아들을 어떻게 위로할까, 생각을 해보았습니다. 아들이 자는 방에, 깊이 잠들었을 때 몰래 들어가서 그 옆에 누워 있었습니다. 눈을 빤히 뜨고 천장을 쳐다보면서 옆에 있는 이 아들, 저 마음을 어떻게 위로할 수 있을까, 생각했지만 좋은 말이 생각나지 않았습니다. 대책이 없었습니다. 내가 그에게 위로가 되어줄 수 없는 것같습니다. 그래서 그냥 누웠다가 나왔습니다. 그 다음날 또 아들이 자는 방에 들어가서 옆에 누웠습니다, 아무 말도 하지 않고. 그리고 또 나왔습니다. 그렇게 여러 날을 아들방에 들어가 옆에 누워서 밤을 지새웠다고 합니다. 아들은 아버지가 들어와서 조용히 옆에 눕는다는 걸 알고 있었습니다. 말이 없어도 아버지의 마음을 알 수 있었습니다. 아버지가 나보다 더 괴로워한다는 걸 알고 있었습니다. 그래서 그는 용기를 얻었습니다. '나는 혼자가 아니다. 내 중심, 내 마음을 이해해주시는 분이 있다.' 아들은 거기서 용기를 얻어 마침내 떨치고 일어나 새로운 일을 새롭게 시작하더라는 것입니다.

여러분, 진정한 위로라는 게 뭡니까. 물질적인 것이 아닙니다. 돈으로 해결할 수 있는 것이 아니고 권력으로 해결할 수 있는 것도 아닙니다. 무슨 물리적 현상, 이것으로 위로할 수 있는 것이 아닙니다. 인격과 인격의 관계란 대단히 심오한 것입니다. 아시는대로 내가 사람을 만날 때 어떤 사람은 말이 없어도 내게 위로가 되고 기쁨이 되는데, 어떤 사람은 만났다하면 오히려 근심이 생기고 분노가 끓고 낙심하게 되고 도움은커녕 오히려 해가 됩니다. 그렇게 피해를 보기 때문에 그런 사람은 만날 수가 없습니다. 만나자고 해도 거절하게 됩니다. 반갑지 않은 것입니다. 그럼 참된 위로, 참된 친구는 누구입니까. 나에게 위로되는 사람은 누구입니까. 내가 어려운 일 당할 때 다 나를 비판하고 다 멀리 가버리지마는 그때에 오히려 내게 다가오는 사람, 그 사람이 진정한 내 친구입니다. 뿐만아니라 두 번째는, 와서 아무 말도 하지 않는 사람입니다. 뭐 입바른 소리나 하면서 위로하겠다고드는 사람, 길이 있겠지 어쩌고 쓸데없는 소리나 하는 사람 반갑지 않습니다. 욥기에 보면 욥이 인간으로 감당할 수 없는 역경을 겪습니다. 친구들이 찾아와 일주일 동안 아무 말도 못했어요, 너무 비참해서. 일주일 후에 조용히 입을 열어 말을 하기 시작합니다. '잘 생각해봐라. 하나님은 공의로우신데 죄없는 자를 벌하시겠느냐. 잘 생각해봐라. 네게 숨은 죄가 있는 것같다.' 여러 가지로 비판을 합니다, 논리적으로, 철학적으로, 신학적으로. 마지막에

욥이 견디다못해서 '제발 입 좀 다물어. 그런 소리는 나도 할 수 있다.' 이렇게 대답하는 장면을 볼 수가 있습니다. 정말 고통당할 때 잘난 척하고 사설 늘어놓는 거 좋지 않습니다. 한 수 위에 있는 것처럼 인생이 다 그런데 어쩌고 해가면서 쓸데없는 소리 하는데 입다물 것입니다. 「How to Make Your Good Friend」라고 하는 유명한 책이 있습니다. 친구를 사귀는 방법 열 가지를 말해주는 중에 제가 인상깊게 본 것 하나가 뭐냐하면 친구가 어려움을 당하거든 반드시 찾아가서 아무 말도 하지 말고 옆에 있으라, 한 것입니다. 그게 최고로 좋은 친구라고 합니다. 그렇습니다. 뭐가 어쩌고 이론을 펴면서 설명을 하고 설교를 하고… 반갑지 않은 것입니다. 참위로가 어디 있습니까. 깊은 이해는 바로 나의 침묵을 이해하는 것입니다. 말할 필요도 없이 속을, 속내를 다 알고 있는 것입니다. 그리고 옆에 함께하는 것입니다. 그래서 기쁠 때 만나면 기쁨이 배가하고 슬플 때 만나면 슬픔이 반감됩니다. 바로 그런 사람이 좋은 친구입니다. 위로하고 위로받고… 이보다 더 아름다운 것이 없습니다. 그런데 어디서 어떤 모습으로 위로를 받습니까. 이 현대인은 위로받지를 못합니다. 부부간에도 같이 산다고 하지마는 동상이몽(同床異夢)입니다. 전혀 위로가 되지 않습니다. 자녀들이 있다고 하지마는 자녀를 통해서 위로받지 못합니다. 많은 아는 사람들이 있고 친구가 있는 것같으나 정작 어려운 일 당하고보면 나는 혼자입니다. 아무도 내 마음을 이해하는 위로자가 없는 것을 느끼는 것입니다. 현대인은 위로를 거부하고 있습니다. 위로하지 못할 뿐 아니라 위로받으려는 마음도 없습니다. 아니, 적대감을 가지고 사람을 대합니다. 그러니 외로울 수밖에요.

카렌 호니라는 분이 「The Neurotic Personality of Our Time」이라

고 하는 유명한 책에서 현대인은 불안을 저항해서 불안을 스스로 이기려고 몸부림치고 있다, 하였습니다. 그래서 안정을 추구하는 것입니다. 이 불안한 마음을 어떻게든 달래고 위로받으려고 몸부림치는데 그 방법이 잘못됐다는 것입니다. 세 가지 방법을 취하는데, 일반적으로 권력과 명예와 소유를 추구합니다. 그래서 무력함에 맞서 싸우면서 권력을 얻으려고 합니다. 권력만 얻으면 위로가 될 것같아서인데 아닌 것입니다. 권력을 가지면 불안합니다. 못해먹겠다고도 하지 않읍디까. 힘들어요. 권력이 힘든 것입니다. 절대 평안이 없습니다. 권력은 으레 지배욕으로 치닫습니다. 불안할 수밖에 없습니다. 권력 있으면 해결될 것같은데 그게 아닌 것입니다. 또한 굴욕감과 맞서 싸우면서 명예를 추구합니다. 공부도 하고 뭐도 하고 뭐도 하고… 명예만 얻으면, 그러면 마음이 평안하고 위로받을 수 있을 줄 알았는데 그게 아닌 것입니다. 어느 사이에 명예에 취해서 미쳐버립니다. 정신없습니다. 이것이 나에게 위로기 되지 않습니다. 또한 빈곤과 싸우며, 빈곤을 이겨서 많은 돈을 벌고 넉넉한 소유를 얻으면, 그러면 마음에 평안이 있고 위로가 될 것이라고, 돈이 유일한 친구라고, 돈이 영원한 위로자라고 생각을 합니다. 그래서 이 돈을 가지고 증권도 했다가 땅도 샀다가 집도 샀다가, 몸부림을 쳐보지마는 보아하니 차라리 돈없는 사람이 편합디다. 그것이 위로가 되지를 못합니다. 위로될 수 없는 권력과 명예와 소유를 추구하고 있기 때문에 위로를 받을 수 없다, 그 말입니다. 사실 그렇습니다. 현대인들은 아주 교만합니다. 그래서 자기의존에 빠지고 자기우상화 되어 있습니다. 그런고로 누구의 은혜를 구하려 하지 않습니다. 또한 극단적인 개인주의에 빠져서 자기는 특별하다고 생각을 합니다. 고민도 자기고민은 특별한 거라고 생각을 합니다. 사실 알고보면 다 같은 것이거든요. 같다고만 생각해도 반은 해결이 되겠는데 아닙니다. 내것만은 특별하다고 생각합니다. 연애에 실패한 딸이 훌쩍훌쩍 울고짜고 하니까 어머니가 "다 그런 거란다. 나도 니 마음을 다 안다"했는데 이 딸은 "엄마가 내 마음을 어떻게 알아? 엄마가 나같은 경험을 해봤어?"하고 나옵니다. 그러나 어머니는 자기에게도 비밀이 있지만 말은 못합니다. '애야, 나도 그랬다'할 수가 없는 것입니다. 그 말을 하면 안될 것같으니까요. 사실은 인생경험이라는 게 다 같은 것입니다. 그 보편성만 알아도 한결 해결이 쉽겠는데 그렇지 못한 것입니다. '아니야. 나만이야. 나만 특별해. 나만 특별하게 억울해.' 천만의 말씀입니다. 해 아래 새것이 없습니다. 이것을 알아야 합니다. 그런데 현대인의 이 극단적 개인주의가 사람을 점점 고독하게 만들고 위로받을 수 없게 만듭니다. 또하나가 행동주의라는 것입니다. 행동으로 마음을 치료하겠다는 것입니다. 그래서 발악을 하는 것입니다. 나 그 '노래방'이라는 데 가보지는 못했지만 그리 마음에 안듭니다. 점잖은 사람들이 거기만 가면 발광을 하더라고요. 한바탕 발광하고나면 뭐이 될 줄 알지만 됩디까. 무슨 위로가 되더냐고요. 그래서 어떤 사람들은 거친 행동을 합니다. 그것으로 마음을 달래보려고 몸부림을 칩니다. 그런 것, 아무런 위로가 될 수 없습니다.

　오늘본문은 우리에게 중요한 말씀을 합니다. 자세히 읽어보면 '위로'라는 말이 열 번이나 나옵니다. 파라클레시스, 파라클레세오스… 열 번이나 위로라는 말이 나오는데 이 시간에 구구절절이 다 해석을 드리지는 못합니다. 그러나 요점만 말씀드리겠습니다. 첫째가 뭐냐하면 위로는 하나님께로부터 온다는 것입니다. "모든 위로의 하나님"—하나님만이 위로하실 수 있습니다. 사람은 위로하지 못합니다. 뭐 사랑하느니 뭐하느니 해봐야 다 그저 꿈같은 얘기입니다. 진정으로 위로가 되지 않습니다. 오직 위로는 하나님과의 관계를 정상화하는 데서 옵니다. 하나님 앞에 나아가서 하나님과 나 사이에 바른 관계를 맺을 때 비로소 위로가 되는 것입니다. 왜요? 그만이 능력이 있기 때문입니다. 능력 없는 말이 무슨 소용 있습니까. 지혜 없는 설득이 무슨 소용 있습니까. 대책 없는 위로가 무슨 위로가 되겠습니까. 오직 하나님만이 능력이 계시고, 지혜가 계시고, 우리를 사랑하신다… 하나님 앞에서, 하나님으로부터 많은 위로를 받을 수 있다—이것이 첫째요점입니다. 두 번째는 너무나 신비롭고 역설적인 말씀입니다. 그것은 환난 중에서 위로하신다, 한 것입니다. 고난 중에서 위로하신다—평안한 가운데서 위로주시는 게 아닙니다. 우리는 잘살고, 잘되고, 성공하고, 출세하고 해야 위로가 될 것같은데 그렇지 않습니다. 오히려 가난과 역경과 실패, 고난 중에서 위로가 가능해지는 것입니다. 거기서 위로를 수용할 수가 있는 것입니다. 하나님의 위로를 수용할 수가 있는 것입니다. 우리 인간적 위로도 그렇습니다. 여러분, 아내가 위로가 됩니까? 언제 위로가 됐습니까? 가장 어려워졌을 때, 병원에 입원해 있을 때입니다. 별로 잘생기지 않은 아내이지만 이 아내가 최고인 것입니다. 왜요? 고때는 위로가 되거든요. 건강해지면 또 딴짓 하고 뭘 어쩌고어쩌고 하지만요. 그러니 가끔 병원에도 가야 됩니다. 가서 딱 눕고보면 그때는 저 시원치않은 마누라가 그렇게 소중할 수가 없습니다. 이 남편이 이렇게 소중할 수가 없습니다. 병원에서 아이들을 만나면 아이들이 그렇게도 예쁠 수가 없습니다. 고난 중에 위로하신다, 합니다. 고난 중에 위로하고 위로받고—역사가 거기서 이루어지는 것입니다. 그런가하면 또 중요한 문제가 있답니다. 위로자가 누구냐입니다. 위로할 수 있는 라이센스를 가진 사람이 누구입니까. 오늘본문은 자세히 말씀합니다. '환난 중에 받는 위로로써 고난 중에 있는 자를 위로하기 위함이다.' 고난 많이 당한 사람만이 고난 중에 있는 사람을 위로할 자격이 있습니다. 이 말씀 들으면 꼭 생각나는 내 친구가 하나 있습니다. 내 후배, 제자인 목사 한 사람이 중앙의료원에서 좌우간 병고생 많이 했습니다. 10년 동안을 수술도 여러 번 받았습니다. 결국은 죽었습니다. 저녁에 죽어서 시체넣는 냉장고에 넣으려고 했더니 냉장고가 꽉 차서 들어갈 데가 없으므로 냉장고 앞에 놔두었습니다. 내일아침에 냉장고 시체가 하나 나가면 거기다 집어넣으려고요. 그래 두고 돌아왔다가 아침에 냉장고에 넣으려고 가보니 세상에, 사람이 살아나 있는 것입니다. 상상해보십시오. 어떻게 된 것입니까. 냉장고에 들어갔더라면 죽을 뻔했지요. 아무튼 이렇게 살아난 사람이라 열심히 공부해서 목사가 되고 원목이 됐습니다. 병원에 있는 환자들 돌보는 일을 하는 것입니다. 환자들이 아프다고 괴로워하면 이 분은 딱 한마디 합니다. "저는요, 시체냉장고 앞에까지 갔다왔습니다." 그저 그 한마디에 환자들은 위로가 되는 것입니다. 뭐 수술을 몇번 받고, 몇달 고생하고, 하면 "나는 10년이요, 10년"이라 합니다. 보십시오. 아프다는 사람 앞에 놓고 "난 한 번도 아파본 적이 없습니다" 한다면 그게 위로가 되겠습니까. "나는 병원에 한 번도 안와봤어요." 이러한 사람은 도대체가 위로할 자격이 없는 사람입니다. 고난 중에 받는 위로로써 고난당하는 자를 위로한다—우리 그리스도인들이 고난받는 것에는 이러한 선교적 의미가 있습니다. 중요한 의미가 있는 것입니다. 고생 좀 해야 되겠습니다. 그리고야 남을 위로할 수가 있는 것입니다. 이 어찌하겠습니까. '환난 중에 받는 위로로써 고난당하는 자를 위로하게 하려 함이라.' 제가 언젠가 한번 영락교회 장로님, 정장로님이라고 하는 분을 세브란스병원에서 만난 일이 있습니다. 입원해 있더라고요. 그분을 어떻게 아느냐하면 제가 32세에 영락교회부흥회 인도하러 갔을 때(그때는 부흥회를 월요일저녁에 시작해서 그다음 월요일새벽까지 했습니다. 참 길게 했습니다) 그분이 전도부장이었습니다. 그래 저를 위해서 시중을 들었기 때문에 일주일 동안 참 가까이해서 친해진 것입니다. 병원에 갔더니 마침 그 정장로님 와 계신다 하기에 들어가봤습니다. 그분이 몇달 동안 입원해 있었는데 이렇게 말하는 것을 들어보았습니다. "저는 장례식에도 가봤고 결혼식에도 많이 가봤습니다. 그러나 병원을 방문한 일은 한 번도 없는 것같아요. 아무리 생각해도 병원 방문한 일이 없어요. 그런데 여기 이렇게 몇달 있으면서 우리친구들 지역에 찾아오면 너무 너무 반가운 것입니다. 조금만 더 있다 가라고 붙잡아 앉히곤 한답니다. 하도 반갑고 위로가 되어 속으로 회개도 하고 맹세했지요." 그리고 나하고 악수하면서 약속하는 것입니다. "내가 병원문을 나가게 되면 일주일에 한 번씩은 꼭 환자를 방문하겠습니다." 그런 분이 있습니다. 여러분, 내가 고난당할 때 내게 위로자가 있습니다. 내가 위로받았으면 이제는 남을 위로할 책임이 있는 것입니다. 그런데 이상하게도 진정한 생의 의미와 삶의 보람과 신앙적 세계를 통하여 위로받을 수 있는 때는 잘살 때가 아니고 어려운 때입니다. 건강할 때가 아니고 병들었을 때입니다. 환난당할 때 큰 위로를 받습니다. 다른 때는 상상할 수 없는 위로를 그때 받습니다. 그저 고맙고 또 내가 환난 중에 받은 위로로써 남을 위로할 수 있습니다. 위로라고 하는 커뮤케이션은 오직 고난 중에 가능하다—이런 놀라운, 신비로운 말씀입니다. 그렇기 때문에 예수님께서 십자가를 지셨고, 그렇기 때문에 성도들이 다같이 고난을 당하고 있는 것입니다.

바실레이야 슈링크라고 하는 유명한 분이 있습니다. 아는 분이 많을 것입니다. 저 독일 프랑크푸르트에서 조금 내려오면 '매테르 하우스'라고 하는 신교수도원이 있습니다. 그 수도원원장으로 계시는 분인데 그의 책도 많이 읽었습니다. 그를 보고 싶어서 제가 한번 일부러 집으로 찾아갔던 일도 있습니다. 이 분이 쓴 「사랑의 승리」라는 글 속에 중국문혁 때, 핍박 심할 때 기독교인들이 고생한 이야기를 정보를 통해 듣고 그 책에서 이렇게 간증으로 이야기하는 대목이 있습니다. 어떤 장로님이 지하교회에서 활동하다가 끌려가서 매를 맞았습니다. 죽도록 매를 맞고 풀려났습니다. 돌아와서 교인들 앞에 서서 간증한 간증문이 이 분의 손에 들어와 그걸 소개하는 것입니다. 그 장로님은 그때 예수의 이름으로 감옥에 끌려가 240대의 매를 맞았다고 합니다. 맞을 때 처음에는 이게 살라고 때리는 게 아니라 죽으라고 때리는 것이니 엄청나게 아프더랍니다. 그렇게 아픈 매를 계속 맞는 것입니다. 매일같이 쉬었다가 또 맞고 쉬었다가 또 맞고, 내리 240대를 맞는데, 매맞으면서 스데반을 생각했다고 합니다. 집사 스데반이 돌에 맞아 죽으면서 얼굴이 천사의 얼굴같았고 그 눈앞에 그리스도께서 나타나셨다는 바로 그 장면, 그것을 생각했더니 자기에게도 그리스도께서 나타나시는데 멀리 계신 게 아니라 가까이 오셔서 자기를 그 품에 안으시는 것을 느꼈다고 합니다. 안으시고 상처를 어루만져주시는 것을 느꼈다고 합니다. 그러고나니까 이제는 하나도 안아프더라고 합니다. 아무리 때려도 안아프더랍니다. 그뿐 아니라 맞을 때마다 희열을 느꼈다고 합니다. 감사하고, 행복하고… 바로 이것이 위로라는 것입니다. 그리스도로 말미암아 위로를 받습니다. 그리스도로 인하여 위로받은 사람만이 남을 위로할 수 있는 것입니다. 아무 말 없이도 위로할 수가 있습니다. 이 참위로는 믿음에 있고 소망과 사랑에 있고, 이렇게 위로받을 때 오늘말씀대로입니다. '모든 고난을 견디느니라.' 모든 고난을 잘 견딜 수가 있는 것입니다. '모든 위로의 하나님…' 위로로써 충만한 그런 생을 살아가야 할 것입니다. △

오직 나의 영으로

내게 말하던 천사가 다시 와서 나를 깨우니 마치 자는 사람이 깨우임 같더라 그가 내게 묻되 네가 무엇을 보느냐 내가 대답하되 내가 보니 순금 등대가 있는데 그 꼭대기에 주발 같은 것이 있고 또 그 등대에 일곱 등잔이 있으며 그 등대 꼭대기 등잔에는 일곱 관이 있고 그 등대 곁에 두 감람나무가 있는데 하나는 그 주발 우편에 있고 하나는 그 좌편에 있나이다 하고 내게 말하는 천사가 대답하여 가로되 네가 이것들이 무엇인지 알지 못하느냐 내가 대답하되 내 주여 내가 알지 못하나이다 그가 내게 일러 가로되 여호와께서 스룹바벨에게 하신 말씀이 이러하니라 만군의 여호와께서 말씀하시되 이는 힘으로 되지 아니하며 능으로 되지 아니하고 오직 나의 신으로 되느니라

(스가랴 4 : 1 - 6)

오직 나의 영으로

　유명한 헨리 나우언의 저서에 「Our Greatest Gift」라는 베스트셀러가 있습니다. 「우리들의 가장 큰 선물」입니다. 이 책에서 저자는 공중곡예사의 이야기를 재미있게 기술하고 있습니다. 여러분, 서커스를 보셨습니까? 서커스는 뭐니뭐니해도 공중곡예가 극치입니다. 대체로 보면 서커스 맨마지막에가서 공중곡예를 보여줍니다. 공중에 매달려 있는 사다리가 있고, 그 사다리에 한 남자가 거꾸로 매달려 있습니다. 언제나 이 사람은 거꾸로입니다. 그리고 그 앞에 많은, 어떤 때는 아가씨도 있는데, 이 사다리에서 저 사다리로 공중곡예를 하며 날아다닙니다. 숫제 날아다닙니다. 그것도 몇바퀴씩 회전을 하면서. 몇번 회전했느냐에 따라서 사람들이 극찬을 합니다. 이렇게 회전을 하면서 날아가 거꾸로 매달려 있는 사람 가까이 갔을 때 손을 내밀어서 딱 정확한 타이밍에 붙듭니다. 1초의 몇분의 1이라도 착오가 나면 금방 떨어지고 맙니다. 이렇게 그 사람을 믿고, 자기를 붙들어줄 사람을 믿고 그 앞에 겁없이 회전하면서 날아가는 사람들을 봅니다. 어떤 때는 한 사람, 두 사람, 세 사람, 교대로 날아가서 이 사람의 손을 붙듭니다. 참 희한하고, 얼마나 많이 연습했을까, 감탄을 하게 됩니다. 자, 공중을 날아가며 회전하는 이 사람에게는 끝에가서 저 앞에 자기를 붙들어줄 사람이 있다, 라고 하는 믿음이 있습니다. 문제는 믿음입니다. 이렇게 허공을 날아갔지마는 저 끝에가서는 붙들어줄 것이라고 하는 믿음입니다. 프란시스 후꾸야마라고 하는 하버드대학교수가 쓴 책 「Trust」는 상당히 오랫동안 많은 사람에게 읽혀지고 있습니다. 우리말로 번역할 때도 이 책명은 번역하지 않고 「트러스트」라고 했습니다. 책의 내용은 간단합니다. 이 사회나 국가가 잘되기 위한 요인은, 잘되든지 망하든지간에 그 요인은 자본도 아니고 지식도 아니고 기술도 아니라는 것입니다. 문제는 믿음이라는 것입니다. 믿음, 신뢰성이 문제라는 것입니다. 어떤 사회는 믿음이 그 지수가 높고 어떤 사회는 그 지수가 떨어진다—낱낱이 한 책 전체에 걸쳐 예를 들어 설명하고 있습니다. 개인이건 국가이건 마찬가지입니다. 신용도가 그 삶의 근본이요 번영의 기본이라는 것입니다. 여러분 잘 아시는대로 공산주의사회가 그렇게 도도하더니 하루아침에 다 무너지고 말았습니다. 무너질 때 제가 동구권을 부지런히 찾아가 여러 나라를 순방해보았습니다. 확실히 동구권은 한 백여 년전에 잘살았습다. 그 건물이나 시설을 보아서 그렇게 생각되었습니다. 그런데 공산주의 하는 몇년 동안에 완전히 망했습니다. 아예 거지가 돼버렸습니다. 요새는 좀 나아졌습니다마는 좌우간 완전히 무너지고, 특별히 동독같은 데를 가보면 공산주의 때에 지은 집은 무너진다고 사람들이 영 들어가지를 않습니다. 그 집 앞에다가 천막을 쳐놓고 살지언정 안들어갑니다. 틀림없이 무너진다는 것입니다. 공산주의 가지고 만든 것은 아무것도 쓸 수가 없습니다. 왜요? 인간성이 망가진 것입니다. 사람이 망가지고 말았습니다. 그럼 어떻게해서 인간성이 파괴됐느냐 하면 결론은 간단합니다. 단 세 마디로 요약할 수가 있습니다. 첫째가 불신입니다. 공산주의자는 남을 안믿습니다. 절대로 안믿습니다. 마누라도 안믿고 남편도 안믿고 자식도 안믿고 윗사람 아랫사람 할것없이 절대 믿지 않습니다. 누구에게 무슨 명령을 하면 그 뒤에 감시자를 둡니다. 감시자를 또 못믿어서 그 뒤에 또 비밀경찰을 둡니다. 이 짓 하느라고 되는 일이 없습니다. 그래 망가진 것입니다. 더구나 러시아같은 데를 보면 기차를 타고 열 시간 스무 시간 달려가면서 봐도 산이 안보입니다. 그 드넓은 벌판에 자연자원이 넉넉합니다. 무궁무진합니다. 기술도 있지 지식도 있지요… 그런데 왜 못살았습니까. 요새 예쁜 러시아 아가씨들이 여기와서 돈벌겠다고 왔다갔다 하는 걸 볼 때마다 나는 측은해집니다. 그 넉넉한 나라에서 왜 이 모양이 된 것입니까. '공산주의가 너희들을 이 모양으로 만들었구나.' 그런 생각을 합니다. 불신입니다. 요하네스라고 하는 희랍정교회신학대학 총장을 초대했을 때 물어보았습니다. "왜 그렇게 불신사회가 됐습니까?" 그분의 결론은 이렇습니다. "공산주의자들은 하나님을 믿지 않습니다. 하나님을 믿지 않고 보니 결국 사람을 안믿게 되었습니다. 사람을 못믿게 된 것입니다." 그렇습니다. 하나님을 믿지 않는 사람을 어떻게 믿습니까. 못돼도 양심은 믿어야 사람을 믿고 진실을 믿습니다. 양심과 진실이 없는 사회, 하나님이 없는 사회, 아무것도 믿을 수 없습니다. 그대로 인간성이 무너지고 말았습니다. 그런가하면 무책임합니다. 공산주의 속에 사는 사람들은 책임을 지지 않습니다, 무슨 일에든지. 그런가하면 또한 게으릅니다. 개인소유가 없으니 게으를 수밖에요. 부지런해야 될 이유가 없어진 것입니다. 말할수없이 게을러빠졌습니다. 이게 수십 년에 걸쳐 체질이 되었습니다. 그 사람들, 일을 시켜먹을 수가 없습니다, 도대체가. 게을러빠지고 무책임하고… 이러니 사회고 나라고 무너질 수밖에요. 얼마나 중요한 얘기입니까. 믿음입니다. 믿음이 있어야 살고 믿음이 없으면 죽습니다.

오늘본문에 "오직 나의 신으로 되느니라" 하십니다. "힘으로 되지 아니하며 능으로 되지 아니하고 오직 나의 신으로 되느니라." 힘이라는 말은 히브리말로 '하일'이라고 합니다. 이것은 군사력, 집단력, 이런 것을 이릅니다. 그런가하면 능이라는 말은 '고아흐'라고 하는 말입니다. 이는 육체의 힘, 완력, 인간의지, 삼손같은 힘, 이것을 이릅니다. 그러나 이것으로 불가능하다, 오직 나의 신(루아흐)으로 하나님의 영, 내적인 힘, 인격의 힘, 하나님께서 주시는 힘, 하나님께서 주시는 생명력, 이것으로만 모든것은 가능하다, 라고 말씀하십니다. 다시 우리가 천년 전 예수님 당시로 돌아가봅시다. 로마사람들이 이스라엘나라를 점령하고 있었습니다. 문밖에만 나서면 로마군사들을 보게 됩니다. 영 마음이 불안합니다. 편하지 않습니다. 그래 그들은 힘을 구했습니다. '로마군사력을 이길 수 있는 군사력, 이길 수 있는 힘을 주십시오.' 생각하기를 메시야가 오시면 해결될 것이라고 했습니다. 힘, 군사력, 그러나 그것으로 불가능합니다. 그런가하면 능. 예수님 친히 오셔서 능력을 나타내십니다. '뒤나미스'를, 능력을 나타내십니다. 이적을 행하십니다. 많은 병자를 고치십니다. 문둥병을 깨끗이하시고, 귀신을 내쫓으시고, 바다를 고요하게 하시고, 떡 다섯 개, 물고기 두 마리로 오천 명을 먹이시고, 심지어는 죽은 지 나흘이나 되는 나사로를 살려내십니다. 능력으로 말하면 이보다 큰 능력이 어디 있겠습니까. 마는 그들은 예수님을 십자가에 못박았고 예수님께서는 십자가에 돌아가셨습니다. 힘으로도 못하고 능으로도 못하되 이제 오순절성령이 감동할 때 사람들이 변화합니다. 제자들이 중생을 합니다. 새로운 역사가 나타나 교회를 세우고 세상을 바꾸어놓은 것입니다. 이것을 알아야 됩니다. 힘으로도 못하고 능으로도 못하고 오직 성령으로 이루었습니다. 성령이 무엇입니까. 성령의 역사는 기본이 믿음을 주는 것입니다. 이것은 우리인간의 의지로써가 아니라 십자가의 은혜를 수용해서 얻는 것입니다. 하나님을 믿고 십자가의 은혜를 믿어서 내가 수용할 때 능력의 사람이 되는 것입니다. 하나님의 자녀가 되는 권세를 얻게 되는 것입니다. 믿음으로 말미암아 의롭다 하심을 얻게 됩니다. 성령받은 사람에게 믿음이 주어집니다. 믿음—요새 우리가 나라를 향해서도 걱정하는 게 뭡니까. 가만히 보면 점점 믿음이 없습니다. 뭐 줬다 안줬다, 갔다 안갔다, 했다 안했다… 도대체 어느 말을 믿어야 합니까. 지식이 어떻고 능력이 어떻고 말하지 말고, 우리 그 사건 자체를 말하는 것이 아닙니다. 좀 진실해야겠습니다. 참말을 해야겠습니다. 아니, 우리는 믿을 수 있어야겠습니다. 믿음이 부도나면 기초가 무너지는 것입니다. 이걸 잊지 말아야 합니다. 우리가 슬퍼하는 것은, 우리가 걱정하는 것은, 믿음이 점점 없어지는 것입니다. 여기 문제가 있는 것입니다. 특별히 초대교회에서 예수님의 제자들, 하나님을 믿고 주의 능력을 믿고 구원을 믿을 뿐만 아니라 하나님께서 나와 함께 계시다는 것을 믿었습니다. 베드로와 요한이 성전 미문을 들어가다가 나면서부터 앉은뱅이된 사람을 봅니다. 보는 순간 그 마음속에 성령이 감동을 해서 늘 보는 앉은뱅이지만 오늘은 그냥 지나갈 수가 없습니다. 그를 붙들고 소리칩니다. "나사렛 예수 그리스도의 이름으로 걸으라!" 앉은뱅이가 벌떡 일어납니다. 저는 그 장면을 늘 마음에 생각합니다. 앉은뱅이도 놀랐고 구경하던 사람들도 놀랐을 것입니다. 그러나 더 놀란 사람은 베드로일 것입니다. 베드로자신이 깜짝놀랐습니다. 왜? 부활하신 그리스도께서 나와 함께하시고 나를 통하여 역사하시는 것이기 때문입니다. 그리스도께서 나를 통하여 위대한 역사를 이루신다는 걸 아는 순간, 그리스도에 의해서 쓰여진다는 것을 아는 순간 그 믿음과 함께 깜짝놀랐습니다. 일이 이렇게 되고나니 사람이 달라집니다. 그렇게 비겁하던 베드로가 용기의 사람이 될 뿐더러 핍박을 받으면서도 이런 말 하는 사람이 됩니다. "하나님 앞에서 너희 말 듣는 것이 하나님 말씀 듣는 것보다 옳은가 판단하라(행 4 : 19)" 공회에 들어가 매를 맞고 나오면서도 그리스도로 인하여 고난당한 것을 기뻐하며 나왔다고 합니다(행 5 : 41). 충분히 그랬을 것 아니겠습니까. 나를 통해서 표적이 나타나는 것을 본 사람들이니 어련하겠습니까. 이러한 용기가 있을 수밖에 없는 것입니다. 성령 충만하여—그리하여 하나님의 세계를 알 뿐만 아니라, 십자가의 은혜를 믿을 뿐 아니라 나 자신이 그 은혜 안에 소중한 존재라는 것을 믿게 됩니다. 또 한 가지는 adoption이라고 하는 것입니다. 양자됨, 하나님의 자녀 됨을 확증해주십니다. '너는 하나님의 아들이다' '너는 하나님의 딸이다'라고 가르쳐주십니다. 아무리 고난을, 어려운 일을 당해도 성령받은 사람은 하나님께서 나와 함께 계시고 나는 하나님의 사랑 받는 자녀라는 것을 믿게 됩니다. 그래서 말입니다. 오히려 건강할 땐 몰랐다가 병들어가지고 '하나님께서 나를 사랑하시는구나' 합니다. 오히려 실패하고 어려울 때에 하나님께서 특별히 나를 사랑하신다는 이것을 깨닫게 됩니다. 성령받은 사람은 그런 마음으로 삽니다. 그렇기 때문에 세상이 달라집니다. 세계가 다르고, 세계관이 다르고, 가치관이 다르고, 인생관이 다릅니다. 은혜 안에서 하나님의 자녀 된 세계관, 자녀된 인생관을 가지고 살아가게 됩니다. 성령 충만한 사람입니다. 또한 성령은 purification, 사람을 변화시킵니다. 내 의지적인 노력으로써가 아닙니다. 나도모르게 성령이 마음에 들어와 계실 때 달라집니다. 입맛도 달라지고, 성향도 달라지고,

눈빛도 달라지고, 얼굴도 달라집니다. 어떻게 달라지는가 보십시오. 자, 그리스도께서 내 안에 계심으로 나도모르게 담배냄새가 싫어집니다. 담배 끊고. 술냄새가 싫어집니다. 술도 끊고. 전에 미워하던 사람을 사랑하게 됩니다. 전에 시원치 않게 보이던 아내가 요새와서 예뻐보입니다. 그게 바로 성령의 역사라는 것입니다. 나는 불행하다 싶었는데 오늘와서 보니 행복합니다. 주변환경이 다 변화되는 것을 느낄 수가 있습니다. 오래전에 우리교회 여집사님 한 분이 오후에 내가 사무실에 있을 때 찾아와서는 금일봉을 내놓더라고요. "이건 무슨 헌금이오?" 했더니 "얘길 좀 들어보세요. 저는요, 옷을 사러 나갔다하면 한 번에 세 벌은 사야 성에 찼습니다. 그러고도 모자라면 카드 그어야 되고요. 빚을 질 정도로 가서 사는 길에 여러 벌을 사는 그런 버릇이 있었습니다. 오늘도 그저 세 벌쯤 사려고 돈을 좀 가져 나갔는데 오늘따라 옷을 골라놓고 보는 순간 '이거 비슷한 거 집에 하나 있는데 그냥 입구말지' 하고, 또하나 골리놓고 보니 '요거 잠깐 요 한철에만 입는 거잖아. 철 다가고 있는데 그냥 넘어가고 말지'하고, 또하나 골라놓고 보니 '이거 너무 비싸구나. 어려운 사람들도 많은데… 그만두자' 하고 여러 집 전전하다가 그냥 돈 가지고 왔어요. 이 돈을 그냥 가지고 들어갈까, 하다가 필요한 사람에게 주는 게 좋겠다고 생각해서 목사님께 가져왔습니다" 하는 것입니다. 참 잘했다고 칭찬했습니다. 그것만이 아닙니다. 전에는 길을 가다가 쇼윈도를 통해서 다이아반지나 다이아목걸이가 놓여 있는 걸 보면 그 앞에서 발이 안떨어졌다고 합니다. 한 시간 넘어 감상을 하고 집에 돌아가 남편을 주리틀듯 들볶아서 기어이 그걸 사고야 말았다는 것입니다. 그래야만 직성이 풀리는 사람이었는데 자, 성령을 받고보니 저 돌쪼 가리가 무슨 소용이야, 저게 무슨 의미가 있어, 도대체가? 시시하고 너절하고 아무것도 아니더라는 것입니다. 그 누가 사람을 이렇게 바꿔놓을 수 있는 것입니까. 그래서 원수를 사랑하게 되는 것입니다. 그래서 하나님의 사람으로 쓰임받게 되는 것입니다. 이것을 알아야 합니다. 뿐만아니라 신앙적 용기를 얻게 됩니다. 원수를 사랑하게 되고, 놀라운 역사에 쓰임받는 사람으로 변화됩니다. 프란츠 조셉 하이든이라고 하는 유명한 작곡가가 있습니다. 저는 이 하이든을 참 좋아합니다. 누가 그의 아름다운 곡을 듣고 "어디서 이런 귀한 영감을 얻어 작곡을 했습니까?" 하고 물으면 그는 늘 이렇게 대답했다고 기록에 나와 있습니다. "나는 기도할 때마다 이렇게 고백합니다. 하나님께서는 제 삶의 주인이십니다. 하나님의 영으로 지혜를 주셔서 아름다운 곡을 작곡할 수 있었습니다. 제가 하는 것은 하나님의 영광을 위해서입니다. 제가 작곡한 음악을 하나님께 드립니다." 비엔나에서 그가 지은 「천지창조」가 연주될 때 끝난 다음에 많은 청중이 일어서서 기립 박수를 합니다. 지휘하는 분이 그 박수를 받다가 송구해서 "이건 제가 받을 박수가 아닙니다"하고 저 뒷구석을 가리켰습니다. 하이든이 몸이 아파서 거기 앉아 있었던 것입니다. "저기 계신 하이든 선생님이 지으신 것입니다." 그리고 그쪽을 향해서 모든 사람이 막 박수를 칠 때 하이든은 힘겹게 일어서서 말합니다. "이것은 제가 한 것이 아닙니다. 하나님께서 제게 주신 것입니다. 오직 하나님께 영광을 돌리십시다." 두손을 하늘을 향해 쳐들고 "하나님께 영광을!" 하고 소리쳤다 합니다. 그의 곡은 곡마다 맨끝에 '하나님께 영광을' 하고 끝을 맺었습니다. 성령받은 사람은 자기를 이기고, 교만을 이기고, 나약함을 이기고, 다 승리합니다. 오직 하나님의 영광을 위해서만 살아가게 됩니다.

　오늘본문에 "무엇을 보느냐" 하고 질문을 하십니다. 현실은 난감합니다. 아무것도 보이지 않습니다. 그러나 이걸 잊지 말아야 합니다. 힘으로도 못하고 능으로도 못합니다. 힘이 있으면 될 것같고 능력이 있으면 될 것같은데 아닙니다. 여전히 길은 이 길밖에 없습니다. 오직 성령으로, 오직 여호와의 신으로 할 것입니다. 그때 지혜를 얻을 수 있습니다. 용기도 얻을 수 있습니다. 창의력도 있습니다. 지도력도 있습니다. 그리고 확실한 미래가 보입니다. 힘으로도 아니고 능으로도 아니고 오직 여호와의 신으로 가능합니다. △

종말론적 신앙간증

이와 같이 성령도 우리 연약함을 도우시나니 우리가 마땅히 빌 바를 알지 못하나 오직 성령이 말할 수 없는 탄식으로 우리를 위하여 친히 간구하시느니라 마음을 감찰하시는 이가 성령의 생각을 아시나니 이는 성령이 하나님의 뜻대로 성도를 위하여 간구하심이니라 우리가 알거니와 하나님을 사랑하는 자 곧 그 뜻대로 부르심을 입은 자들에게는 모든 것이 합력하여 선을 이루느니라

(로마서 8 : 26 - 28)

종말론적 신앙간증

　최근 베스트 셀러로서 많은 사람의 관심을 끌고 감명을 주고 있는 작은 책 한 권이 있습니다. 출판사에서 보내와서 제가 보고 큰 감명을 받았습니다. 「지선아 사랑해」라고 하는 책입니다. 지선은 저자 자신의 이름입니다. 글쓴이가 자기를 향해서 "지선아 사랑해"라고 하는 것입니다. 어째서 이렇게 책제목이 나올 수 있었는지 이제 들어보시기 바랍니다. 지선이라고 하는 청년은 3년 전 대학졸업을 바로앞에 두고 교통사고를 당했습니다. 전신의 55%의 피부가 불에 탔습니다. 3도 중화상을 입은 것입니다. 그래 많은 고생을 하게 되었습니다. 그런 고통 중에서 자신이 당하는 어려움을, 때로는 스스로 느끼는 감격을 인터넷에 띄웠습니다. 매일 수천 명이 그녀의 홈페이지에 들어가 그녀의 글을 읽고 방문하고 합니다. 그는 7개월 동안 입원생활을 했습니다. 11번의 수술을 받았습니다. 손가락끝을 모두 절단하는 고통도 치렀습니다. 귓불까지 모두 타버렸습니다. 지난날의 자기얼굴은 전혀 찾아볼 수 없는 흉한 얼굴이 됐습니다. 그러나 그는 그의 글에서 이렇게 간증하고 있습니다. 잘 들어보시기 바랍니다. '사는 것은 죽는 것보다 천배 만배 훨씬 더 힘들었습니다. 그 귀한 삶을 동정하지 마십시오. 오해하지도 말아주십시오. 우리는 세상에 정말 귀중하고 영원한 것이 무엇인지 아는 사람들입니다. 생명이 얼마나 소중한 것인지, 사랑이 얼마나 따뜻한 것인지, 절망이 얼마나 무서운 것인지, 소망이 얼마나 큰 힘이 되는지, 행복은 얼마나 가까이 있는 것인지, 정말 세상에서 부질없는 것들이 무엇인지, 기쁨과 감사는 얼마나 작은 것에서부터 시작되는지, 우리는 그것을 알고 있는 사람들입니다. 아무리 힘든 때라도 여기가 끝이 아니다, 내게 소망이 있다, 라고 하시는 하나님말씀을 가슴으로 들으면서 모든 어려움을 참을 수 있었습니다. 분명히 저를 살려주신 하나님의 섭리가 있을 테니까요. 설사 예전으로 돌아갈 수 있다해도 지금이 더 좋기 때문에 저는 지금이 행복합니다. 아 하나님, 어떻게 하실 겁니까, 나를 어떻게 하실 겁니까, 수없이 부르짖고 묻고 기도했습니다. 그러나 멋진 해피 엔딩을 이루실 줄 믿고 있습니다.' 이렇게 쓰고 있습니다. 그는 장차 선교사가 되겠다고 합니다. 고난당하는 많은 사람을 위로하는 상담자가 되겠다고 말합니다. 여러분, 이 사랑하는 딸의 고백을 들으면서 아직도 스스로 불행하다고 생각하십니까? 이보다 더 불행한 사람도 있다고 생각하십니까? 그러나 그는 말합니다. '나보다 더 행복한 사람은 없다.' 이 종말론적 고백을 우리는 깊이 새겨 들어야 할 것입니다. 그는 찬송을 좋아합니다. 기도하고 명상하면서 나름의 행복을 나날이 즐기고 있습니다.

　오늘본문 28절은 "우리가 알거니와"하고 시작합니다. '오이다멘 데(And we know)'─우리가 안다. 우리는 알고 있습니다. 그리스도인은 알고 있습니다. 그리스도께서 알고계시기에 우리는 그리스도 안에서 알고 있습니다. 우리는 하나님께서 모든것을 아신다는 걸 알고 있습니다. 그러므로 하나님을 믿는 사람은 모든것을 알고 있습니다. 하나님을 사랑하는 자, 참으로 하나님을 사랑하는 사람은 압니다. 그 뜻대로 부르심받은 사람, 그리고 내가 선택되었다는 것을 확실히 믿는 사람은 미래를 봅니다. 세상을 압니다. 그 종말을 압니다. 그것이 오늘의 신앙고백입니다. 일반적으로 이세상사람들은 모릅니다. 몰라서 불안해하고, 몰라서 죄짓고, 몰라서 항상 고통에 시달리고 있습니다. 더구나 닥쳐올 미래를 전혀 모르고 있어 불안에 떨고 있습니다. 심리학자 굴드(R. L. Gould)는 사람은 자기가 가진 고정관념, 고정의식을 버려야 한다고, 그러고야 새로운 생을 살 수 있을 것이라고 말합니다. 첫째, 안정이 지속될 것이라는 생각을 버리라, 이것입니다. 여러분, 세상에 안정이 있습니까. 우리는 오늘까지 살면서 요 문제만 해결되면, 요 정치문제만 해결되면, 아니, 요것만 해결되면 안정이 있을 거라고 생각하곤 했는데 안정은 없었습니다. 갈수록 태산입니다. 하나 해결되는가하면 두 문제가 나옵니다. 점점더 어려운 세상으로 치닫고 있습니다. 여러분, 아직도 안정이 있다고 생각하십니까? 좋은 집을 샀으니 됐다 싶습니까? 내가 소원한대로 자식들이 이만큼 성공했으니 이제는 안정됐다고 생각하십니까? 그렇다면 여러분, 빨리 꿈을 깨십시오. 세상에는 안정이 없습니다. 애시당초 기대할 것이 아닙니다. 이 세상에는 안정이 없습니다. 아니, 없어야 합니다. 이걸 잊지 마십시오. 하나님의 뜻이 여기 있기에 우리는 세상에서의 안정에 대한 기대는 빨리 버려야 됩니다. 둘째, 사망이 저멀리 있는 줄 착각하지 말라, 합니다. 우리는 수없는 날 장례식에 가기는 하지만 그 죽은 사람과 나는 상당히 거리가 있다고 여깁니다. 그래서 수없는 장례식을 보면서도 나는 안죽을 것처럼, 내 가까이에 있는 사람들은 안죽을 거라고 생각을 합니다. 그러다가 가까이에 있는 사람이 떠나게 되면 "이럴 수가…"합니다. 나는 그 말을 들을 때마다 딱해집니다. 이럴 수가, 라니? 그게 그렇게 돼 있는 것입니다. 어떻게 '이럴 수가' 할 수 있는 것입니까. 어떻게 그런 생각을 다 합니까. 죽음은 항상 현실적입니다. 항상 실존적이고 항상 내 앞에 있는 것입니다. 남의 일이 아닙니다. 항상 내 일이고 오늘의 일입니다. 사람이 올 때는 순서적으로 오지만 갈 때는 순서도 없습니다. 할아버지보다 손자가 먼저 가기도 하고 젊은이가 늙은이보다 먼저 가기도 합니다. 항상 죽음은 내 앞에 있다는 것을 의식하여야 합니다. 그것을 알고 살아야 합니다. 셋째는, 좀더 심각합니다. 보호자 없이 못산다는 생각을 버리라, 합니다. 보아하면 대개 보호자가 떠나면 '아이쿠, 큰일났다' 하는데 보호자 떠난 다음에 더 잘사는 사람도 많습니다. 보호자나 가정, 이것이 없이는 나는 못살 거라고 생각을 하는데, 아닙니다. 그런 생각 버려야 됩니다. 내가 보호자될 수도 없고 또 내가 누구를 보호자로 생각하고 거기다가 모든것을 믿고 의지할 것이 아닙니다. 죄송한 말씀이지마는 부부간도 하릴없이 남남입니다. 내가 하나님 앞에 설 때 저가 나를 돕지 못합니다. 나는 언제나 혼자입니다. 혼자서 하나님 앞에 서야 합니다. 보호자의 존재의 의미를 여러분, 믿을 것이 못됩니다. 넷째는, 자신은 늘 예외적으로 깨끗하다는 생각을 버리라 합니다. 다른 사람 실수할 때 나도 실수할 수 있고, 다른 사람 넘어질 때 나도 넘어질 수 있고, 심지어 다른 사람의 잘못이 내 책임일 수도 있습니다. 그런데 우리는 종종 남의 경우가 나와 상관이 없다는듯이 말합니다. 전혀 나와는 상관이 없다, 합니다. 전혀 나와는 관계없다는 듯이 생각해버립니다. 그런 성향이 바로 나를 점점더 어려운 수렁에 빠뜨린다, 하는 얘기입니다. 그렇습니다.

또 나아가 사람들은 나에게 무엇이 유익한지를 모르는 채 살고 있습니다. Best for me, 무엇이 나에게 최선인지, 그걸 내가 모르고 있습니다. 그래서 '요것만 해결되면' 좋을 것이라고 하는데 되고보니 좋은 것도 아닌 것입니다. 이런 청년 봤었습니다. 한 처녀를 3년이나 줄기차게, 집요하게 따라다닌 끝에 굴복을 시켜서 결혼을 했습니다. 결혼할 때 얼마나얼마나 좋아하는지, 이젠 소원성취 했다고 의기양양하더니 고작 1년 살고 갈라섭디다. 여러분, 정말로 좋은 일이 뭡니까? 어떻게 되는 것이 좋은 것이고 유익한 것입니까? 아니, 꼭 건강해야겠습니까 병들어야겠습니까? 성공해야겠습니까 실패해야겠습니까? 도대체 내 소원이, 그게 정당한 것입니까? 그것이 정말 유익할 것입니까. 그걸 알 수가 없거든요. 그래서 일본의 신앙인 우찌무라 간조는 이런 기도를 드립니다. '하나님, 내 소원을 들어주시지 아니하는 것을 감사하나이다. 만약 다 들어주셨더라면 저는 영영 몹쓸사람이 되고, 망가질 뻔했습니다.' 아시겠습니까? 내 소원에 대한 집착을 버려야 합니다. 내게 밝은 미래를 맞을 자격이 있느냐—이걸 내가 모르고 있습니다. 좋은 세상은 바라보면서 좋은 사람은 되지를 못합니다. 아름다운 세상을 지향하지마는 당신에게 그럴 자격이 있느냐, 당신이 한 일이 무엇이냐, 물으면 우리는 할말이 없습니다. 그런고로 늘 생각하여야 합니다. 또한 내가 얼마나 깊이 정욕에 노예가 되고 있다는 것을 내가 모르고 있습니다. 알게모르게, 잠재의식 속에, 내 생각 내 행동 속에, 깊은 곳에 원죄적 죄가 있습니다. 뿌리깊은 죄가 있어서, 해결되지 않은 죄가 아직도 남아 있어서 꿈틀거립니다. 이래서 모든 일이 다 망가지고 있는 것입니다. 내가 얼마나 깊이 정욕에 노예가 되어 있다는 것을 스스로 모른다는 것입니다. 그러나 성도는 이제 압니다. 십자가 앞에 있는 성도는 압니다. 모든것의 근본이 하나님께 있다는 것을 압니다. 모든것이 그의 능력과 그의 지혜와 그의 경륜 속에 있다는 것을 하나님을 믿는 사람은 압니다. 모든것이 하나님께로서 왔다가 하나님께로 돌아갑니다. 모든것이 그의 드라마요 그의 경륜 속에 있는 것입니다. 거기 모든 사건에서 깊이를 봅니다. 형상을, 외적 형상을, 겉으로 나타난 사건을 보는 게 아니라 그 속, 깊은 곳에 있는 것을 봅니다. 거기에는 하나님의 뜻이 있습니다. 하나님의 선하심이 있습니다. 하나님의 사랑이 있습니다. 그것을 볼 줄 알아야 합니다. 작은 물결을 보는 것이 아니라 물의 흐름을 보는 것입니다. 이것이 바로 성도가 지닌 지식입니다. 좀더 나아가서는 최종승리를 알고 있습니다. 최후승리 — 마지막에는 선을 이룰 것입니다. 마지막에는 반드시 하나님께서 이기실 것입니다. 하나님 원하시는대로 될 것입니다. 하나님의 뜻에는 실패가 없습니다. 성도는 그것을 알고 있습니다.

　오늘말씀은 "합력하여 선을 이루느니라" 하는 중요한 결론에 이릅니다. 헬라말원문에는 '호 데오스'라고 주어가 밝혀져 있습니다. '하나님께서' 합력하여 선을 이루게 하신다 — 무슨 말씀입니까. 종국에는, 마지막에는 선으로 끝난다, 선이 이긴다, 의가 이긴다, 하는 것을 말씀함입니다. 하나님께서 그 방향으로 주도하신다는 것입니다. 또한 현재의 모든 사건은 선(善)지향적 과정에서 이루어진다는 것입니다. 모든 일이 하나님의 선을 향해서 가는 길입니다. 이런 일 저런 일, 내 마음에 안드는 일들까지도 반드시 선으로 향하여 가는 과정이라는 것을 내가 인정하여야 됩니다. 이제 한번 봅시다. 믿음의 사람 사도 바울의 간증을 들어봅시다. 빌립보서 1장 12절에 말씀합니다. "나의 당한 일이 도리어 복음의 진보가 된 줄을 너희가 알기를 원하노라." 저는 이 요절을 사랑합니다. 너무나도 귀중한 고백이기 때문입니다. 바울은 하나님의 사람이면서도 종종 현실적으로 당하는 어려움에 대하여 이유를 알 수가 없었습니다. 왜 그가 예루살렘에서 체포되어 재판도 없이 2년 동안 감옥에 갇혀 있었습니까. 그가 상소해서 로마로 갈 때 배가 파선됩니다. 로마로 가서 음습한 지하감옥에 쇠사슬에 묶인 채로 갇혀 삽니다. 가슴이 터질 것같습니다. 로마광장에 나가서 복음을 전해야 되겠는데 어쩌자고 하나님께서는 이렇게 감옥에 처넣으시는가? 내가 죄가 있는 것도 아닌데 어찌하여 하나님께서는 이렇게 손해보시는 일을 하시는가? 그랬습니다. 답답했습니다. 그러나 그는 조용조용 하나님의 경륜을 알기 시작합니다. 그 감옥에서 로마의 고관들, 친위대사람들을 만나게 됩니다. 바울로 인해서 밖에서 열심히들 복음을 전하는 일도 알게 됩니다. 그리고 끝내 이 고백을 합니다. '나의 당한 일, 이 모순되고 부조리한 모든 당한 일, 이것이 도리어 복음의 진보가 된 것을 너희가 알기를 바란다. 하나님께 실패란 없다.' 하나님의 지혜 속에서 그 모든 일이 그렇듯 소중하게 이뤄지고 있다는 것을 알게 된 것입니다. 잠언 16장 4절에 또 귀중한 말씀이 있습니다. "여호와께서 온갖 것을 그 쓰임에 적당하게 지으셨나니 악인도 악한 날에 적당하게 하셨느니라." 악인도 쓰임에 알맞게 하셨느니라, 합니다. 왜 악한 일이 있을까, 왜 악한 저 사람이 있을까, 왜 악한 사건이 있을까, 왜 이런 불행이 있을까, 왜 불행한 사건들이 있어야 하나―정말 이해가 안됩니다. 그러나 여러분, 조용하여 하나님을 원망하지 맙시다. 현실을 탓하지 맙시다. 악인도 악한 날에 필요에 적당하게 지으셨습니다. 이 모든 일이 합력하여 선을 이룹니다. 저 유명한 아우구스티누스는 말합니다. '마귀는 하나님께 간접적으로 영광돌리고 천사는 직접적으로 영광돌린다.' 그렇습니다. 모든 부조리한 일들이 있어보이지마는 이 모든 일이 합력하여, 합동하여, 협력하여 소원을 이루신다, 하는 것입니다. 이것을 하나님을 사랑하는 사람은 알고 있습니다. 현재 전세계가 알아주는 3대 테너의 한 사람, 호세 카레라스라는 사람은 41세때인 1987년, 오페라 「라 보엠」을 열심히 즐거운 마음으로 연습하다가 쓰러집니다. 진찰하고보니 백혈병입니다. 그는 절망하게 됩니다. 머리카락이며 손톱 발톱이 다 빠지는 큰 고통을 치릅니다. 그는 이때 히스기야 왕을 생각했다고 합니다. 히스기야 왕처럼 기도했다고 합니다. '하나님, 저를 좀더 살려주신다면 하나님의 영광을 위하여 일하겠습니다.' 투병생활 할 때 그를 사랑하는 모든 그의 팬들이 그를 위해서 기도해주었습니다. 마침내 그는 이 병을 이겼습니다. 작년엔가 그가 한국에 와서 올림픽경기장에서 노래할 때 한 장에 25만원 하는 표를 사가지고 저도 가보았습니다. 파바로티보다 나는 호세가 보고 싶었습니다. 그전에는 내가 호세의 소리를 들으면 '아, 이 사람 건강이 넉넉지 못하구나' 하였습니다. 호흡이 약해서 고생하는 걸 보았습니다. 그래 마음이 아팠는데, 이번에 보니 훨씬 좋아졌습니다. 그는 그 어려운 고통을 겪으면서 이렇게 고백하였습니다. '때로는 질병도 은혜가 될 때가 있습니다. 나는 이 어려운 질병을 통해서 두 가지로 변했습니다. 첫째는 나보다 남을 생각하는 사람이 되었습니다.' 나보다 남을 생각하는 사람—여러분, 남을 죽여서라도 내가 살겠다는 세상입니다. 그런데 이 사람은 나보다 남을 생각하는 사람으로 변신하였습니다. '둘째, 나보다 하나님의 영광을 생각하는 사람이 되었습니다. 인기를 위해서 노래를 부르는 것이 아니고 하나님의 은혜를 찬양하는 감사로 노래를 부릅니다. 오로지 하나님의 영광을 위하여 노래를 부릅니다.' 호세 카레라스는 이러한 사람으로 다시 태어나게 된 것입니다. 그는 각처에서 연주로 얻은 수

입을 다 들여서 백혈병 연구하는 병원을 지어 후원하고 있습니다. 한 사람, 한 성악가가 이렇게 딴사람으로 중생한 것입니다. 그 시련을 통해서입니다. 합동하여 선을 이루고 합력하여 선을 이뤘습니다. 아브라함의 생애를 보십시오. 얼마나 많은 시련이 있었습니까. 이삭, 야곱, 요셉, 그리고 욥, 모세… 그 어느 하나가 순탄한 생을 살았습니까. 많은 고난과 역경을 통하여, 그리고 역경에 정면으로 도전함으로 이제 합동하여 선을 이루었습니다. 여기에 신앙간증이 있습니다. 구원얻은 사람, 믿음으로 말미암아 의롭다 하심을 얻은 사람, 하나님을 사랑하는 사람, 그 뜻대로 부르심을 입은 사람에게, 하나님을 정말로 사랑하는 사람에게 미래는 보입니다. 내 삶의 의미가 보입니다. 내가 처한 이 현실이 합동하여 선을 이룰 수 있는 저 final triumph, 마지막 미래가 환하게 보입니다. 그 앞을 바라보면서 오늘을 사는 것입니다. △

파괴와 건설의 의미

여호와의 말씀이 내게 임하니라 이르시되 내가 너를 복중에 짓기 전에 너를 알았고 네가 태에서 나오기 전에 너를 구별하였고 너를 열방의 선지자로 세웠노라 하시기로 내가 가로되 슬프도소이다 주 여호와여 보소서 나는 아이라 말할 줄을 알지 못하나이다 여호와께서 내게 이르시되 너는 아이라 하지 말고 내가 너를 누구에게 보내든지 너는 가며 내가 너와 함께하여 너를 구원하리라 나 여호와의 말이니라 하시고 여호와께서 그 손을 내밀어 내 입에 대시며 내게 이르시되 보라 내가 내 말을 네 입에 두었노라 보라 내가 오늘날 너를 열방 만국 위에 세우고 너로 뽑으며 파괴하며 파멸하며 넘어뜨리며 건설하며 심게 하였느니라

(예레미야 1 : 4 - 10)

파괴와 건설의 의미

　서울, 특별히 강남에서 많이 듣게 되는, 옛날에는 못듣던 말이 하나 있습니다. '재개발'이라고 하는 말입니다. 부동산업계에 중요하게 대두된 아주 뜻있는 말입니다. 분명히 몇십 년된 낡은 집입니다마는 재개발지구가 되면 비싼 값에 팔립니다. 왜요? 멀쩡한 집이지마는 곧 헐어버리고 새로운 모습의 현대식건물이 거기에 설 것이기 때문입니다. 아직도 멀쩡한 집이지마는 아깝다 않고 헐어버립니다. 그리고 다시 세웁니다. 재개발—이거 대단히 깊은 의미가 있다고 생각합니다. 성 아우구스티누스는 주후 410년, 로마제국이 무너지는 소리를 듣기 시작합니다. 영원히 건재하여 그 영광이 영원할 것이라고 여겼던 대로마제국이 만족, 야만족인 서고트의 침략으로 무너집니다. 있을 수 없는 일입니다. 하나님을 섬기는 로마가, 그 화려한 도성이 어찌 저 도끼나 휘두르는, 벌거벗고 다니는 야만족에 의해서 무너질 수 있다는 말입니까. 화려했던 로마의 영광이 역사의 뒤안길로 사라져가는 것을 보면서 아우구스티누스의 마음도 함께 무너지는 듯했습니다. 하나님 앞에서 크게 고민합니다. 신앙적 번민에 빠진 것입니다. '하나님, 어찌하여 이런 일이 있을 수 있습니까?' 깊은 고민 끝에 그는 마음이 열리고 영적인 세계를 바라봅니다. 사람들이 세워놓은 세상나라가 무너지면서 하나님의 나라가 세워지는 것을 보았습니다. 그리하여 그는 유명한 「City of God(하나님의 도성)」이라고 하는 책을 씁니다. 세상나라는 역사의 뒤안길로 사라져가고 하나님의 나라가 세워진다—이 영광을 그는 보게 되었습니다. 파괴와 건설—생각해봅시다. 우리는 종종 파괴 없는 건설을, 계속적으로 발전하고 계속적으로 흥왕하는 것을 바랍니다. 그렇게 되기만을 바랍니다. 그러나 실제는 그렇지 않았습니다. 역사는 그렇지 않았습니다. 파괴가 있고 건설이 있었습니다. 흥망성쇠로 점철되어 있습니다. 영원한 나라가 없습니다. 영원한 승자가 없습니다. 그 화려했던 영광들이 다 사라졌습니다. 왜 그러해야 하는 것입니까. 건설 그 뒤에는 그보다 먼저 무서운 파괴가 있었던 것을 우리는 알고 있습니다.

하나님께서 예레미야를 통하여 오늘 말씀하십니다. 예레미야서의 총주제가 되는 말씀입니다. 여기에는 메시지가 있고 테마가 있습니다. 예레미야는 일칭 눈물의 선지자입니다. 하나님께서 죄악의 도성 예루살렘, 회개하지 않는 하나님의 백성을 향해서 외치라고 예레미야에게 말씀하십니다. '망할 것이다. 이대로 가면 망할 것이다. 회개하지 않으면 망할 것이다. 외치라.' 예레미야는 창자가 끊어지는 고통을 느꼈다고 말씀합니다. 그의 눈에는 눈물이 흘렀습니다. 하나님의 진노의 채찍을 보면서, 하나님의 예언의 말씀을 들으면서, 회개하지 않는 백성을 보면서, 그 앞에 있는 멸망을 환히 직시하면서 그는 고통에 시달려야 했습니다. 결국 예루살렘은 망했습니다. 그 화려했던 솔로몬성전까지, 하나님의 성전까지 불타고 맙니다. 이 엄청난 사건을 그는 경험하여야 했습니다. 이 파괴가 없이, 이 무서운 멸망이 없이 아름답고 귀하게 밝은 미래가 있어지기를 바랐습니다마는 그렇게 되지 않았습니다. 수많은 백성이 바벨론으로 포로되어 갔습니다. 예레미야의 마음이 더 괴로웠던 것은 하나님의 백성이 심판받는데 어째서 하나님을 모르는 느부갓네살, 잔인하기 이를데없는 악한 왕을 통해서 역사하시느냐였습니다. 왜 악한 왕에게 승리를 주시고 하나님의 백성에게 멸망을 주시는가? 성경은 하나님께서 느부갓네살왕을 막대기로 사용하셨다고 말씀합니다. 눈앞에는 느부갓네살이 나타나지마는 그 뒤에는 하나님의 심판이 있었습니다. 이렇게 해서 무너집니다. 예루살렘의 영광, 예루살렘성전이 무너지는 것을 예레미야는 보아야 했습니다. '왜 이런 일이 있습니까? 이것이 무엇을 말하는 것입니까? 어찌하여 이런 길로 멸망이 있는 것입니까?' 파괴와 건설, 뽑으시는 하나님과 심으시는 하나님, 헐어버리시는 하나님 그리고 구원하시는 하나님을 그는 전해야 했고, 믿어야 했고, 몸으로 경험해야 했습니다. 그 자신도 에굽으로 끌려갔고, 돌에 맞아 죽는 비참한 생을 마쳐야 했습니다. 이사야 59장 1절로 말씀합니다. "여호와의 손이 짧아 구원치 못하심도 아니요 귀가 둔하여 듣지 못하심도 아니라 오직 너희 죄악이 너희와 너희 하나님 사이를 내었고…" 하나님과 너희 사이에 죄가 있느니라, 합니다. 죄로 인해서 망한다, 죄로 인해서 심판은 있고 파괴는 있다, 그러나 하나님의 긍휼이 너희를 구원하실 것이다―이렇게 예레미야는 눈물로 예언하고 있습니다. 예수님께서도 예루살렘성전에 올라가셨을 때, 46년 걸려 지었다고 하는 화려한 헤롯성전, 그 영광된 성전을 앞에 놓고 말씀하십니다. "이 성전을 헐라 내가 사흘 동안에 일으키리라(요 2:19)." 이 성전을 헐어버리라, 하셨는데 정말로 40년 후에 예루살렘성전은 무너졌고, 2000년이 지나도록 아직도 복원하지 못하고 있습니다. 그 옛날 솔로몬성전에 있었던 성벽 하나가 남아 있을 뿐입니다. 이스라엘백성, 경건한 백성은 그 벽 앞에 와서 통곡을 합니다. 화려했던 예루살렘성전, 그 옛날의 솔로몬성전을 생각하며 눈물을 뿌립니다. 이래서 '통곡의 벽'이라고 이릅니다. 헐어버리라―하나님께서 헐어버리셨습니다. 그러나 여러분, 이 놀라운 역사를 잊지 말아야 합니다. 로마제국을 통해서 예루살렘성전을 헐어버리셨습니다. 다 헐어버리셨습니다. 왜 헐어버리셨습니까. 도대체 이것이 무엇을 의미하는 것입니까. 어찌 이런 일이 있습니까. 그러시고나서 신령한 교회를 세우셨습니다. 예루살렘성전, 보이는 성전은 헐어버리고 보이지 않는 기독교회를 세우셔서 오늘에 이른 것입니다. 속된 것을 헐어버리시고 신령한 것을 세우시고, 교만한 것을 없애버리시고 겸손한 자에게 은혜주시고, 세상적인 것을 헐어버리시고 거룩하고 영원한 것을 세워가시는 것을 볼 수 있습니다. 유명한 역사가 토인비는 「미래를 산다」라는 저서에서 말합니다. 한평생 역사를 연구하고 12권이나 되는 방대한 책을 쓴 그분이 이제 말합니다. '역사를 자세히 보니 첫째, 사람의 뜻대로는 안되더라.' 사람이 똑똑한 체 이러쿵저러쿵하고 영구할 것이다 번영할 것이다 지속이다 중단 없는 발전이다, 별소리를 다해도 안됩니다. 그렇게 똑똑하면 왜 망합니까. 차타고 다니다가 가끔 방송을 들어보면 어느 증권회사 소개하면서 "뭐, 전문가들이니 틀림없습니다" 하는데 틀림없으면 지가 하지 왜 우리 보고 하라나? 미국에 9·11사건이 터졌을 때 그 똑똑한 사람들, 그 많은 전문가들이 이런 일이 있으리라고는 생각도 못했다 합디다. 꽈당 터지고나서야 비로소 정신이 든 것입니다. 파괴입니다. 파괴가 있어야 합니다. 우리는 생각을 하여야 합니다. 사람의 뜻대로는 안됩니다. 사람은 믿어볼 게 못됩니다. 토인비는 또 '둘째, 하나님마음대로 하시더라' 하였습니다. 흥망성쇠, 하나님마음대로더라, 하나님 생각하신대로, 그의 기준대로 하시더라, 하는 것입니다. 또한 '셋째, 사람들은 미처 모르고 있지마는 작으나크나 현실 안에 의미가 있다' 하였습니다. 홍망성쇠, 망하고 흥하고, 살고 죽고… 많은 사건 속에, 겸손히 받아들이면 그 속에 메시지가 있더라, 말씀이 있더라, 사건에는 우연이란 없다, 필연만이 있을 뿐이다—이것이 그 방대한 역사연구의 결론입니다. 우연은 없습니다. 그래야 할 이유가 있었습니다. 개연성도 있고, 목적도 있고, 뜻이 있습니다. 반드시 있을 일이 있을 뿐입니다. 이것을 우리가 얼마나 깨끗한 마음으로 받아들이느냐만이 문제입니다. 또한 그 속에 있는 의미를 내가 얼마나 듣느냐, 아느냐가 문제입니다. 그리고 내가 이제부터 이것을 통하여 이루고자 하시는 하나님의 뜻과 같은 방향에서 살아갈 수 있느냐—그것만이 문제입니다.

여러분, 십자가는 파괴하고 건설하시는 역사의 중심적이자 대표적인 것입니다. 십자가를 통해서 뽑고, 심으십니다. 여러분은 십자가를 어떻게 보십니까? 십자가 앞에 섰을 때 내가 무너지는 것을 봅니다. 많은 믿음의 사람들을 생각합니다. 내가 회개하고, 내가 깨닫고, 내가 결심하고, 내가 고치고, 내가 자기부정을 해야겠시마는 천만에요, 우리의 신비로운 경험은 그렇지를 않습니다. 십자가 앞에 섰을 때 십자가가 나를 죽입니다. 내가 혼자 회개하면, 내 스스로 뉘우치면 회개요, 하나님께서 나를 뉘우치게 하시면, 회개할 수밖에 없도록 강권적으로 역사하시면 그것이 십자가가 나를 심판하시는 것입니다. 십자가 앞에 섰을 때 나는 죽어집니다. 아니, 죽어야 합니다. 현저하게 나 자신이 죽어야 비로소 내 안에서부터 그리스도의 삶이 다시 시작됩니다. 사도 바울은 갈라디아서 2장 20절에 유명한 말씀을 합니다. '내가 그리스도와 함께 십자가에 못박혔다.' 십자가를 볼 때마다 그리스도와 함께 내가 죽습니다. 오늘도 십자가를 쳐다볼 때마다 그 앞에 내가 그리스도와 함께 죽어지고 있습니다. 아니, 이미 죽어버렸습니다. 이것이 그리스도인입니다. 갈라디아서 5장 24절에 말씀합니다. "그리스도 예수의 사람들은 육체와 함께 그 정과 욕심을 십자가에 못박았느니라." 그 끈끈한 정, 죽여버립니다. 그 많은 욕심, 깨끗하게 십자가에 못박아버립니다. 그때부터 자유인이 됩니다. 그때부터 그리스도의 생명을 체험할 것입니다. 아직도 여러분의 마음속에 문제가 있다면 그것은 끊을 걸 못끊은 것입니다. 버릴 걸 못버렸습니다. 아직도 덜 죽었습니다. 그것을 알아야 합니다. 단 그리스도와 함께 죽어야 그리스도와 함께 사는 것입니다. 종교개혁자 칼뱅은 그의 유명한 「기독교강요」에서 이렇게 말합니다. '신앙생활이란? 단적으로 말하여 단 두 마디로 요약된다. 하나는 계속적인 자기부정이다. 또하나는 순례의 길이다.' 이 세상 사는 거 오래갈 것 아니다, 곧 떠날 것이다, 멀어지는 세상 아쉬워하지 말라, 순례자는 목적한 바가 있다, 목적한 최종목적지를 향해서 묵묵히 가야 한다, 순례적인 생활, 그것이 그리스도인의 생활이다—이렇게 말하고 있습니다. 복음은 그 자체가 심판적 요소를 띠었습니다. 옛사람을 죽이고 새사람으로 살아나게 합니다. 우리가 흔히 말합니다. 세례가 무엇입니까. 옛사람이 죽는 것입니다. 중생이 무엇입니까. 성령 안에서 새사람으로 사는 것입니다. 성화가 무엇입니까. 그리스도 안에서 신비롭게 변화하는 나의 생명을 말하는 것입니다. 여러분은 얼마나 깨끗하게 옛사람이 청산되었다고 생각하십니까? 사도 바울은 빌립보서 3장에서 말씀합니다. '내가 전에 좋아하던 것, 내가 전에 소중히 여기던 것을 이제는 분토와 같이 여기고 해로 여긴다.' 그리스도를 아는 지식이 고상하기 때문에 이 모든것을 싹 지워버리고 산다고 말씀합니다. 그것이 그리스도인입니다.

깊은 산 속에 두 마리의 두루미와 한 마리의 거북이가 연못가에서 사이좋게 오랫동안 살았답니다. 그런데 그만 오랫동안 가물이 들어서 연못이 말라 물을 마실 수 없게 됐습니다. 목말라 죽게 되었습니다. 두루미가 높이 날아서 멀리 가보니 산 세 개를 넘어가면 저쪽에 한 호수가 있는 것입니다. 그걸 알고 돌아와서 거북이한테 말했습니다. "미안하다마는 우리는 목이 말라 할수없이 저리로 간다. 너를 두고 가서 미안하다마는 어떻게 하겠느냐." 거북이가 "하루만 시간을 달라"하고는 깊이 연구하고 궁리한 끝에 기다란 나뭇가지 하나를 입에 물고 왔습니다. "내가 이 나뭇가지 가운데를 물고 있을 터이니 너희가 양쪽을 물고 날아라. 나는 날개가 없지만 너희가 나는 동안에 나도 하늘을 날아서 그 큰 호수가 있는 곳으로 가서 너희와 함께 살련다." 그거 참 좋은 생각이라며 정말 그렇게 했더니 이런 신기할 데가… 이 거북이 하나를 가운데 두고 두 두루미가 높이 날았습니다. 이제 산을 세 개 넘어가는데 거북이가 날아가는 것을 쳐다보고 동네사람들이 "야, 신기하다. 어떻게 저런 궁리를 냈을까? 누가 저런 생각을 했을까?"하고들 말합니다. 거북이가 참다못해서 "내가 했지"하느라 입을 열었습니다. 당연히 거북이는 뚝 떨어지고 깨져 죽었답니다. "내가 했지." 그것이 문제라니까요. 고것이 없어야 되는데… 하나님께서는 오늘도 나를 여지없이 파괴하십니다. 파괴하고 건설하십니다. 파괴를 위한 파괴가 심판입니다. 건설을 위한 파괴일 때는 파괴 자체도 축복입니다. 은혜인 것입니다. 우리가 뼈아프고 어려운 경험을 했습니다. 53년 전에 6·25전쟁이 있었습니다. 많은 사람이 죽었습니다. 중동 이라크에 전쟁이 있습니다. 몇백몇십 명 죽었다는 얘기를 듣고 '그건 전쟁도 아니다'했습니다. 우리는 백오

십만이 죽었습니다. 그리고 땅이 다 초토화하였습니다. 옛모습을 알아볼 수도 없을 만큼 깨끗하게 다 파괴됐습니다. 엄청난 파괴가 있었습니다. 물질적으로, 정신적으로, 철학적으로, 사회적으로 얼마나 큰 파괴가 있었습니까. 여러분, 잊지 맙시다. 뼈아픈 경험이지마는 그 파괴가 있어서 오늘이 있는 것입니다. 그 6·25가 아니었다면(저는 개인적으로 그렇게 생각합니다) 틀림없이 우리는 공산화하고 말았을 것입니다. 이 엄청난 파괴로 인해서 우리는 이만큼의 건설을 이루고, 이만큼의 자유세상에서 살게 된 것입니다. 이것을 잊지 말아야 합니다. 하나님께서 파괴하십니다. 무엇을 파괴하십니까. 우상과 교만과 허상과 잘못된 이데올로기와 인간의 마음속에 있는 죄악을 파괴하시고 새롭게 건설하십니다. 그리고 그 나라와 그 의를 이루십니다. 오늘도 파괴 없는 건설이라면 얼마나 좋겠습니까마는 부득이 이러해야 한다는 것이 우리의 아픔입니다. 파괴하시고 또 세우시는 하나님, 뽑으시고 새롭게 심으시는 하나님의 역사를 보면서 주 앞에 그 거룩하신 역사를 바로 수용하고 주의 말씀에 응답하며 살아가야 할 것입니다. △

우리를 향하신 하나님의 뜻(1)
— 기뻐하라 —

삼가 누가 누구에게든지 악으로 악을 갚지 말게 하고 오직 피차 대하든지 모든 사람을 대하든지 항상 선을 좇으라 항상 기뻐하라 쉬지 말고 기도하라 범사에 감사하라 이는 그리스도 예수 안에서 너희를 향하신 하나님의 뜻이니라 성령을 소멸치 말며 예언을 멸시치 말고 범사에 헤아려 좋은 것을 취하고 악은 모든 모양이라도 버리라

(데살로니가전서 5 : 15 - 22)

우리를 향하신 하나님의 뜻(1)
― 기뻐하라 ―

「물은 답을 알고 있다」라고 하는 작은 베스트 셀러 책이 있습니다. 한평생 물에 관한 연구만 해온 일본의 에모도 마사루라고 하는 교수가 쓴 책입니다. 온세계를 다니면서 각나라의 이 지방 저 지방 물을 연구하고 쓴 것입니다. 물론 한국도 일본도 여러 지방의 물을 연구했습니다. 그런데 특별한 것이 이 분은 물을 깊이 연구하는 가운데 물의 입자사진을 찍고 현미경으로 확대, 확대해서 보고 깜짝놀란 것입니다. 왜냐하면 물의 색깔이 그렇게 아름다울 수가 없기 때문입니다. 물의 근본입자가 마치 꽃처럼 에머랄드색으로 빛나는 것이 얼마나 아름답고 화려한지… 현미경을 통해 찍은 그 사진들을 그 책에 수십 장 보여주고 있습니다. 더욱 놀라운 것은 물을 앞에 놓고 "사랑합니다" "감사합니다" "행복합니다" 하면 그 마음의 파동이 전달되면서 물빛이 더욱 예뻐진다는 것입니다. 보는 사람이 원망하고 불평하고 미워하는 기색을 보이면 그 색깔이 당장 빨간색으로, 까만색으로, 아주 흐트러진 무서운 색으로 바뀐다는 것입니다. 그런 사진들을 다 찍어서 보여주고 있습니다. 정말 믿을 수 없을 만큼 놀라운 얘기가 아닐 수 없습니다. 물이 사람마음의 파동을 읽습니다. 그리고 자체에 변화를 일으킵니다. 놀랍지 않습니까. 역시 그 책에 나오는 얘기입니다마는 그 어느 도시 안에 있는 호수의 물이 사람들이 잘못 관리함으로해서 썩었습니다. 물고기가 살 수 없을 정도가 됐습니다. 그런데 그 호숫가에 커다란 야외음악당이 있어 언젠가 거기에 세계적인 오케스트라가 와서 여러 시간 동안 좋은 음악을 연주했습니다. 수천의 사람들이 모여와서 그 음악을 들었습니다. 모두가 그 음악에 도취되었습니다. 이런 행사가 있고나서 놀라운 일이 일어났습니다. 그 호수의 물이 다시 살아난 것입니다. 물고기도 살게 됐습니다. 이 얼마나 놀라운 얘기입니까. 깨끗한 물을 마셔야 된다고, 맑은 물을 먹어야 산다고 정수기니 뭐니 하는 광고가 극성입니다마는 이거 아무리 좋은 거다 비싼 거다 해도 다 말짱 헛것입니다. 물을 마주하고 어떤 마음을 가지느냐가 중요합니다. 물의 정수는 필터로 될 문제가 아니고 사람의 마음에서 되는 것입니다. 이것을 알아야 합니다. 여러분도 다 실험을 해볼 수 있습니다. 집에 있는 화초, 늘 기쁜 마음으로 휘파람을 불며 찬송하면서 만져주면 잘도 자랍니다. 그러나 기분이 나빠진 채, 울면서, 부부싸움 한바탕 하고나서 "아이구 내 팔자야" 하면서 만지면 화초가 죽고맙니다. 제일 쉬운 방법이 하나 있습니다. 내가 기쁜 마음으로 아기에게 젖을 먹이면 아기가 잘 자랍니다. 조금이라도 속상한 상태에서 젖을 먹이면 아기는 당장 설사를 합니다. 이게 어떻게 물질에만 관계된 문제입니까. 그렇습니다. 물이 우리마음의 파동을 받아들여 거기서 변화가 옵니다. 파동은 다시 공명을 일으킵니다. 공명은 생명력으로 나타납니다. 그리고 창조력을 발합니다. 이 얼마나 놀라운 얘기입니까. 거듭 강조하거니와 이걸 알아야 됩니다. 우리가 장수하겠다고 정수기 열심히 갈아치우는데 그럴 것이 아니라 물을 마주한 우리의 마음이 물을 생명수로 만들 수도 있고 사약으로 만들 수도 있다는 것, 잊지 말아야 합니다.

자유주의국가와 사회주의국가를 방문해보면 당장 눈앞에 나타나는 큰 차이가 있습니다. 사회주의국가를 다녀보면 고맙다는 표현을 들어볼 수 없습니다. 쌩큐, 당케, 당케 쉔, 메르시, 메르시 보크…

이런 말이 없습니다. 그런데 자유주의국가들 보면 어딜 가나 고맙습니다, 감사합니다, 하는 그런 말을 들을 수 있습니다. 그게 다른 것입니다. 혁명에는 기쁨이 없습니다. 사회주의국가에서는 혁명이 화두입니다. 북한에 가보면 모내기할 때도 사방에 써붙이는 것이 '모내기 혁명'입니다. 모내기가 왜 혁명입니까. 혁명하는 마음으로 하자, 이것입니다. 쟁취다, 투쟁이다, 하는 것입니다. 투쟁하고 쟁취하는 일에는 감사가 없습니다. 투쟁해서 얻었는데 뭘 감사하겠습니까. 얼마의 이득이 있는지는 몰라도 그저 원망과 불평입니다. 모든 책임을 나 외의 다른 사람에게 돌리고, 사회와 제도에 돌리면서 일어나는 것이 혁명이요 투쟁이라는 것입니다. 가장 큰 것을 잃어버렸습니다. 감사가 없습니다. 행복이 없습니다. 노예한테는 웃음이 없습니다. 주인은 웃지만 노예는 웃지 않습니다. 노예이기 때문입니다. 만약에 노예가 웃는다면 그는 주인입니다. 주인에게 웃음이 없다면 그는 노예입니다. 노예는 웃음이 없습니다. 머슴의식을 가지고 사는 때에도 웃음이 없습니다. 행복이 없습니다. 세상에 가장 불행한 사람은 내가 일해서 받는 봉급과 대가에만 신경을 쓰며 일하는 사람입니다. 반대로 가장 행복한 사람은 월급을 많이 주든 적게 주든, 올라가든 내려가든 상관치 않는 사람입니다. 일하는 것만으로 행복합니다. 이렇게 한평생을 사는 사람이 제일 행복한 사람입니다. 월급이 올라갔나 내려갔나, 지위가 올라갔나 내려갔나, 사람들이 나를 무시하나 존경하나, 나를 인정하나 멸시하나… 이런 거 신경쓰고 살려면 피곤합니다. 치사하고 더럽고요. 조금 더 받으면 어떻고 덜 받으면 어떻습니까. 조금 덜 먹으면 되지. 그런 것 신경쓰고 목을 걸고 산다는 것은 참 불행한 일입니다. 그저 그야말로 봉사에 감사하고 항상 기뻐하는 마음으로 일하고 사는 사람이 행복한 사람입니다.

　오늘본문 보면 우리를 향하신 하나님의 뜻, 그리스도 안에 있는 우리를 향하신 하나님의 뜻은 바로 우리가 항상 기뻐하는 것이다, 하였습니다. 우리는 하나님의 뜻이 하늘에서 이루어지기를 바라고 하나님의 뜻이 하나님에 의해서 하나님나라에서 이루어지기를 바랍니다마는 결국 하나님께서 원하시는 바는 우리의 행복인 것입니다. 우리가 기뻐하기를 바라십니다. 하나님께서는 우리아버지가 되시기를 원하십니다. 성경 구절구절 수없이 반복되는 말씀입니다. '나는 너의 아버지다. 너는 나의 자녀다. 그런고로 아버지된 나의 소원은 자녀된 너희가 행복한 것이다.' 행복하기를 바라십니다. 그것밖에 없습니다. 이거 중요합니다. 내가 결혼주례를 할 때면 신랑신부에게 하는 말이 이것입니다. "그대들이 행복하게 사는 것이 부모에게 효도하는 것이다. 부모에게 빚진 것 돌려주는 것이 효도가 아니다." 부모의 소원은 '너희가 행복해라. 모쪼록 행복해다오.' 그것 이닙니까. 그러니까 행복하다는 소식만 전하면 훌륭한 효자가 되는 것이지요. 부모의 뜻은 저들이 기뻐하길 원하고 있는 것입니다. 그것뿐입니다. 우리를 향하신 하나님의 뜻은 우리가 행복하기를 원하십니다. 그래서 "기뻐하라"합니다. 이는 명령입니다. 계명입니다. 기뻐하는 것은 소유나 성취에서 말미암는 것이 아닙니다. 그 자체가 신앙고백입니다. 뿐만아니라 성령의 열매입니다. 신앙의 극치입니다. 예수 잘믿는다는 것이 뭡니까. 기뻐하는 것입니다. 저는 봉사 많이 하고 헌금 많이 하고… 거기다가 기준을 두고 싶지 않습니다. 항상 기뻐하는 것, 그게 가장 잘믿는 것입니다. 또 가장 훌륭한 인격이 항상 기뻐하는 인격입니다. 항상 기뻐하는 사람이 가장 훌륭한 인격의 사람이라고 생각합니다.

　그리스도인은 과거를 은혜로 깨닫고 기뻐합니다. 그 깨달음에 기쁨이 있습니다. 여러분은 지금까지 살아온 생을 어떻게 해석하고 있습니까? 내가 수고한 대가입니까? 내가 수고한 대가보다 결과가 나빴습니까? 원망과 불평입니까? 우리 예수믿는 사람들은 지난날을 생각할 때 다 은혜입니다. 위대한 성 아우구스티누스는 이렇게 말합니다. '하나님이여, 내가 하는 일, 내가 말하는 것, 내가 생각하는 것, 죄 아닌 것이 어디 있었습니까.' 그것은 다 죄였습니다. 반면 나의 주변환경, 나의 생각하는 것, 말하는 것, 그 모든것이 은혜 아닌 것이 어디 있습니까. 내가 하는 것은 다 죄요, 내가 받은 것은 다 은혜입니다. 전적으로 은혜입니다. 은혜 아닌 것이 없습니다. 그래서 율법적 관계에서 은혜의 관계로 관계성을 바꿉니다. 죄사하심받은 자의 감격에 삽니다. 저는 마태복음 1장을 펼칠 때마다 가끔 충격적인 은혜를 받습니다. 아브라함이 이삭을 낳고 이삭은 야곱을 낳고… 낳고, 낳고, 하다가 "다윗은 우리야의 아내에게서 솔로몬을 낳고…" 합니다. 깜짝놀랍니다. 어떻게 이럴 수 있습니까. 다윗이 누구입니까. 밧세바, 그 우리야의 아내가 웬말입니까. 그러나 하나님께서 그를 용서하심으로해서 다윗과 우리야의 아내였던 밧세바 사이에서 지혜의 왕 솔로몬이 태어납니다. 오로지 은혜입니다. 여러분, 이걸 아십니까? 이스라엘백성이 에굽에서 나와 광야를 거쳐 가나안땅으로 갑니다. 출애굽, 그 사건 속에 이스라엘백성 한 일이 뭡니까? 아무것도 없습니다. 전적으로, 백 퍼센트 은혜입니다. 그 은혜에의 감격으로 홍해가에서 찬송을 부르고 그 은혜에의 감격으로 그 백성이 광야를 거쳐 요단강 건너가기를 하나님께서는 바라십니다. 그 기쁨으로

만 살기를 바라십니다. 오직 은혜. 여러분 생각해봅시다. 지금의 그 남편, 은혜로 만난 겁니까 실수로 만난 겁니까? 지금의 그 아내를 볼 때 '와, 하나님께서 내게 주신 은혜다' 하십니까, 아니면 '이건 역사적인 실수다' 하십니까? 여기에 차이가 있는 것입니다. 그저 은혜입니다. 오직 은혜입니다. 저는 이런 사람 보았습니다. 배가 남산 만큼 불러가지고 나한테 왔습니다. 내가 그의 결혼주례 했었는데 내가 전혀 몰랐던 사실이 있는 것입니다. 내게 와서 배를 두드리면서 감사하는데, 불룩한 배를 두드리면서 눈물로 감사하는데 "이건 비밀입니다. 제가 사실은 처녀 때, 결혼하기 전에 몹쓸짓 많이 했거든요" 하고 털어놓는 것입니다. abortion, 잘못된 생활에서 생긴 아이를 두 번이나 뗐다는 것입니다. 정말 있을 수 없는 그런 죄를 지어서 결혼은 하지마는 임신은 못할 거로 알았다고, 의사도 그리 말했다고 합니다. 그런데 지금 배가 불러오는 것이니 얼마나 좋았겠습니까. "하나님께서 내 죄를 용서하시고 이런 은혜를 주셨어요" 하고 펑펑 웁니다. 그렇습니다. 그, 은혜 아닙니까. 그게 보통은혜입니까. 은혜 아닌 것이 없습니다. 깊이 생각하니 행복한 것입니다. 그 기쁨, 사죄받은 기쁨, 사죄를 확인하면서 매일매일 기뻐하는 그것이 바로 그리스도인의 기쁨입니다. 그런가하면 저 앞에 있는 미래의 약속을 바라보며 기뻐합니다. 하나님의 약속하신 미래, 저 미래를. 예수님께서 요한복음 14장에 말씀하십니다. "너희가 나를 사랑하였더면 나의 아버지께로 감을 기뻐하였으리라(28절)." 아버지께로 가신다는 말씀, 십자가지신다는 말씀입니다. 그러나 예수님, 십자가를 지시고 부활하실 것을 생각하시기 때문에 '내 마음은 기쁘다. 너희도 기뻐하라. 아버지께로 감을 기뻐하라' 하십니다. 우리는 저 미래를 바라보며 기뻐합니다.

스데반은 돌에 맞아 죽습니다. 그러나 그 눈앞에 하늘나라가 보입니다. 예수님께서 보입니다. '스데반아, 어서 올라오너라' 하시며 서서 기다리십니다. 바라보는 순간 그 얼굴이 천사의 얼굴과 같이 되고 그 앞에는 원수가 없습니다. 다 고마운 분들뿐입니다. 그래서 그는 천사의 얼굴을 하고 예수님 앞으로 갑니다. 디모데후서 4장에 보면, 사도 바울의 유서라고 하는 이 마지막 편지를 보면 그는 이렇게 말씀합니다. "나의 달려갈 길을 마치고 믿음을 지켰으니 이제 후로는 나를 위하여 의의 면류관이 예비되었으므로…" 기가막힙니다. 내가 이 운동경기장과 같은 데서 오랜 경기 끝내고 골인직전 결승점에 왔으니 내 앞에 면류관이 있다─얼마나 놀라운 말씀입니까. 약속된 미래, 하늘나라를 바라보고 사는 자가 그리스도인이며 그 소망 중에 오늘을 사는 것이 그리스도인입니다. 그런고로 행복한 것입니다. 또한 현재에 사는 하루하루의 의미를 깊이 깨달으면서 기뻐하는 것입니다. 은혜 아닌 것이 없기 때문입니다. 그래서 중생한 자의 세계관에는 어두움이 없습니다. 오직 기쁨과 감사만이 있습니다. 우리교인 가운데 여집사님 한 분, 제가 이름은 밝히지 못합니다마는 아주 예쁜 집사님입니다. 오래전 얘기입니다. 남편은 교회 안나오는 분입니다. 결혼생활 꽤 오래 했는데도, 끈질기게 전도해도 남편이 고집이 세어서 안나옵니다. 그래 아이들하고만 교회나오는 집사님인데 늘 그저 '남편은 왜 교회 안나올까요? 하나님, 내 남편 예수믿게 해주세요'했습니다. 그게 늘 불만이었으나 어느날 갑자기 생각이 바뀌는데 그저 감사하더라고 합니다. 행복하고. 남편이 저렇게 술먹고 다니면서도 건강한 게 신통하고, 자기집 찾아오는 게 신통하고, 또 나 예수믿는 것 방해하지 않고 아이들 데리고 교회나가라 하고 헌금도 챙겨주고 하니 이거 얼마나 좋습니까. 좋은 남편에 좋은 아이들에… 행복하지요. 그래서 남편에게 말했다고 합니다. "여보, 나 참 행복해요. 좋은 남편에 아이들도 착하고… 하나님께 감사해요." 그러자 남편이 "미쳤냐!" 하더랍니다. 그런 걸 그 다음날 또 "여보, 나 아무리 생각해도 행복해요. I am so happy because of you. 나는 정말 행복해요." 그랬더니 "정신나갔냐?"하고, 사흘째되는 날 또 감사한 마음이 생겨서 난 행복하다고 또 한마디 했더니 남편 하는 말이 "그만해둬. 사실은 나도 그래"하는 것이고 더욱이 그 다음말이 재미있습니다. "예수믿어줄께." 그러더랍니다. 20년 동안을 예수믿으라 해도 안믿더니, 사랑한다 해도 안돼, 당신을 위해서다 해도 안되더니 나는 행복하다 하니까 예수믿더라, 이것입니다. 여기에 파동이 있는 것입니다. 여기에 감동이 있는 것입니다. 그리스도인은 행복합니다. 율법도 기뻐합니다. 안식일 지켜라 하는 율법이 있기에 오늘 편안하게 쉬지 않습니까. 그리고 하나님의 말씀 듣는 것이, 듣는 것 자체가 너무도 행복합니다. 또 들어도 또 들어도 사랑스럽고 행복합니다. 또 그 명령을 우리는 감사하게 받습니다. 명령 속에 약속 있고 명령 속에 하나님의 책임지시는 일이 있기 때문입니다. 명령하시고 그대로 하는 일은 하나님께서 책임지시는 것이니 나는 자유합니다. 거기에 참기쁨이 있습니다. 또 하나님의 말씀에 순종하는 것이 또 기쁨입니다. 왜요? 하나님의 뜻 안에 내가 쓰여지고 있으니까요. 하나님의 뜻 안에 내가 필요한 존재이니까요. 하나님의 역사 안에 고용된 나를 발견하면서 '아, 나는 행복하다' 하는 것입니다. 사도행전 5장에 보면 사도 베드로와 요한이 감옥에 들어가서 매를 맞았지요. 늘씬하게 매를 맞고 감옥문을 나오는데, 성경에 "기뻐하면서 나오니라" 하였습니다. 여러분, 예수의 이름으로 맞아보았습니까? 그거 괜찮은 것입니다. 전혀 아프지 않습니다. 마치 훈장을 다는 것도 같고, 면류관을 쓰는 것도 같습니다. 예수이름으로 고난당한다는 것은 행복한 것입니다. 그런 행복이 바로 그리스도인의 기쁨입니다.

일본의 여류작가 미우라 아야꼬, 모르시는 분이 없을 것같습니다. 아야꼬는 모르더라도 소설 「빙점」은 아실 것입니다. 「빙점」의 작가인 이 사람 아야꼬는 그 유명한 소설로만 생각할 것이 아닙니다. 그는 척추카리에스라고 하는 병으로 수십 년 고생을 했습니다. 파킨슨병으로, 직장암으로, 또 대상포진이라는 되게 아픈 병으로 수년 동안 고생을 했고 심장병으로도 시달렸습니다. 특별히 십삼 년 동안을 폐병으로 고생했습니다. 병원에서 여러 해 살았습니다. 이만하면 절망할 것같지 않습니까. 그러나 그의 마음은 참으로 행복했습니다. 폐결핵 앓는 중에 남편을 만납니다. 그 남편도 이 여자에 감동되어서 결혼합니다. 그런데 이 분은 병원에서 항상 은혜에 감사하고 있으면서 내가 이 병원에서 뭘 봉사할 수 있을까, 내가 할 수 있는 봉사가 뭘까, 했습니다. 내 마음은 기쁜데 다른 사람들이 아파하고 슬퍼하고 탄식하고 하는 걸 보고 어떻게 하면 저 사람들을 위로해줄 수 있을까, 했습니다. 매일매일 소설을 썼습니다. 글을 써서 죽 돌리면 모두들 한 번씩 읽어보고는 "아, 좋다. 그 다음은 뭡니까? 그 다음은 어떻습니까?" 합니다. 매일매일 썼습니다. 이렇게 해서 모아놓은 게 「빙점」입니다. 여기서 힘을 얻고 여류작가로서 수많은 책을 냈습니다. 그는 그 어려운 중에도 신앙 가운데 행복했고, 다른 사람을 위로하려 했습니다. 다른 사람을 기쁘게 하려다보니 그 파동이 다른 사람에게 감동을 주어서 파동이 공명을 일으키고 동시에 자기자신도 더 큰 행복을 누리게 되었다는 말씀입니다. 이것이 그리스도인입니다. 종교개혁자 마르틴 루터는 말합니다. '인간의 궁극적 목적은, 우리가 가지는 궁극적 목적은 구원이 아니라 하나님을 찬송하는 것이다.' 하나님을 찬양하는 존재가 되어야 하는 것입니다. 구원에만 매달려서는 안되는 것입니다. 사도 바울은 빌립보서 1장 3,4절에 말씀합니다. "내가 너희를 생각할 때마다 나의 하나님께 감사하며 간구할 때마다 너희 무리를 위하여 기쁨으로 항상 간구함은…" 빌립보서는 옥중서신입니다. 감옥에서 썼습니다. 그러나 그 속에 기뻐하라는 말씀이 열세 번이나 있습니다. 기뻐하라, 다시 말하노니 기뻐하라— 감옥 안에 있는 사람이 감옥 밖에 있는 사람에게 하는 말씀입니다. 요한복음 14장에 보면 예수님께서 말씀하십니다. 십자가를 몇시간 앞에 두고 말씀하십니다. '나의 평안을 너희에게 주노라, 이는 세상이 주는 것과 다르다. 십자가를 바라보면서도 나는 평안하다. 이 평안을 너희에게 주노라. 이 평안을 받으라.' 평안하고 기뻐하고 행복한 것이 그리스도인의 모습입니다. 항상 기뻐하라고 말씀합니다. 주 안에서 항상 기뻐하라, 언제든지, 어떤 경우에든지. 이것은 이유가 없습니다. 절대적인 것입니다. 부모가 자식에게 바라는 것이 오로지 그들의 행복인 것과도 같습니다. 부도 형통함도 아닙니다. 오직 행복하기를 원하십니다. 하나님의 뜻이 여기 있습니다. 내가 기뻐하기를 원하십니다. 깨닫고 기뻐하고, 믿고 기뻐하고, 사랑하고 기뻐하고, 순종하며 기뻐하고… 그 기쁨과 행복, 이것은 파동을 일으키고 파급효과를 냅니다. 그래서 공명을 일으킵니다. 많은 사람을 기쁘게 합니다. 그 기쁨 속에 생명의 역사가 나타납니다. 물도 변합니다. 자연도 변합니다. 세상도 변합니다. △

우리를 향하신 하나님의 뜻(2)
— 기도하라 —

삼가 누가 누구에게든지 악으로 악을 갚지 말게 하고 오직 피차 대하든지 모든 사람을 대하든지 항상 선을 좇으라 항상 기뻐하라 쉬지 말고 기도하라 범사에 감사하라 이는 그리스도 예수 안에서 너희를 향하신 하나님의 뜻이니라 성령을 소멸치 말며 예언을 멸시치 말고 범사에 헤아려 좋은 것을 취하고 악은 모든 모양이라도 버리라
(데살로니가전서 5 : 15 - 22)

우리를 향하신 하나님의 뜻(2)
— 기도하라 —

　베트남전이 극에 달했을 때 한국에서 그 전쟁에 파병된 한 청년은 출발할 때 신앙좋은 그의 어머니로부터 간곡한 부탁을 들었습니다. 어머니는 작은 성경책을 아들의 주머니에 넣어주면서 말했습니다. "매일 아침마다 이 성경을 읽어라. 그리고 이 어미는 너를 위하여 하루도 거르지 않고 새벽마다 교회에 나가 기도할 터이니 내가 항상 너를 위하여 기도한다는 것을 잊지 마라." 그리고 아들을 전쟁터로 보냈습니다. 청년은 별관심 없이 어머니의 말을 들었고, 별다른 생각 없이 전쟁터에 나갔습니다. 불행하게도 그는 큰 부상을 입어 수술을 받고 병상에 누웠습니다. 온몸이 쑤시고 괴로울 때 그는 저도모르게 어머니를 불렀습니다. "어머니…" 부르는 순간 눈앞에 어머니의 모습이 나타납니다. 어머니가 나를 위하여 기도히고 있는 모습이 환하게 보입니다. 그도 따라서 기도하고 싶었습니다. '하나님 아버지…' 하고 기도하려 했더니 불현듯 그동안의 잘못했던 모든 죄, 부모님께 잘못한 것, 사회를 향해서나 친구를 향해서나 잘못했던 모든 죄가 눈앞에 주마등처럼 지나갑니다. 그는 하나님 앞에 기도를 할 수가 없었습니다. 마침내 그는 이런 기도를 했습니다. '우리 어머니가 위해서 기도드리는 하나님, 정말로 계시거든 어머니의 하나님, 나를 살려주세요. 내가 하나님 앞에 일생을 바치겠나이다.' 그 기도가 응답이 있어서 그는 건강하게 돌아오게 되고, 대학을 마치고, 신학을 마치고, 그리고 지금 선교사로 나가 있습니다.
　여러분, 우리가 우리의 이름으로 하나님 앞에 나아갈 수 없습니다. 예수께서 우리를 위하여 이루신 역사의 핵심, 단 한마디로 말하라고 하면 우리가 예수 그리스도의 이름으로 하나님 앞에 기도한다는 것입니다. 예수님이름으로 기도할 수 있게 된 것입니다. 그리하여 하나님을 아버지라고 부를 수 있게 되었습니다. 그리하여 하나님의 자녀가 된 것입니다. 그것이 기독교교리 전체의 핵심입니다. 신앙생활이 뭡니까. 신앙생활은 곧 기도생활입니다. 하나님의 뜻이 어디에 있느냐고 묻는다면 대답은 바로 항상 기도하는 것입니다. 쉬지 말고 기도하는 것, 하나님의 뜻입니다. 우리를 향한 하나님의 뜻이 바로 기도하는 것입니다. 주님께서 말씀하십니다. '구하라, 주실 것이요, 찾으라, 찾을 것이요, 두드리라, 열어주시리라(마 7 : 7).' 주님께서 말씀하십니다. 기도하라고, 구하라고, 그러면 응답하실 것이라고. 너희가 구하기 전에 아시느니라, 무엇이 필요한지. 그러나 구하면 주시리라, 하십니다. 무슨 말씀입니까. 그렇게도, 그렇게도 하나님께서는 우리가 하나님의 이름을 찾아 기도하기를 원하십니다. 저는 이런 가정을 가까이 알고 있습니다. 자녀가 여덟인데, 어머니가 세상을 떠났습니다. 아이들이 줄줄이 이렇게 있는데 이거 어떡하면 좋습니까. 할수없이 가문에서 어찌어찌 주선해가지고 계모를 맞아들였습니다. 그런데 아이들이 절대로 새로 온 어머니를 어머니라고 부르지 않습니다. "어머니, 돈 주세요"하지를 않고 다가가서는 옆구리를 쿡 찌르고는 "돈!" 이러는 것입니다. 쿡 찌르고는 "양말!" 이러는 것입니다. 너무들 마음이 아파서 아예 가문회의를 했습니다. 거기서 이렇게 결정을 했습니다. 양말도 준비하고, 돈도 준비하고, 도시락도 준비하고, 다 해놓고는 어머니라고 부를 때만 주기로 했습니다. 어머니라고 부르지 않는 한 절대로 주지 말라—아버지의 명령입니다. 아이들이 그제야 할수없이 "어머니" 하고 용돈을 타가는 것이었습니다. 이렇게 해서라도 '어머니' 소리를 듣고 싶어하는 그 헌신적인 계모, 8남매 키우느라고 참으로 수고 많이 하는 것을 보았습니다. 그러나 아이들은 '어머니' 소리 한마디 하기가 그렇게 힘들었습니다. 하나님께서는 우리에게 많은 은총을 베푸시고 지금도 '내 이름을 불러라. 구하라. 그러면 주리라.' 말씀하십니다. 우리인간이 짓는 죄 중에 가장 큰 죄가 기도하지 않는 죄입니다. 왜요? 기도하지 않는 것은 하나님으로 하나님되시게 하기를 거부하는 것이기 때문입니다. 그걸 잊지 말아야 됩니다. 하나님으로 하나님되시게 하는 것이 바로 우리의 기도에, 진실한 기도에 있는 것입니다. 하나님으로 우리아버지되시게 하는 것이 바로 기도입니다. 아버지되심을 인정하는 것이 기도입니다. 저는 D. L. 무디의 이같은 고백과 기록을 소중하게 여깁니다. 그는 기도할 때마다 하나님의 은혜가 너무 커서 내가 구한 것은 삭은데 하나님께서는 많이 주셨노라고 고백합니다. 구하지 않은 것까지 너무 많이 주셨습니다. 너무도 은혜가 크고 은총이 높아서 그는 이렇게 기도했습니다. '하나님, 제발 그만하십시오. 넘치나이다.' 이에 비하면 우리는 어떻습니까. 입만 열었다하면 더 달라고 합니다. 뭘 그렇게 청구서가 많은지. 뭘 주세요, 뭘 주세요, 뭘 주세요… 다 기도하고 가다가도 빠뜨린 게 생각나 가다말고 또 서서 기도합니다. 어지간히도 거지근성이 있습니다. 기도의 수준이란 몇시간 했느냐에 있는 것이 아닙니다. 그 기도에 얼마나 감사가 많으냐에 달려 있습니다. 어떤 때 어떤 장로님 기도할 때도 보면 그 기도 속에 감사하다는 말이 한마디도 없는 것입니다. 내려간 다음에 딱 붙잡고 그따위로 하면 다시는 기도 안시키겠다고 한 적도 있습니다. 도대체 어떻게 된 기도가 그러냐, 합니다. 기도란 감사가 간구보다 훨씬 더 많아야 수준급의 기도입니다. 어찌 그리도 거지근성에 젖어 아직도 달라는 것만 많은 것입니까. 청구서가 그리도 많은 것입니까. 무디 보십시오. '하나님, 그만하십시오. 은혜가 넘치나이다.' 얼마나 놀라운 것입니까.

하나님께서는 오늘도 우리가 하나님 앞에 기도하기를 원하고 계십니다. 생명적 관계를 맺기 원하십니다. 인격적 관계를 맺기 원하십니다. 우리의 모든 생활에 하나님께서 간섭하시기를 원하십니다. 하나님의 간섭이 싫습니까? 하나님께서 나와 함께하신다는 것이 그렇게도 부담이 됩니까? 하나님께서 나를 보시고 하나님께서 나의 모든 일에 함께하신다고, 생활현장에 함께하시겠다고, 네 모든 소원 속에 내가 있겠다고 하시는데 이를 거절하는 것은 가장 큰 죄가 된다는 말씀입니다. 모든것을 의논하기 원하시고 대화하기를 원하시고 대화의 상대로 삼기를 원하십니다. 그것이 바로 하나님의 뜻입니다. 하나님께서는 창조주가 되셔서 우리의 모든 사정을 아십니다. 그래서, 말씀하실 뿐만 아니라 공급하고자 하십니다. 뭘 주시려고 하시는 것입니다. 다 준비해놓으시고 계속 주시고 싶어하십니다. 주고받는 관계에 있고 싶어하십니다. 지혜를 주시고, 능력을 주시고, 총명을 주시고, 건강을 주시고… 많이 주시려고 하십니다. 그런데 우리가 그것을 거절하고 있는 것입니다. 기도는 그것을 받아들이는 마음입니다. 하나님의 뜻과 일치시켜 하나님 앞에 하나님의 뜻을 구하는 것입니다. 요한복음 15장 4, 5절에 보면 예수님께서 비유로 말씀하십니다. "나는 포도나무요 너희는 가지니…" '포도나무가지가 포도나무에 붙어 있지 아니하면 아무것도 할 수 없느니라.' 그렇습니다.

그건 말라버리고 말 것이지요. 포도나무가지가 포도나무로부터 끊어져서야 어떻게 살아남겠습니까. 포도나무로부터 진액을 받아야 하고 생명력을 공급받아야만 살아남고 좋은 열매를 맺는 게 아니겠습니까. 그러한 철저한, 절대적 생명관계로 말씀하고 계십니다. 하나님께서는 오늘도 계속해서 많은 은사를, 많은 지혜를, 많은 능력을, 생명력을 주시려고 하십니다. 그래서 구하라시는 것입니다. 구하면 주시겠답니다. 구하는 코드가 맞으면 주시겠답니다.

또한 말씀하고자 하십니다. 그러면 우리가 듣기를 원하십니다. 솔로몬이 하나님 앞에 구한 것이 그것 아닙니까. '지혜로운 마음을 주십시오. 듣는 마음을 주십시오.' hearing heart, 듣는 마음을 주십시오―우리가 하나님 앞에 이같이 기도할 것입니다. '주께서는 말씀하소서. 내가 듣겠나이다. 듣는 마음을 주소서.' 하나님께서는 우리와 대화하기를 원하십니다. 요새 제가 여행을 좀 하면서 현대전기기구를 참 고맙게 생각했습니다. 비행장에 나갈 때 내가 쓰던 핸드폰을 로빙 시스템이라고 하는 장치에다가 부탁을 해서 눌러가지고 가니, 지난번에 미국 가서도 여기서 쓰는 전화기로도 마음대로 쓸 수가 있었습니다. 세상에 이렇게 좋을 수가… 그뿐입니까. 또 전화료도 쌉니다. 제가 미국에 갈 때마다 미국에 있는 목사님들이 말합니다. "목사님, 여기 호텔에 계시는 동안 전화하실 일이 많을 텐데 전화요금 생각하지 마시고 마음대로 전화하십시오." 이런 부탁까지 합니다. 그래서 전화를 쓰거든요. 하고나서 보면 호텔비용보다 전화료가 더 나왔을 때가 있습니다. 내가 미안하고, 그렇습니다. 미안한 나머지 어떤 때는 몰래 내려가서 내가 돈을 내기도 합니다. 그러나 요새는 핸드폰 가져가서 내맘대로 쓰는데 전화료도 쌉니다. 한 통화에

천 원밖에 안나갑니다. 하루종일 걸어야 만 원이면 고작입니다. 세상에 이런 고마울 데가 어디 있습니까. 며칠전에는 백두산에 가서 백두산 위에서 걸어봤습니다. 잘 통합디다. 썩 괜찮았습니다. '원 세상에, 이렇게 좋은 때가 어디 있나.' 그리고 생각한 게 뭔지 아십니까? '일찍 죽은 사람 불쌍하다.' 이런 것도 못겪고 죽었으니 말입니다. 희한하지 않습니까. 어디 있든지 통화는 되는 것입니다. 어디 있든지 대화가 되는 것입니다. 쉬지 말고 기도하라, 하십니다. 어디 있든지 너와 내가 만나자, 이야기하면서 살자—아시겠습니까? 어린아이들은 엄마, 엄마, 아빠, 아빠, 귀찮게 부릅니다마는 조금 크면 '아빠'가 변해서 '아버님'이 됩니다. 그 다음에는 한 달에 한 번도 연락이 없습니다. 삼 년에 한 번 전화 한 통도 없습니다. 이때 부모님이 너무 섭섭해서, 그래서 전화를 걸고 싶은데 자식이 귀찮아할까봐, 저도 feel이 있어서, 미안해서 못겁니다, 전화도. 이쯤되면 그 자식이 불효자이지요. 천하의 불효자이지요. 보십시오. 어머니가 아들에게 전화걸기를 꺼려한다면 그 관계가 제대로 된 것입니까. 그저 밤이고낮이고 아무때나 보고 싶을 때 통화가 되어야지요. 또 통화할 때마다 반갑게—그리돼야 될 것 아닙니까. 하나님과 우리 사이에 대화가 끊임없이 이어지는 것, 그것이 바로 하나님께서 원하시는 바입니다. 마더 테레사는 「이보다 더 큰 사랑은 없다」라고 하는 저서에서 기도에 관한 세 가지를 말합니다. '우리는 하나님 앞에 세 가지를 간구해야 합니다. 첫째, 하나님의 뜻을 알 수 있는 빛을 구해야 합니다.' 우리의 마음이 어두우면 하나님의 뜻을 알 수가 없습니다. 우리가 욕심에 사로잡혀 있고 시기 질투에 노예가 되면 아무것도 알 수가 없습니다. 특별히 하나님의 뜻을 알 수가 없습니다. '우리 마음이 깨끗하고 맑아져서 하나님의 뜻을 알게 해주십시오'하고 기도해야 합니다. '둘째, 하나님의 뜻을 받아들일 수 있는 사랑을 구해야 합니다.' 듣는다고 듣고 본다고 보는 게 아닙니다. 사랑이 없이는 들려지는 것도 없고 보여지는 것도 없습니다. 오직 사랑이 있을 때만 하나님의 뜻을 받아들일 수가 있습니다. '셋째, 하나님의 뜻을 행할 수 있는 방법을 알게 해달라고 구해야 합니다.' 그렇습니다. 방법을… 하나님의 뜻은 대략 알겠지만 어떻게 해야 됩니까? 구체적으로 말입니다. 저는 이런 생각을 늘 합니다. 사랑은 참 좋은 것이지만 구체적으로 어떻게 해야 사랑입니까. 제가 결혼주례 때마다 같은 말을 합니다. '신랑이 늦게 들어오더라도 왜 늦었느냐고 묻지마라. 늦으면 그저 늦는가보다 할 것이고 전화가 없으면 전화 못걸 만큼 바쁜가보다 할 것이다. 그렇게 생각해라. 피곤한 몸으로 들어서는 사람을 대하여 왜 전화도 없었느냐, 내가 이렇게 잠 안자고 기다리는데, 하고 '취조'하면 이게 사랑이겠느냐. 그건 사랑이 아니라 집착이니라.' 여러분, 사랑이 뭡니까? 어떻게 해야만 그게 사랑입니까? 모른 척해야 사랑입니다. 말이 없어야 사랑입니다. 때에 따라서 잊어버려야 그게 사랑입니다. 구체적인 것입니다. 유행가가사처럼 부를 것이 아닙니다. 도대체 사랑이라는 게 뭐냐? 하나님의 뜻을 우리가 어떻게 해야 되겠습니까, 구체적으로. 그것을 알아야 하겠기에 '하나님, 내가 하나님의 뜻을 좀더 밝히, 현실 속에서 구체적으로 알게 해주십시오. 방법을 가르쳐주십시오.' 그렇게 기도해야 할 것입니다.

오늘본문은 이렇게 말씀합니다. "쉬지 말고 기도하라." 헬라말 원문대로 자세히, 뜻을 살펴보면 '쉬지 말고'는 '끊임없이' 'without ceasing'의 뜻을 가진 말입니다. '아디알레이프토스' 곧 그치지 않고,

중단 없이, 라는 말입니다. 그렇게 기도하라, 그 말씀입니다. 사무엘 상 12장에 보면 사무엘 선지가 유명한 말씀을 합니다. 그가 위해서 봉사하는 사울왕이 범죄했을 때 그 범죄행위를 책망하면서 하는 말씀이 '나는 당신을 위해 기도할 것입니다. 기도하기를 쉬는 죄를 범하지 않겠습니다' 합니다. 기도하기를 쉬는 죄—기도하기를 중단하는 그것이 죄입니다. 큰 죄입니다. 보십시오. 왜 기도 아니합니까. 교만해서입니다. 하나님이 필요없는 것같습니다. 하나님의 간섭이 필요없는 것같습니다. 너무 무관심하고, 일이 잘되어서 기도 아니합니다. 너무 바빠서 기도 아니합니다. 어리석어서, 때로는 지금 내가 당한 이 문제는 하나님께서도 해결하실 수가 없다고 생각합니다. 그런 불신앙 때문에 기도하지 않습니다. 기도해봐야 문제가 해결될 것 같지 않아서입니다. 이 모두가 불경건이요 불신앙입니다. 결코 기도를 중단해서는 안됩니다. 중단 없이 기도해야 합니다. 좋은 일이 있어도 나쁜 일이 있어도, 이런 때도 저런 때도 항상 기도해야 합니다. 쉬지 않고 기도한다는 것은 다시말하면 기도를 일상화한다는 것입니다. 좀 우스운 얘기입니다마는 우리교회 새벽기도, 비교적 많이 나옵니다. 대학수능시험때쯤 되면 최고로 많이 나옵니다. 일 년 중에 최고로 많이 나올 때가 그때입니다. 내가 길에 나서면 좀 바빠집니다. 날 자꾸 붙잡고 내 아들 이름이 ××입니다, 기도 좀 해주세요, 합니다. 이러다가 그때가 지나가고나면 푹 내려갑니다. 참 간사합니다. 체면도 없습니다. 몇주일이라도 더 나오고 쉬더라도 쉴 것이지 그래서야 되겠습니까. 여러분, 기도하기를 쉬는 거, 안될 일입니다. 일상적으로 기도할 것입니다. 쉬지 않고 기도한다는 것은 또한 기도를 즐긴다는 것입니다. 기도를 즐겨야 됩니다. 기도는 의무가 아닙니다. 기도는 행복해야 됩니다. 기도를 즐기고 기도의 신비로운 행복을 체험해야 됩니다. 기도의 문이 항상 열려 있어야 됩니다. 어디서나 하나님의 이름만 부르면 그대로 내 마음에 응답하시는 것을, 그것을 체험하고 사는 법입니다. 기도의 행복을 느껴야 됩니다. 기도에 심취하는 기쁨이 있어야 됩니다. 꼭 그렇게 죽을지경이 되어서만 기도하겠습니까? 그렇다면 항상 죽을지경이 돼야 되겠네요. 잘 들어두십시오. 중요한 말씀입니다. 내가 기도하지 않으면 하나님께서 기도하게 만드십니다. 어떤 방법을 쓰시든 하나님의 비상수단이 동원됩니다. 기도하도록, 무릎을 꿇고 겸손하게 기도하도록 강력한 조치를 취하십니다. 무슨 말씀인지 아시겠지요? 기도하게 만드십니다. 그래서라도 하나님께서는 우리와 만나고 싶어하십니다. 하나님의 이름을 부르는 것, 기도하는 것을 하나님께서 원하고 계십니다. 죄송한 애기입니다마는 우리어머니얘기를 좀 하겠습니다. 그저 효도하는 마음으로 말씀을 드립니다. 어머니 마흔한 살에 저를 낳으셨습니다. 십 년 기도해서 낳으셨다고 합니다. 어쨌든 우리어머니는 기도의 어머니였습니다. 제가 자는 방 건너편 저쪽에, 저 뒤란에 움막처럼 기도실을 만들어놨습니다. 저는 아침마다 어머니의 기도하시는 소리를 들으면서 눈을 떴습니다. 저녁에도 들어가서 또 기도하십니다. 조용조용조용, 누구하고 얘기하는 것처럼, 사랑하는 사람과 얘기하는 것처럼 기도하셨습니다. 우리어머니 말이 또 빨랐습니다. 늘 기도소리가 들렸습니다. 부엌에서 일하실 때는 또 찬송을 부르십니다. 그렇게 기도하셨고, 제가 고향을 나설 때 "내가 너를 위해서 기도한다" 하셨습니다. 예배당은 불타서 없습니다. 그 불탄 터에 눈이 하얗게 오는 날 가마니때기를 덮어쓴 채 밤새도록 기도하고 아침에야 눈을 털고 나오시는 걸 봤다고 사람들이 얘기합니다. 어머니가 기도하시던 그 자리, 바로 몇년 전에 가서 한참을 서 있었습니다. 기도하심으로 그 어려운 여건에서 구십사 세까지 사셨습니다. 호적상으로 그 연세까지 사신 걸로 돼 있습니다. 기도의 기쁨, 기도하는 행복, 요새는 이런 말도 있습니다. 관조의 기도라고요. 기도하면서 영원한 세계를 관조합니다. 영원한 미래를 바라봅니다. 그러한 기도, 심취하는 기도, 그렇게 주께서는 항상 우리와 더불어 말씀하시기를 원하십니다.

신학자 더글라스 스티어의 「The Authority of the Saint」 라는 책에 보면 신앙의 사람, 성숙한 성자 격의 그리스도인들의 공통점을 말하고 있습니다. 첫째, 자신의 삶을 하나님께 완전히 맡기고 살더라, 했습니다. 아무 걱정 없이 운명을 하나님께 깨끗이 위탁하고 삽니다. 둘째, 안전을 구하기보다는 진실을 구합니다. 환경이 달라지기를 구하지 않고 어디서나 성실하게 살게 해주십시오—그런 기도입니다. 셋째, 역경을 자신의 삶으로 받아들이고 은사로 받아들입니다. 넷째, 기도하는 중에 하나님의 사랑을 확증하며 살았습니다. 어떤 환경이든지 기도만 하면 그 모든것이 사랑이라는 것을 느끼게 됩니다. 모든 기도의 응답은 오직 하나로 통합니다. '내가 너를 사랑한다.' 죽든지 살든지 상관하지 않습니다. 하나님께서 내게 말씀하십니다. '내가 너를 사랑하노라.' 그것이 응답입니다. 또 그것이면 충분합니다. 하나님의 사람들은 그렇게 살았습니다. 하나님의 뜻이 여기에 있습니다. 우리를 향한 하나님의 뜻은 그가 우리에게 아버지되시기를 원하시고, 그래서 쉬지 말고 기도하기를 원하십니다. 예수님 자신이 그러했습니다. 남의 나라 대통령이지만 지금 어느 대통령은 중요한 문제에 결정을 할 때, 너무너무 어려울 때 "내가 밤새 기도하고 내일아침에 결정하겠습니다" 하여 미루고 밤새 기도하고나서 아침에 결정을 합니다. 얼마나 아름다운 얘기입니까. 예수께서는 겟세마네동산에서 내 뜻대로 마옵시고 아버지의 뜻대로 하옵소서, 기도하시고 십자가를 지십니다. 십자가에 운명하실 때 '내 영혼을 아버지 손에 부탁하나이다' 기도하시고 아버지께로 가셨습니다. 쉬지 말고 기도하라—이것이 사랑하는 아버지 하나님의 우리를 향한 뜻입니다. △

우리를 향하신 하나님의 뜻(3)
— 감사하라 —

삼가 누가 누구에게든지 악으로 악을 갚지 말게 하고 오직 피차 대하든지 모든 사람을 대하든지 항상 선을 좇으라 항상 기뻐하라 쉬지 말고 기도하라 범사에 감사하라 이는 그리스도 예수 안에서 너희를 향하신 하나님의 뜻이니라 성령을 소멸치 말며 예언을 멸시치 말고 범사에 헤아려 좋은 것을 취하고 악은 모든 모양이라도 버리라

(데살로니가전서 5 : 15 - 22)

우리를 향하신 하나님의 뜻(3)
― 감사하라 ―

　어느날 아침 저 유명한 마틴 루터 킹 목사님이 워싱턴 DC의 어느 길을 걸어가고 있었습니다. 가는 도중에 한 흑인 청년을 만나게 되었습니다. 이 청년은 뭘 불평하고 불만스러워하여 중얼중얼 욕지거리를 하면서 길을 청소하고 있는 것입니다. 그는 청소부였습니다. 비질을 하면서 불평하다보니 조용조용히 길을 쓰는 게 아니라 먼지를 마구 날리는 심통을 부립니다. 킹 목사님은 이 청년에게 다가가 이렇게 말했다고 하는 유명한 일화가 전해지고 있습니다. "여보게 젊은이, 비질하면서 불평을 할 것이 아니라 하나님께서 창조하신 지구의 한 모퉁이를 내가 맡아서 쓸고 있다, 하는 생각을 하면서 청소를 하면 어떻겠나? 자네생각은 어떤가?"하고 물어보았더니 청년은 미안했던지 머리를 긁적거리며 죄송하다고 말하더랍니다. 이어서 킹 목사님은 유명한 말을 했습니다. "생각해보게나. 자네가 무슨 일을 하든지 마치 베토벤이 작곡을 하듯이, 미켈란젤로가 조각을 하듯이, 괴테가 작품을 쓰듯이, 그런 마음으로 하나님의 영광을 위해서 한다면 얼마나 좋겠나. 자네마음도 좋을 것이고 다른 사람에게도 좋을 것이고 이 세상이 훨씬 좋아지지 않겠나." 성공이 뭡니까. 어쩌면 사람은 한평생 성공이 뭔지를 배우다가 조금 알 듯하고 끝나는 것같습니다. 왜냐하면 우리는 돈버는 걸 성공인 줄 알고 출세가 성공인 줄 알고 건강이, 그것이 성공이라고 생각하거든요. 그래서 우리는 축하하고 그럽니다. 그러나 알고보니 그게 아닙니다. 절대로 아닙니다. 출세했다고 그거 성공이라고 볼 수 없습니다. 요새 성공했다고 하는 사람들 고생 많이 합니다. 검찰청에 드나드느라고 정신없습니다. 그 거 아니더라고요. 그거 성공 아니더라고요. 그럼 성공이 뭡니까. 바로 행복이 성공입니다. 그리고 그 입에서 감사하다는 말이 나와야 됩니다. 얼마나 감사하느냐, 얼마나 행복을 느끼느냐입니다. 감사의 높이, 행복의 깊이, 그 행복의 영역, 바로 그것이 그 사람의 성공 여부다, 라는 생각을 합니다. 종은 쳐서 소리가 나야 종입니다. 아무리 예쁜 종이라도 소리 안나는 종은 종이 아닙니다. 마찬가지로 그 사람의 입에서 "감사합니다"라는 말이 계속 터져나와야 그것이 바로 행복이요 성공이다, 하는 말씀입니다.

 오늘성경말씀에 예수님께서 우리에게 주신 거룩한 교훈을 따라 사도 바울은 강하게 말씀합니다. 항상 기뻐하라, 쉬지 말고 기도하라, 범사에 감사하라, 이것이 그리스도 안에서 너희를 향한 하나님의 뜻이다, 이것이 하나님의 마음이다, 하나님께서는 모든 방면으로 우리에게 고통도 주시고 또 즐거움도 주시고 건강도 주시고 병도 주시고—저는 생각을 합니다. 건강만이 하나님의 일이 아닙니다. 병들게 하는 것도 하나님의 일입니다. 기적으로 말하면 멀쩡한 사람이 병드는 것도 기적입니다. 병든 사람이 낫는 것도 기적입니다. 그러면 이 모든 사건을 통해서 하나님께서는 뭘 원하십니까. 항상 기뻐하길 원하십니다. 또한 범사에 감사하기를 원하십니다. 감사를 반드시 만들어내시고 감사하게 만드시겠다는 것입니다. 이것이 하나님의 뜻입니다. 이스라엘백성이 애굽에서 나와 광야를 거쳐 가나안으로 들어갑니다. 출애굽당시의 이야기는 언제 생각해봐도 감격적입니다. 자, 400년 동안 노예생활을 했습니다. 이대로 노예로 살다가 죽어져 사라질 민족입니다마는 하나님께서 그 사람들을 구원하십니다. 모세를 통해서 10가지 재앙으로 이것을 가능케 하십니다. 홍해를 건너 나왔을 때 그들은 얼마나 감격했습니까. 노래를 불렀습니다. 우리 성가대에서 가끔 '할렐루야, 할렐루야, 아멘, 아멘…'하고 서로 교창하는 일이 있는데 그것이 그때부터 시작한 것이라 합니다. 홍해 가에서 두 대로 나누어 서로 찬송을 불렀습니다. 그랬을 것 아닙니까. 그때 그 자리에 저는 없었고 여러분도 잘 모르겠지마는 그 비슷한 것은 경험해보았습니다. 연세드신 분들은 알 것입니다. 과거 8·15 광복 직전 우리는 몹시 어려웠습니다. 먹는 숟가락까지 뺏어갔습니다, 그거 녹여서 군함 만든다고. 교회에 매달아놨던 종까지 거두어 갔습니다, 무기 만든다고. 이렇게 저렇게 공출(供出)이다 뭐다 해서 다 뺏어갔습니다. 참 어렵고 가난했습니다. 풀뿌리로 연명을 해야 하는 때였습니다. 그런 때에 박지순 목사님이라고 그 키큰 어른이 우리집에 찾아오셔서 우리 장로님 할아버지를 붙잡고 엉엉 울면서 "해방됐습니다. 해방됐습니다"하고 소리치는 것이었습니다. 참 감격스럽습디다. 해방이 뭔지는 잘 모르지만 좌우간 좋은 것인가보다 했습니다. 그때가 14살 때인데 그런 걸 제가 경험했습니다. 그런데 말입니다. 한 달 동안 일하는 사람이 없는 것입니다. 싸우는 사람도, 욕심부리는 사람도 없었습니다. 매일같이 먹고 마시고 덩실덩실 춤추고 다닙디다. 교회에서는 매일같이 예배드렸고요. 공출당했던 그 종을 찾아다 걸어놓고 하루종일 종쳤습니다, 너무너무 좋아서. 자, 이런 감격 있을 만하지 않습니까? 문제는 여기 있습니다. 이런 큰 해방의 감격을 안고 광야를 통과해서 가나안에 들어가는 것이 하나님의 뜻입니다. 광야는 어렵습니다. 그러나 지금까지 받은 은혜에, 출애굽의 은혜에 감사해서 찬송부르며 즐거움으로 이 광야 통과하기를 원하십니다. 한두 주일 걸리는 길입니다. 그걸 원하셨고, 또 저 앞에 약속의 땅이 있지 않습니까. 하나님께서 가나안땅을 약속해주시지 않았습니까. 그 약속의 땅을 눈에 환히 그리면서, 환상 속에서 비전을 가지고 찬송하며 이 어려운 광야를 통과하기를 하나님께서는 원하십니다. 하나님의 뜻이 뭡니까. 범사에 감사하는 것, 항상 기뻐하는 것 아닙니까. 비록 광야이지마는 이 광야를 통과할 때 감사하는 마음으로 통과하기를, 감사한 마음으로 잘 극복하기를 하나님께서 원하십니다. 'Life is process'라는 말이 있습니다. 생명은 과정입니다. 멎어 있는 것이 없습니다. 다 지나가는 과정입니다. 건강도 병도 젊음도 다 지나가는 것, 잠깐으로 지나가는 것일 뿐입니다. 아침마다 화장하느라고 시간 많이 들이는 아낙네들 많지요. 찍어 바르고 문지르고 그리고, 생난리를 칩니다, 예쁘게 보이려고. 그런가하면 저녁에는 또 그거 지우느라 바쁩니다. 잘 지워야 한다나요. 그래 또 찍고 바르고… 그렇게 해서, 그런 과정을 거쳐서 결국 어떻게 됩니까. 점점 못쓰게 되더라고요. 생명은 과정입니다. 이래봐도 잠깐이고 저래봐도 잠깐입니다. 지나가는 것입니다. 그런데 이게 어떤 마음으로 지나가느냐입니다. 그런데 하나님께서는 우리가 범사에 감사하는 마음으로 이 생의 과정을 지나가기 원하십니다. 과거에 대해서 감사하고, 앞에 주신 약속에 대해서 감사하고, 그리고 현재의 고난을 잘 참고 견디어나가기를 하나님께서는 원하십니다. "감사하라." 이는 명령입니다. "범사에 감사하라." 감사는 겸손한 자의 것입니다. 교만한 사람은 감사하지 못합니다. 오로지 겸손한 사람만이 감사합니다. 인격이 무엇입니까. 인격을 무엇으로 측정하겠습니까. 지식으로도 진리로도 아닙니다.

사람의 사람된 인격은 세 가지 품성으로 평가된다고 합니다. 감사합니다, 미안합니다, 사랑합니다— 'Thank you.' 'I am sorry.' 그리고 'I Love You.' 이 세 가지 말을 잘하고 사는 사람이 높은 인격의 사람입니다. 이제 한번 생각해보십시오. 여러분은 고맙다는 말을 얼마나 하고 삽니까? 보아하면 작은 일에든 큰일에든 누구한테 "고맙습니다" 하고 머리를 숙이면 그 순간에 상대는 높아지고 나는 낮아지는 걸로 착각하는 사람들이 있습니다. 이게 바로 소인배라는 것입니다. 소인배는 inferiority complex, 열등의식이 있어서 감사하다는 말을 아니합니다. 감사하다는 말을 하는 순간 자기가 낮아지는 것처럼 착각을 하는 것입니다. 덜된 인간입니다. 겸손한 사람은 감사하다는 말을 잘합니다. 조그마한 일에도 "고맙습니다" "고맙습니다" 합니다. 감사의 높이, 내 인격의 높이입니다. 감사의 넓이, 그게 내 행복의 영역입니다. 늘 "감사합니다" 해야 됩니다. 또한 "미안합니다"라는 말을 잘할 수 있어아 됩니다. "미안합니다"라고 하면 생각나는 사람이 있습니다. 아브라함 링컨입니다. 어느날 참모총장하고 작전문제로 말다툼이 생겼습니다. 서로 자기주장을 내세우던 끝에 링컨이 웃사람이라 자기마음대로 결행해버렸습니다. 그런데 그 전쟁에 실패했습니다. 크게 실패했습니다. 참모총장이 화가 잔뜩 났습니다. 그때 링컨은 메모지를 꺼내더니 이렇게 썼습니다. 'I am sorry. Abe Lincoln' 그리고 비서편에 참모총장한테 보냈습니다. 비서가 갖다주었더니 참모총장이 들여다보고는 화가 잔뜩 나 있는 터라 "That ridiculous guy!" 하고, "이 멍청한 녀석!" 하고, 욕을 하더랍니다. 대통령이고뭐고 뒤에서 욕 못할 것 없지요. 욕을 해버린 것입니다. 비서가 황당해졌습니다. '저렇게 말해서는 안되지…' 돌아왔습니다.

링컨이 묻습니다. "메모지 갖다주었나? 뭐라고 하던가?" 비서가 거짓말할 수는 없지 않습니까. 난처했습니다. "솔직히 말하게나." "이런 멍청한 녀석, 이라고 말합디다." 뜻밖에도 링컨은 한바탕 껄껄 웃고나서 말합니다. "허, 그 사람, 사람볼 줄 아는구먼." 이, 위대한 사람입니다. 내가 실수한 건 사실이고 그 사람 내가 그런 멍청한 사람인 걸 아니까 괜찮은 사람 아닌가— "사람 볼 줄 아는구먼." 얼마나 굉장한 얘기입니까. 우리네는 아주 뻔한 일을 두고도 "I am sorry"를 할 줄 모르는 사람이 많습니다. 그게 우리결점입니다. 잘못된 건 잘못됐다고 하면 되는 것을 이 한마디를 못하는 소인배가 너무도 많은 것입니다. 그런가하면 여러분은 "사랑합니다"라는 말을 얼마나 자유롭게 합니까? 제가 결혼생활 60년 한 분에게 물어보았습니다. "사랑합니다, 라고 말해봤습니까?" 한 번도 안해봤다고 합니다. "뭐 쑥스럽게 그걸 말로 합니까, 마음으로 하는 거지." 마음으로 한다면 말로도 하는 것이 좋습니다. '사랑합니다'라는 말 참으로 귀중한 말입니다. 겸손한 사람만이 "사랑합니다" 할 수도 있고 "고맙습니다" 할 수도 있습니다. 또, 은혜로 수용하는 사람만이 감사할 줄 압니다. 율법적 관계 아래 있는 사람은 감사하지 못합니다. 전부를 자기수고의 대가요 보상으로 알기 때문에 율법적 세계관을 가진 사람은 감사하지 못합니다. 오직 은혜를 생각하는 사람만 감사할 수 있습니다. 제가 상하이대학의 여덟 교수와 점심을 같이했었는데 그때 얻은 경험은 오래오래 잊을 수가 없는 재미있는 경험입니다. 그 여덟 사람 중의 하나가 한국여자하고 삽니다. 나머지 일곱 남자는 모두들 이 사람을 부러워합니다. 왜 그러냐, 물었더니 사연은 이랬습니다. 저는 들으면서 '이건 신학적 문제다'했습니다. 중국사람들은 다 남자가

밥을 합니다. 저녁에 늦게 들어왔어도 다시 부엌에 들어가 음식을 만들어서 하루종일 놀고 지낸 안사람을 대접해야 됩니다. 이게 그 사람들의 관습입니다. 그런데 한국여자야 그럴 수 있겠습니까. 남편이 저녁에 늦게 들어가도 저녁을 다 해놓고 기다리는 것입니다. 바로 이 문제를 놓고 일곱 교수가 이 한 교수를 얼마나 부러워하는지. "당신은 얼마나 행복하오?" 이것입니다. 그런데 여자는 또 어떻습니까. 당연히 내가 해야 할 일을 하는데 남편은 또 자기 시간 있을 때 중국요리를 잘 만들어서 아내를 대접하는 것입니다. 이런 고마울 데가 어디 있습니까. 여자는 여자대로 자기가 할 것을 남편이 해주니 고맙고, 남자는 남자대로 자기가 할 것을 아내가 해주니 고맙고. 완전히 은혜인 것입니다, 은혜. 율법이 아니라 은혜. 그러니 감사할 수밖에요. 은혜로 생각하는 사람은 모든 일에서 감사할 수가 있습니다. 또한 미래걱정이 없어야 감사할 수 있습니다. 아무리 좋은 일이라도 다음날이 문제기 되고 내년이 문제가 되면 감사할 수 없습니다. 우리가 금년에 식사를 합니다마는 '내년에 풍년이 들까 안들까?' 그것까지 걱정하는 사람은 지금도 걱정할 수밖에 없지요. 미래문제, 장래문제, 핵문제, 다 하나님께 맡겨버릴 것입니다. 하나님께 완전히 위탁을 하고, 당신뜻대로 하소서, 하고 total commitment, 전적으로 위탁하고 오늘을 사는 사람은 행복합니다. 감사할 수가 있습니다. 또, 하루하루의 삶의 의미를 새롭게 생각하는 사람이 감사합니다. 조그마한 일을 놓고도 감사합니다. 저는 전화걸 때마다 감사합니다. 우리교회 처음 시작할 때 제 사무실에 쓸 전화기를 구할 수가 없어서 남의 전화기 빌려왔었습니다. 여러분도 기억하지요? 백색전화라는 거, 그거 아무나 가지는 게 아니었습니다. 그런데 지금은 사람마다 목에다 하나씩 걸고 다니지 않습니까. 아이들까지. 이거 얼마나 좋은 세상입니까. 그러니 전화걸 때마다 감사해야지. 작은 일에서부터 감사를 느끼며 깊이깊이 생각하며 살아야 감사할 수 있지요. 성경은 말씀합니다. "범사에 감사하라." '행복지수'라는 것이 있습니다. 심리학, 사회학을 하는 분들이 전문적으로 체감행복지수를 잘 연구한 보고서가 나와 있습니다. 54개국을 대상으로 국민들이 느끼는 행복지수를 면밀히 조사해보았는데 이상한 것이 행복지수는 GNP하고 무관하더라는 것입니다. 어쩌면 정반대였습니다. 보십시오. 54개국 중 방글라데시가 행복지수 1위입니다. 필리핀이 5위, 미국이 46위, 일본이 44위, 한국이 23위입니다. 생각해봅시다. 우리가 흔히 잘산다고 보는 사람들이 더 불행합니다. 세계에서 가장 못산다고 하는 방글라데시인데 행복지수는 최고입니다. 그러니 결론은 뭡니까. 잘살고 못살고와 행복은 관계가 없다, 그 말입니다. 이걸 우리가 알아야 됩니다. 잘살아야 된다, 뭘 한다, 이거 아닙니다. 요새도 임금문제 가지고 많이들 얘기합디다마는 그러나 한 가지는 분명합니다. 임금이 올라간다고해서 행복지수가 올라가는 건 아닙니다. 저는 며칠전에 중국에 갔다가 되게 놀랐습니다. 백두산 간다고 가다가 도중에 저녁을 먹었는데 아주 좋은 음식을 먹었습니다. 제일 좋은 거 가지고 오라 했더니 "중국돼지고기가 맛있습니다"하고 고기다 더덕이다 뭐다, 질편하게 내온 것을 다섯 사람이 둘러앉아 실컷 먹었습니다. 돈내는 사람이 돈내고나서 나에게 조용히 말해줍니다. "목사님, 이거 얼마인지 아세요? 우리돈으로 만 원이 안됩니다." 하도 미안해서 "주인에게 돈 좀더 드리지" 그랬더니 "아니오. 그거면 충분해요"하는 것입니다. 다섯 사람 대접하고 만 원 벌어 어떻게 사나?

여러분, 행복지수가 어디에 있는지를 알아야 됩니다. 세계가 연구하는 것입니다. 저임금, 저물가, 이것만이 이 사회문제를 해결할 수 있는 철학이라고들 말합니다. 그런데 보십시오. 우리는 자꾸 올라가길 바랍니다. 물질적으로 잘살기를 바랍니다. 잘살면 잘살수록 점점더 불행지수가 높아집니다. 어떡하면 좋습니까. 이젠 결론이 난 것입니다, 이것이. 성경은 말씀합니다. "범사에 감사하라." 무슨 말씀입니까. 어떤 환경에서든지 조건없이 감사하라는 것입니다. 헬라말로 '엔 판티'라고 하는 말, in every circumstance, 어떤 환경에서도 감사하라는 말씀입니다. 그 말의 신학적인 의미는 곧 감사는 조건과 관계없다는 것입니다. 환경과 관계없다, 환경과 관계없는 것이 감사라는 것이다―아주 중요한 말씀입니다. 이 진리를 터득해야 합니다. 몸으로 이해해야 합니다. 50세 넘은 분들 생각해보십시오, 지난날에 언제가 행복했나. 지금의 70평짜리가 행복합니까, 전의 셋방살이가 행복했습니까? 사글세로 돌아다닐 때가 더 행복했다, 이 말입니다. 행복지수가 어디 있던가? 적어도 감사와 행복은 물질적 여건과 관계없다―이것을 일생동안 배우는 것입니다. 아는 듯하고 죽는 것입니다. 그만큼 귀중한 진리입니다. 몸으로 배워야 합니다. '감사는 환경과 관계없다. 범사에 감사하라.' 조셉 포트 뉴턴이라는 교수님이 감사의 중요성에 대한 아주 심도있는 진리를 말합니다. 첫째는, 대가를 바람 없이 무조건적으로 헌신하는 자만이 참감사를 느낄 수 있다, 하였습니다. 우리교회에서도 청년들이 이 더운 때 동남아시아, 몽골 등지에 봉사하러 가 있고, 가서 고생 많이 하고 오는데, 보면 갔던 사람이 내년에 또 갑니다. 왜? 행복했으니까요. 이보다 행복할 수는 없습니다. 무조건적으로 희생적으로 봉사할 때 "이게 행복이

다. 이게 감사다." 느낍니다. 어느 의사는 봉사하고 와서 말합디다. "내가 의사된 보람을 처음으로 느껴봤습니다." 사람답게 산다는 게 뭔지를 처음으로 화끈하게 느껴보았다는 것입니다. 헌신적 봉사를 하는 사람만이 감사를 아는 사람입니다. 또하나, 용서하는 사람이 감사를 안다, 하였습니다. 용서는 자기사랑의 첫걸음입니다. 용서하고야 내 영혼이 자유롭습니다. 용서하면서 자기를 사랑하게 되는 것입니다. 만일 용서 못한다면 그 순간 나는 죽어집니다. 썩어갑니다. 용서하는 지금 이 순간부터 영혼이 열리고 자기사랑에 충실하게 되고 행복하게 되는 것입니다. 또한 감사해야 됩니다. 감사함으로 이기심으로부터 자유로워지고 감사함으로 자기교만으로부터 자유로워집니다. 여러분 조그마한 일에도 "고맙습니다"하고 고개를 숙여보십시오. 그 순간 나는 겸손을 체험합니다. 겸손해지는 순간 내 영혼 깊은 데서 내가 행복하게 됩니다. 감사함으로 겸손해지고 겸손함으로 행복해지는 것입니다. 그런고로 성경은 범사에 감사하라, 하였습니다. 하나님께서는 충분히 주셨습니다. 넉넉하게 주셨습니다. 이유를 묻지 마십시오. 원망하는 사람은 항상 원망합니다. 감사하는 사람은 어떤 일에든지 감사할 수가 있습니다.

다니엘 6장에 보면 다리오 왕이 잘못된 조서에 어인을 찍었습니다. 다리오 왕대에 다니엘이 총리가 되었는데 저들이 질투를 해서 다니엘을 죽이려고 음모를 했습니다. '한 달 안에 왕 외의 누구에게든지 구하거나 기도하는 자는 사자굴에 처넣어 죽입시다.' 이런 청원을 하는 조서였는데 이 왕이 잠깐 실수를 해서 거기 어인을 찍어버렸습니다. 이제 다니엘이 기도하면 죽을 줄을 알고 있습니다. 그러나 예루살렘쪽을 향한 창문을 열고 하루에 세 번씩 전에 하던대로 하나님 앞에 기도했다고 돼 있습니다. 기도만 한 게 아닙니다. "감사하였더라" 합니다(단 6 : 10). 이렇게 기도하면 사자굴에 죽을 것을 알면서도 감사의 기도를 했습니다. 이것이 높은 수준의 감사입니다. 윌리엄 보리토라고 하는 분이 유명한 말을 했습니다. '인생의 삶 속에서 가장 중요한 것은 당신이 얻은 것으로부터 교훈을 얻는 것이 아니라 잃는 것으로부터 중요한 교훈을 얻고 있다는 것입니다. 잊지 마십시오.' 여러분, 얻는 걸 통해서, 출세를 통해서 교훈을 얻는 줄 알지만 그렇게되면 멍청해집니다. 오히려 잃어버릴 때, 어려운 일을 당할 때 지혜도 얻고 능력도 얻고 믿음도 얻고 사랑도 얻습니다. 고난이 이같은 소중한 것들을 우리에게 줍니다. "범사에 감사하라." 하나님께서는 충분히 주셨습니다. 우리가 범사에 감사하기 원하십니다. 성 아우구스티누스의 말을 들어봅시다. 참회록에서 고백합니다. '하나님, 나는 죄인입니다. 생각하는 것, 말하는 것, 어느 것도 죄 아닌 것이 없습니다. 그러나 은혜를 생각하면, 하나님을 생각하면 은혜 아닌 것이 없습니다. 이것도 은혜요 저것도 은혜입니다. 나를 생각하면 죄뿐이요 하나님을 생각하면 은혜뿐입니다.' 범사에 감사함으로 하나님의 자녀가 되고 기쁨으로 충만하고 행복으로 충만하고, 범사에 감사함으로 또다른 사람의 마음을 감동하여 더불어 감사할 수 있습니다. 은혜를 베풀 수가 있습니다. "범사에 감사하라." △

다 이와 같으리라

그 때 마침 두어 사람이 와서 빌라도가 어떤 갈릴리 사람들의 피를 저희의 제물에 섞은 일로 예수께 고하니 대답하여 가라사대 너희는 이 갈릴리 사람들이 이같이 해받음으로써 모든 갈릴리 사람보다 죄가 더 있는 줄 아느냐 너희에게 이르노니 아니라 너희도 만일 회개치 아니하면 다 이와 같이 망하리라 또 실로암에서 망대가 무너져 치어 죽은 열 여덟 사람이 예루살렘에 거한 모든 사람보다 죄가 더 있는 줄 아느냐 너희에게 이르노니 아니라 너희도 만일 회개치 아니하면 다 이와 같이 망하리라
(누가복음 13 : 1 - 5)

다 이와 같으리라

정신과의사 정혜신씨가 쓴「청년기의 자기탐색」이라고 하는 책이 있습니다. 그 책에 나오는 이야기입니다. 미국의 한 젊은 기자가 특별한 기사를 하나 썼습니다. '미국국회의원들은 다 저능아다' 라는 제목의 글입니다. 물론 그럴만한 자료를 동원하고 논리적으로 썼습니다. 그 원고를 읽어본 고참기자가 그에게 충고를 했습니다. "이 기사가 나가면 항의가 빗발칠 텐데… 어지간히 시끄럽게 되겠구먼. 그러니 내가 한 가지 제안을 하겠네. 그 타이틀에다 한 말만 추가했으면 좋겠구먼." 그래 타협을 했습니다. 이제 새로 만든 타이틀은 이렇습니다. '미국국회의원들은 한 명만 빼놓고 다 저능아다.' 이 기사가 나가자 국회의원들로부터는 아무런 항의도 없었습니다. 다들 생각하기를 자기는 그 '한 명'에 해당한다고 생각하기 때문이었습니다. 사람은 저마다 자기를 그렇게 생각하고 싶니다. 나는 해당되지 않는다, 나는 예외다, 나는 특별하다… 이렇게 생각하는 것이 정신적으로 문제가 되고 있다, 하는 글입니다.

인간의 지식이란 내가 경험한 것 만큼만 내 지식이 됩니다. 들어도 보아도 배워도 그건 지식이 되지 않습니다. 심지어는 기억되고 있는 것까지도 지식이 아닙니다. 내가 실제로 몸으로 부딪쳐서 경험하고나서야 '아, 그거구나' 비로소 깨닫는 것입니다. 그만큼 사람들은 우둔합니다. 추상적 진리가 실제적 진리로 바꾸어져야만 지식이 효력을 발하게 됩니다. 때로 우리는 논리적으로 이해합니다. 감성적으로 이해하기도 합니다. 느낌이라는 것으로도 이해합니다. 그러나 그런 것은 역시 몸으로 부딪치는 것 만큼 확실하지 않습니다. 거기에 문제가 있는 것입니다. 경험해야 지식이 됩니다. 그런데 중요한 것은 경험이란 단회적이라는 사실입니다. 어떤 경험이든 엄격히 말하면 단회적인 것입니다. 그러므로 문제가 됩니다. 보십시오. 죽음이라고 하는 경험, 단 한 번밖에 없지 않습니까. 지금 숨쉬고 있는 사람 가운데 죽어본 사람 있습니까. 죽음이 뭔지 알고 싶다고요? 죽음은 끝이지요. 이제 아는 순간 그는 죽었습니다. 때로는 하나님을 뵙겠다고, 하나님을 만나야 되겠다고 하는데 좋습니다. 당신이 하나님을 만나는 순간 당신은 이세상사람이 아닙니다. 무릇 우리가 경험하는 중요한 사건들이 단 한 번에 끝나는 것들입니다. 사실은 결혼도 한 번으로 끝나는 것입니다. 요새와서는 여러 번 하는 사람도 있습디다마는 그러나 사랑의 경험은 단 한 번 있는 것입니다. 예를 들어봅시다. 생전처음 내가 사랑하는 여자(남자)와 데이트하는 중에 손을 잡았다고 합시다. 화끈하고, 스파크가 일어나고, 가슴이 두근두근하고, 얼굴이 빨개지고… 그렇지 않았습니까. 그럴 때가 한 번 있었지요. 그 다음날 그 여자(남자)를 또 만나고 어제와 같이 손을 잡았는데 오늘 잡은 손은 이미 어제 잡은 손이 아닌 것입니다. 그만큼 화끈하지를 않습니다. feel이 다른 것입니다. 벌써 전과자가 됐거든요. 그래 무뎌졌습니다. 둔해졌습니다. 물리적으로는 똑같은 경험입니다. 같은 장소에서 같은 여자를 만나는데 느낌은 아닌 것입니다. 어제와 오늘은 다릅니다. 그와도 같습니다. 물리적으로는 같은 경험이 반복될 수 있지마는 의식론적으로 철학적으로 심리학적으로 경험은 한 번밖에 없는 것입니다. 같은 경험을 두 번 할 수는 없습니다. 그렇게그렇게 경험해가면서 사는 것입니다. 쇼핑문제로 부부싸움이 많다고 합니다. 어디 외출을 하려고 할 때, 남자는 옷장을 열어

보면 와이셔츠가 6장밖에 없습니다. 그래도 충분합니다. 그 중에서 하나 골라 입으면 됩니다. 그러나 여자는 옷장을 열고보면 옷이 자그마치 30벌 넘게 즐비합니다. 그런데도 옷장을 열 때마다 하는 소리가 "입을 것이 없어서…"입니다. "아니, 이렇게나 많은데 입을 것이 없다니?" 남편은 눈이 휘둥그래집니다. 이게 부부싸움의 중요한 빌미가 됩니다. 심리적으로 문제가 되는 게 이것입니다. 남자는 남과 비슷하게 보이기 위해서 옷을 입습니다. 남이 검게 입으면 나도 검게, 남이 희게 입으면 나도 희게 입으면 됩니다. 그러나 여자는 내가 남들과 달라야 됩니다. 꼭 유별나게 입고 싶은 것입니다. 일단 옷을 입고 나서다가 같은 옷 입은 사람을 보면 다시 돌아들어가 옷을 바꿔 입어야 합니다. 여자는 이렇게 복잡합니다. 이런 사람하고 사는 남자가 얼마나 힘들겠습니까. 똑같은 사건인데 왜 이렇게 복잡합니까. 오늘 우리 깊이 생각해야 됩니다. 지식이라는 것 — 보아서 아는 사람이 있습니다. 모든것을 보기만 하면 압니다. 그러면 확실한 걸로 받아들입니다. 그러나 어떤 사람은 듣고 압니다. 보지 않아도 됩니다. 듣기만 하면 됩니다. 누군가가 본 사람이 말해주면 믿고 들어서 내 지식이 됩니다. 어떤 사람은 일부만 경험하면 전체를 이해할 수 있습니다. 끝까지 다 보아야 할 것 없습니다. 한 가지만 보면 벌써 '아, 알았다'하고 그 다음은 경험하지 않아도 알게 되는 것입니다. 그런가하면 어떤 사람은 현재의 경험만으로 먼 미래까지 전망합니다. 나이많을 때까지 갈 것 없습니다. 젊었을 때 벌써 몇번 경험하고 '인생이란…' 다 알았습니다. 이렇게 현재를 통하여 미래를 볼 줄 아는 시각을 가진 사람이 있습니다. 그러나 이보다 더 지혜로운 사람이 있습니다. 바로 다른 사람의 경험을 나의 경험으로 삼고 운명을 결정하는 사람입니다. 반드시 내가 경험할 필요 없습니다. 책을 통해서도 듣고, 성경을 통해서도 듣고… 간접경험으로 충분합니다. 그 사람만이 세상을 지혜롭게 살 수 있는 것입니다. 꼭 내가 만나봐야 됩니까. 결혼 안해봐도 결혼 압니다. 아이 안낳아보고도 아이 압니다. 산부인과 남자의사가 아이 낳아보고 아이 아는 것입니까. 생전 안낳아보았어도 오히려 낳아본 사람보다 더 잘 압니다. 꼭 경험해봐야 된다는 얘기는 영 거리가 먼 얘기입니다. 다른 사람의 경험을 간접적으로 내가 받아들일 때 내가 경험한 것보다도 더 확실하게 알 수 있는 것입니다. 이런 사람이 지혜로운 사람입니다.

오늘본문에 나타난 이야기를 보면 마치 예수님께서 뉴스해설을 하시는 것같습니다. 시사해설을 하시는 것같은 인상을 줍니다. 어떤 사람이 와서 예수님께 이런 소식을 전합니다. '갈릴리에서 빌라도가 사람의 피를 저들의 제물에 섞어서 바쳤답니다. 아, 갈릴리사람을 죽일 뿐더러 그의 피를 제물에 섞어서 제사를 지내다니요, 이런 끔찍한 일이 어디 있습니까.' 예수님, 이 보고를 들으시고 해석을 하십니다. "너희는 이 갈릴리사람들이 이같이 해받음으로써 모든 갈릴리사람보다 죄가 더 있는 줄 아느냐 너희에게 이르노니 아니라 너희도 만일 회개치 아니하면 다 이와 같이 망하리라." 예수님께서 알고계신 뉴스를 또하나 내놓으십니다. "실로암에서 망대가 무너져 치어죽은 열여덟 사람이 예루살렘에 거한 모든 사람보다 죄가 더 있는 줄 아느냐… 아니라 너희도 만일 회개치 아니하면 다 이와같이 망하리라." 이렇게 해석을 하고 계십니다. 무엇을 말씀하고 계신 것입니까. 갈릴리에서 있었던 사건, 실로암에서 일어난 사건, 이 두 끔찍한 사건을 보고 듣고 예수님, 이에 대해서 어떻게 처사해야 하는지를 말씀하시는 것입니다.

　첫째, 저희와 너희는 같다, 하시는 것입니다. 저 사람들이 저렇듯 비참하게 죽었으나 그들과 너희가 다른 사람이 아니라는 것입니다. 여기서 이런 해석을 찾아볼 수 있습니다. 갈릴리사람들이 원래 다혈질이고 반정부, 반정치혁명을 자주 일으켰습니다. 그래서 위정자들마다 갈릴리를 다스리기 어렵던 나머지 그곳을 가리켜 '화약고'라고까지 말했습니다. 그래서 혁명같은 반항이 있을 때마다 한 번씩 진멸을 하고 그들에게 경고를 하게 되었습니다. 실로암못의 망대가 무너진 사건은 역사적으로 있은 사건입니다. 그런데 이에 대해서는 해석이 하나 따릅니다. 하나님의 성전 세를 하나님의 성전을 위해서만 써야 되는데 성전세로 거둔 돈으로 수로공사를 했습니다. 하나님께서 그것을 책망하신 것인지 어찌된 것인지 좌우간 망대가 무너지면서 18명이 치여죽었습니다. 그래서 저들은 하나님께 바쳐진 돈을 정치적으로 사용했기 때문에 하나님께서 벌을 내리셔서 이렇듯 많은 사람이 희생의 제물이 됐다, 라는 해석을 하고 있는 것입니다. 이에 대하여 예수님께서는 말씀하십니다. '죽은 저 사람들과 너희가 다르지 않다. 같다는 걸 잊지 마라. 저주받은 것처럼 비참하게 죽었지만 절대로 비판하지 마라. 왜? 너희와 그들은 같으니까.' 같은 눈, 같은 도덕성, 같은 용맹성을 가지고 있습니다. 같은 죄인이라는 것입니다. 누가 어려움을 당했다고해서 쉽게 비판하지 마라, 저 사람이 죄 때문에 당한다고 비판하지 마라, 저와 너는 같은 것이다, 하는 것이 첫째교훈입니다.

　둘째, 저들은 대표적으로 고난을 당한 것이라는 것입니다. 저는 차를 운전하다가 우회전 좌회전을 할 때면 가끔가끔 옛날 20년 전에 경험한 일이 떠오르곤 합니다. 저 노량진교회 앞에서 영등포 쪽으로 돌아오다가 흑석동 쪽으로 가야 되겠기에 우회전을 하려고 했습니다. 차들이 두 줄로 일차선 2차선을 가고 있는데 우회전을 이차선에서 해야 합니다. 그런데 차들이 꽉차서 움직이지를 않습니다. 한치도 양보하지 않습니다. 내가 일차선에 있는데 아무래도 이차선에 들어갈 수가 없습니다. 그러던 중에 우회전해야 될 장소에 와서 이차선에 선 사람들도 우회전하고 나도 따라서 우회전을 해버렸습니다. 다른 사람에게 피해를 준 건 없습니다. 어쨌든, 우회전을 했는데 바로 앞에서 순경이 손짓을 합니다. 걸린 것입니다. 왜 일차선에서 우회전을 했느냐, 합니다. 그래서 잘못했다고, 지금 차들이 꽉차서 양보를 안해주고 밀리고 있기 때문에 부득이하게 그렇게 됐노라고 했더니 "그럼, 딱지떼야지요" 합니다. "떼세요." 딱지떼고 있는데 내가 돌아다보았더니 다른 차들도 다같이 일차선에서 쫙 우회전하더라고요. 내가 그래서 "여보 순경양반. 저 사람들도 나와 같이 우회전하고 있지 않소?" 했더니 순경이 껄껄 웃으면서 진리를 말하더라고요. "선생님 참 무식하구료. 죄지었다고 다 감옥에 가나요. 대표로 가는 거지요, 대표로." 그거는 맞는 말입니다. 여러분도 생각해보십시오. 죄지었다고 다 벼락맞습니까. 죄지었다고 다 간다면 감옥이 세상보다 더 넓겠지요. 그건 아닌 것입니다. 대표로 가는 것입니다. 여러분, 교통법규 범한 적 많지마는 그럭저럭 다 넘어가고 가끔씩 걸리지요? 그렇지 않습니까? 대표로, representative로—이건 의미가 있는 것입니다. 여기 예루살렘망대가 무너졌습니다. 실로암망대가 무너지고, 갈릴리에 사건이 있었습니다. 그래 죽은 사람들 그들만 죄인이냐? 아닙니다. 대표로 당한 것이다, 그런 말씀입니다. 그런고로 우리는 어찌 생각해야 되겠습니까. 마치 내가 당하는 것처럼, 내가 당하는 것과 같은 느낌을 가지고 이것을 이해해야 하는 것입니다.

유럽에 구경을 가면 로마 안가보는 사람 없을 것입니다. 로마를 가면 반드시 폼페이를 가봅니다, 나폴리 옆에 있는 폼페이. 오래전 베주비오 화산이 터지면서 폼페이라고 하는 도시가 그만 용암 속에 묻혀버렸습니다. 지금 발굴해놓은 것을 보고 그 끔찍한 옛날의 모습을 봅니다. 개들도 쭈그리고 앉은 채 죽었고 사람도 서로 부둥켜안은 채 죽었고… 그런 모습들을 보는데, 여기서 우리는 생각을 해봐야 합니다. 왜 폼페이냐? 로마를 향해서 하나님 경고하신 것이거든요. 폼페이를 치시고 다음에 로마를 치셨습니다. 폼페이가 무너질 때 마치 자신이 벌을 받는 것처럼 회개했어야지요. 모두들 죄악이 관영한 중에 폼페이가 대표로 당한 것입니다. 어떤 때는 부모 대신 자녀가 당하기도 하고 내 대신 이웃이 당하기도 합니다. 결코 나와 관계없는 것으로 생각해서는 안됩니다. 벌써도 계속 경고기 있었습니다. 그 경고의 말씀을 들었어야지요. 여기에 메시지가 있습니다. 실로암 망대가 무너져서 열여덟 사람이 죽었다—이건 메시지입니다, 회개하라는. 오늘 예수님께서 해석해주십니다. '너희도 이와 같으리라. 너희도 이와 같이 될 것이다.' 경고하고 계십니다.

회개에 대한 아주 중요한 교훈이 있답니다. 회개하지 않는 죄에 대한 하나님의 심판에 두 가지가 있습니다. 회개해야 될 시간에 회개하지 않으면 첫째, 회개의 기회를 놓칩니다. 하나님께서 기회를 주시지 않습니다. 둘째, 회개할 수 없게 만드십니다. 그래서 강퍅해지고 변명을 하게 됩니다. 이것이 무서운 심판입니다. 보십시오. 잘못된 줄 압니다. 기도할 때마다 눈물도 흘립니다. '아, 잘못했습니다.' 그리고 가서 잘못했다고 사과해야겠다 하다가도 사람 딱 만나고 나서는 싸우고 온다고요. 부부간에도 그런 경우가 많지요. 내가 잘못했다, 내가 만나서 잘못했다고 말해야지, 하고 기다리고 있는데 남편은 늦게 들어오는 것입니다. 문간에서 또 한바탕 싸우지요. 늘 뉘우칩니다. 잘못했다고 생각은 합니다. 하면서도 회개하지 못하는 것입니다. 왜? 강퍅해졌으니까. 마음이 강퍅해지고, 교만해지고, 굳어지기 때문에 회개할 수 없게 됩니다. 한평생 눈물을 흘리면서 회개하지 못하다가 그대로 죽어가는 사람을 수없이 봅니다. 참으로 불쌍합니다. 뉘우친 지 오래됐습니다. 후회하고 뉘우치고 회개했지요. 허나, 회개를 실천에 옮기진 못했습니다. 하나님께서 회개하지 못하게 만드십니다. 성경은 분명히 말씀하고 있습니다. '여호와께서 강퍅케 하시니라.' 바로의 마음을 강퍅케 하셨습니다. 그대로 죽어버렸습니다. 이것이 하나님의 심판입니다. 이걸 알아야 합니다. 회개에 기회가 있다는 것, 회개할 수 있는 마음이 있다는 것, 회개하는 것, 하나님께서 은혜를 주셔야만 이것이 가능한 것입니다. 그것이 주어지지 않는다면 회개하지 않는 나에 대해서 이미 심판을 내리신 것입니다. 그걸 잊지 말아야 합니다. 무디 선생님의 재미있는 비사가 있습니다. 회개란 마치 꽃병 속에 들어 있는 주먹과도 같다, 하였습니다. 내가 꽃병에 내 주먹을 넣고 뭔가 움켜쥐었으나 그걸 놓지 않고는 절대로 손을 뺄 수가 없습니다. 내 욕심과 교만을 다 버리지 않고는 절대로 회개할 수 없습니다. 하고 싶어도 못하는 게 회개입니다. 에디 깁스라고 하는 종교심리학자는 회개에 대하여 다음과 같이 말합니다. 뉘우친다고, 눈물흘린다고 회개가 아닙니다. 한평생 후회해도 회개가 아닙니다. 회개는 하나님의 심판에 대한 의식으로부터 시작되는 것입니다. 하나님께서 나를 심판하실 것이다, 이 죄에 대해서 심판을 내리신다, 하는 의식을 가지고 오직 하나님의 긍휼을 구하는 마음으로, 나를 불쌍히 여겨주세요, 하는 마음으로 손을 들어야 그것이 회개입니다. 또한 하나님의 큰 은총에 대해서 내가 할 도리가 있습니다. 회개의 윤리가 있습니다. 나 혼자서 된다고 하는 게 아닙니다. 가서 빌어야 됩니다. 화해해야 됩니다. 용서를 구해야 됩니다. 행동으로 옮겨야 회개입니다. 그리고 그리스도의 십자가의 은혜 안에서 참평화를 얻게 될 때, 그것이 진정한 회개다, 이렇게 말하고 있습니다.

오늘 예수님께서 두 사건을 해석하면서 말씀하십니다. 그런고로 지금이 중요한 것입니다. 이런 말씀을 들을 수 있다는 것, 망대가 무너지는 그 자리에 있지 않았으나 지금 내가 보고 있다는 것입니다. 그런고로 지금이 복음이요, 지금이 은총이라는 것입니다. 아직도 살아 있어서 이 음성을 듣고 있지 않습니까. 이것이 회개의 기회를 주시는 것이요, 나를 구원하시려는 하나님의 은총이 여기 있다는 것입니다. 이 순간이 아주 중요한 것입니다. 종말론적 기회입니다. 그동안은 들어왔습니다. 보아왔습니다. 그러나 이제는 몸으로 부딪치는 것입니다. 내 몸을 내가 칩니다. 자, 이제도 회개하지 않는다면 이제는 끝입니다. 종말론적 기회로 하나님의 말씀은 주어지는 것입니다. 실로암망대가 무너져 사람들이 죽었습니다. '보라. 너도 회개하지 아니하면 이와 같이 되리라.' 이것이 복음입니다. 이것이 마지막기회입니다. 예수님, 아주 귀한 말씀을 하십니다. '너희도 회개하지 아니하면 이와 같으리라.' 이것이 복음입니다. △

롯이 선택한 에덴동산

아브람이 애굽에서 나올새 그와 그 아내와 모든 소유며 롯도 함께 하여 남방으로 올라가니 아브람에게 육축과 은금이 풍부하였더라 그가 남방에서부터 발행하여 벧엘에 이르며 벧엘과 아이 사이 전에 장막 쳤던 곳에 이르니 그가 처음으로 단을 쌓은 곳이라 그가 거기서 여호와의 이름을 불렀더라 아브람의 일행 롯도 양과 소와 장막이 있으므로 그 땅이 그들의 동거함을 용납지 못하였으니 곧 그들의 소유가 많아서 동거할 수 없었음이라 그러므로 아브람의 가축의 목자와 롯의 가축의 목자가 서로 다투고 또 가나안 사람과 브리스 사람도 그 땅에 거하였는지라 아브람이 롯에게 이르되 우리는 한 골육이라 나나 너나 내 목자나 네 목자나 서로 다투게 말자 네 앞에 온 땅이 있지 아니하냐 나를 떠나라 네가 좌하면 나는 우하고 네가 우하면 나는 좌하리라 이에 롯이 눈을 들어 요단 들을 바라본즉 소알까지 온 땅에 물이 넉넉하니 여호와께서 소돔과 고모라를 멸하시기 전이었는고로 여호와의 동산 같고 애굽 땅과 같았더라 그러므로 롯이 요단 온 들을 택하고 동으로 옮기니 그들이 서로 떠난지라 아브람은 가나안 땅에 거하였고 롯은 평지 성읍들에 머무르며 그 장막을 옮겨 소돔까지 이르렀더라 소돔 사람은 악하여 여호와 앞에 큰 죄인이었더라

(창세기 13 : 1 - 13)

롯이 선택한 에덴동산

　돈버는 것을 생의 목적으로 삼고 돈만 있으면 모든 행복이 다 주어질 것이라고 생각하고 열심히 돈을 번 부자가 있었습니다. 소원대로 돈을 많이 벌었습니다. 그런데 유감스럽게도 세상을 떠나게 되었습니다. 이 많은 돈을 두고 갈 생각을 하니 너무너무 마음이 아파서 이걸 어떻게 할까 하다가 다만 얼마라도 가지고 가야겠다, 생각을 했습니다. 그런데 내가 죽은 다음에 관 속에 누가 돈을 넣어줄 수 있을까? 그걸 믿을 수가 없어서 많이 생각하다가 세 사람을 지목했습니다. 목사, 의사, 변호사가 그들입니다. 세 사람 중의 하나는 제대로 해주겠지, 하고 세 사람을 불러서 백만 불씩 현금을 주고 "내가 죽은 다음에 장례식날 관에다가 이거 좀 넣어주구려" 했습니다. "그러지요." 세 사람이 약속을 했습니다. 장례식날 정말 세 사람은 관뚜껑을 열고 거기다가 돈을 넣었습니다. 뚜껑을 딛아서 장례시을 하고 돌아오는 길에 목사님이 좀 마음이 괴롭다고 참회를 했습니다. "사실은 제가 십일조를 뗐거든요…" 그게 좀 마음에 걸린다고 했습니다. 그랬더니 의사는 말하기를 "나는 지금 병원을 짓다가 돈이 모자라서 고인이 기왕에 좋은 일 하시라고 50만 불을 뗐습니다." 그랬더니 변호사가 펄쩍뛰면서 "아니, 그게 어떤 유언이고 어떤 돈인데 그걸 뗍니까. 나는 전액을 다 관에다 넣었소. 현금은 내가 가지고 자기앞수표를 써서 딱 넣었소" 하는 것이었습니다. 여러분, 생각할 바가 많습니다. 못가지고 갑니다. 얼마나얼마나 비참한 이야기입니까. 사람이란 어쨌건 선택하며 살아갑니다. 그게 인간의 특징입니다. 인간에게 주어진 자유의지가 있습니다. 내 운명을 내가 선택합니다. 거기에 중요한 삶의 의미가 있습니다. 내가 무엇을 추구하고 사느냐, 내가 무엇을 선택하고 사느냐, 그에 따른 운명을 내가 살아가고 있는 것입니다. 그리고 내가 선택한 바에 대해서 부득불 책임을 져야 합니다.

창세기 12장 1절에 보면 하나님께서 아브라함을 선택하십니다. 그리고 고향과 친척을 떠나라, 하십니다. 아브라함은 하나님을 선택했습니다. 보이지 않습니다. 그러나 그 하나님을 선택하고 그 하나님 지시하시는대로 갈 바를 알지 못하고 떠납니다. 그것이 아브라함의 신앙이었습니다. 동으로 가든 서로 가든 개의치 않습니다. 하나님의 말씀을 내가 선택하고 그가 인도하시는대로 살아가기로 작정을 하였습니다. 아브라함에게 롯이라는 조카가 있었습니다. 롯은 아브라함을 선택했습니다. 그에게 믿음이 있었던 것같지 않습니다. 삼촌이 좋아서 삼촌을 선택했습니다. 그리고 그가 가는대로 따라갔습니다. 동으로 가면 동으로, 서로 가면 서로, 애굽으로 가면 애굽으로 따라갔습니다. 그리고 오늘 다시 벧엘로 돌아옵니다. 어쨌든 그는 자기가 선택한 게 아닌 길, 아브라함이 선택한 길을 그대로 따라갔습니다. 아브라함을 좋아했고 아브라함을 믿었기 때문입니다. 거기까지는 잘한 일입니다. 그래서 큰 부자가 되었습니다. 그 땅이 좁아서 용납할 수가 없을 만큼 소와 양이 많이 있었다고 오늘본문에 말씀합니다. 큰 부자가 되었고 삼촌네와 함께하기에는 땅이 좁으니 세간을 내야 되었습니다. 두 가정이 갈라져야 되었습니다. 그래서 아브라함이 조카 롯에게 말합니다. '나를 떠나라. 이제는 네가 그만큼 컸으니 나를 떠나라.' 이래서 두 가정이 갈라지는 이야기가 오늘본문에 있습니다. 아브라함은 바로 이 시간에 또다시 택하심받은 자의 모습으로 중요한 선택을 합니다. 무엇이 더 중요하냐, 하는 것입니다. 삶에 있어서 지혜 중에 가장 큰 지혜가 priority의 분별입니다. 무엇이 중요하냐—그걸 결정해야 됩니다. 이번에 중국에 갔다가 재미있는 이야기를 들었습니다. 중국에서는 가만히 보면 여자들 위세가 되게 세거든요. 어떤 모임이나 여자들이 주도하는 것을 많이 볼 수 있습니다. 그래서 "당신네는 여성이 좀 주도성이 강하군요"했더니 "그럼요. 그러나 중요한 문제는 언제나 남자가 결정을 합니다"하는 것입니다. "그거 참 옳구먼." 그랬더니 그 다음말이 "무엇이 중요하냐, 하는 것은 여자가 결정합니다"하는 것입니다. 그거 말 되는구나 싶었습니다. 어쨌든 '무엇이 중요하냐'—그것이 문제입니다.

그런데 아브라함은 생각했습니다. 화목이 중요하다, 화평이 중요하다, 우리 다투지 말자, 너나 나나, 네 목자나 내 목자나 아랫사람들까지도 서로 다투지 말자, 화평하자, 화평이 중요하다—그래서 그는 조카에게 양보를 합니다. 무릇 양보 없이 화평은 이루어지지 않습니다. 화평은 상당한 대가를 필요로 합니다. 내 이득을 다 취하면서 화목을 구해봐야 되지 않습니다. 내가 손해보지 않고 화평은 절대로 없습니다. 화평은 원하고 화평해야겠다고 하면서도 내 잇속을 다 차리겠다니, 양보가 없으니 화해가 없는 것입니다. 가만히 보면 요새 많은 사람들이 하나돼야 되겠다, 단결해야 되겠다, 하고 시위니 뭐니를 하면서도 하나가 안되는 것을 봅니다. 손해볼 마음이 없는 것입니다. 조금도 양보할 마음이 없으니 하나될 수가 없는 것입니다. 그런데 아브라함은 크게 양보했습니다. 이렇듯 크게 양보할 수가 없습니다. 보십시오. '네가 우하면 나는 좌하리라.' '너 가지고 남는 거 내가 가지마.' 큰 양보입니다. 이 마음이 참으로 복된 자의 마음이요 선택받은 자의 마음입니다. 오래전 책에서 읽은 한 이야기를 기억할 때가 있습니다. 그것은 내게 참으로 중요한 교훈이었습니다. 미국 필라델피아에 팬대학이라고 있는데 학생이 아직 몇백 명 안되던 옛날 초창기에 있었던 이야기입니다. 학생들이 전부 기숙사에 들어가 공부합니다. 이제 개학이 되고 보따리를 들고 기숙사에 돌아오면 각자의 방을 정하게 됩니다. 방을 잡는 데는 언제나 먼저 온 사람에게 우선권이 있습니다. 먼저 오면 좋은 방을 차지합니다. 방이 다 같지를 않거든요. 계단 밑에 있는 것도 있고 화장실 옆에 있는 것도 있고 시끄러운 문간에 있는 것도 있습니다. 먼저 온 사람이 언제나 제일 좋은 방, 3층 7호실, 그것을 차지하고 그 다음에 오는 사람은 그 다음방, 그 다음방… 이렇게 차지하게 되어 있습니다. 어느날 학생 하나가 가방을 들고 와서 내려놓고 "제게 방을 하나 주십시오"했습니다. 총무처장이 "어떤 방을 원하는가?"했더니 이 학생은 대답을 이렇게 하는 것입니다. "다른 학생들 다 차지하고 남는 방이 있으면 저 하나 주세요." 총무처장, 수십 년 보아오지만 이런 사람은 만나본 적이 없습니다. 깜짝놀랐습니다. "그거 진심으로 하는 말인가?" 총무처장이 반문하자 "계단밑 방이라도 좋습니다. 남는 방 하나 주세요"하고 그 학생은 천연스럽게 말합니다. 그것은 하나의 충격이었습니다. 마침 옆에 있던 총장이 그 대화를 엿들었습니다. 수십 년 대학총장 하는 중에 그런 학생 본 적이 없습니다. 총장은 그 학생 이름을 수첩에 똑똑히 적어놨습니다. '이 학생이 장차 어떻게 되나 보자.' 아니나다를까 그 학생, 뒷날 그 대학 총장이 됐습니다. 여러분은 이런 양보, 그런 말 해보신 적 있습니까? '다른 사람 다 좋은 거 가지고나서 남는 거, 궂은 일, 그거 제가 하겠습니다.' 이 마음이 복받는 마음입니다. 아브라함이 이렇게 양보하고 있습니다. '네가 가지고나서 남는 거 내가 가지마.' 어찌 이렇게 할 수 있었을까요. 그는 이 세상 일에 대해서는 흥미가 없거든요. 부하면 어떻고 가난하면 어떠냐, 어디서나 하나님 섬기면 되는 것이다—이런 심성이었습니다. 여호와께 제사하는 단을 쌓은 이곳이 좋습니다. 어느 때 어느 곳이건 하나님 앞에 예배드리면 그것으로 족한 것이지 동이면 어떻고 서면 어떻습니까. 산지면 어떻고 평지면 어떻습니까. 그것은 아브라함에게 대수롭지 않았던 것입니다. 하나님을 잘 섬기고 하나님께서 나와 함께하시고 내가 경건생활을 지켜갈 수 있다면 이것으로 더 바랄 것이 없는 것입니다. 그런고로 그렇듯 너그럽게 양보할 수 있었던 것입니다. '네가 먼저 가지라. 나머지를 내가 가질 것이다.' 그는 현재가 중요하지 않았습니다. 미래가 중요했습니다. 신앙생활이 중요했습니다. 거룩한 생활이 더 중요했더라는 것입니다.

그런데 저러한 아브라함에 비해서 롯은 어떠했습니까. 내 성경을 읽으면서 이 조카 조금 얌체다, 그런 생각을 합니다. 삼촌이 그렇게 말하면 '무슨 말씀입니까, 삼촌 먼저…' 그래야 될 것 아닙니까. 이 사람, 그런 말이 없습니다. 그 너그러운 삼촌을 똑바로 쳐다보고는 '요쪽을 내가 갖겠습니다'하는 것입니다. 물이 넉넉하니 비옥하여 여호와의 동산 같고, 에덴동산같고, 애굽땅과 같았다고 성경이 말씀하는 그 쪽을 넙죽 선택합니다. 이 선택하는 기준이 문제가 되는 것입니다. 자기중심적입니다. 자기잇속만 생각합니다. 삼촌에 대해서는 아랑곳않습니다. 신앙도 마음 밖이었습니다. 오직 부요함만 생각했습니다. "바라본즉…"이라고 했습니다. 보는 것만 생각했습니다. 본다는 것, 중요합니다. 무엇을 보느냐, 어떻게 보느냐가 중요합니다. 화려함을 보는 것, 외형을, 겉을 보는 것, 안됩니다. 사람도 겉만 보아서는 안됩니다. 속을 봐야 됩니다. 겉만 보다가 많은 실수를 하지 않습니까. 그런데 물질의 풍요함만 보았습니다. 현재만 보고 미래도 보지 않았습니다. 인간을 보지 않았고 인간의 도덕성도 보지 않았습니다. 외적인 번영, 자유, 화려한 세계만, 풍요만 생각했더라는 것입니다. 우스운 이야기가 있습니다. 어떤 사람이 예수를 믿는데, 믿기는 믿는데 돈밖에 몰랐습니다. 하나님 앞에 기도한다는 것이 그저 부자되게 해주십사, 였습니다. 부자되게 해달라고 몇년을 기도했는데도 부자가 못되었습니다. '아, 내가 기도를 좀 바꿔야겠다. 이제 구체적으로 해야겠다.' 그래서 이렇게 기도했습니다. '백만 불을 주세요. 백만 불을 주세요.' 몇년 기도해도 또 응답이 없더랍니다. '아하, 내가 잘못했구나. 좀 고쳐야겠다.' 뭐라고 했는지 아십니까? '백만 불을 주시면 십일조를 떼겠습니다. 십일조 내겠습니다, 하나님. 백만 불을 주세요.' 그것도 몇년 기도해도 응답이 없더랍니다. 마지막에 뭐라고 했는지 아십니까? '그러면 먼저 십일조를 떼시고 남는 거만 나 주세요.' 시종일관 그저 돈밖에 모른 것입니다. 모든 가치관의 기준이 거기에 있었습니다. 예수를 믿는다면 가치관이 바뀌어야 됩니다. 세계관이 바뀌어야 됩니다. 이 관(觀)이 문제입니다. 오늘 보니 이 사람이 보는 걸 잘못 보았습니다. 화려한 것만 보고 풍요만 보았습니다. 물질적인 세계만 보았습니다. 거기서 큰 실수를 하게 됩니다. 그 다음에 오늘말씀을 잘 보면 기막히고 충격적인 말씀이 있습니다. 장막을 옮겨갔다 합니다. "장막을 옮겨 소돔까지 이르렀더라." 여기에 엄청난 문제가 있습니다. 자기장막에 머물지 않고 소돔과 고모라, 그 죄악의 도성으로 자꾸 옮겨갔습니다. 자세히 연구해보면 롯에게도 아브라함과 함께 살 때는 얼마간의 믿음이 있었던 것같습니다. 좀더 깊이 연구해보면 그 땅은 죄악의 땅이요 언젠가는 망할 수밖에 없다는 것도 인정했던 것같습니다. 그렇게 다소간의 믿음이 있으면서도 여기서 떠나지를 못했습니다. 이러면 안되지, 하면서 그 길을 갔습니다. 사람의 불행 중 가장 큰 불행이 뭐냐하면 불행할 줄을 알면서도 그쪽으로 계속 가고 있는 것입니다. 불행할 줄 알면서도 그 쪽으로 가는 것입니다. 종교개혁자 칼뱅은 이렇게 말합니다. '롯은 장차 낙원 속에서 살 것이라고 상상했으나 지옥의 심연으로 빠져들어가고 있었다.' 이래서는 안된다는 것을 압니다. 한 번만 더, 금년만 더, 한탕만 더… 잘못된 길인 줄 알면서 그쪽으로 계속 가고 있는 것입니다. 이 잘못된 선택이 멸망을 초래한다는 것을 잊지 말아야 합니다.

헬라의 철학자 아리스토텔레스는 행복에 대하여 이렇게 말하고 있습니다. '행복이란 소유에 있는 것도 아니고 성취감에 있는 것도 아니다. 그러나 두 가지의 중요한 조건이 있다.' 그 옛날에 벌써 이런 말을 했습니다. '먼저는 억지로 하는 것, 강요되어서 하는 일은 언제나 불행한 것이다.' 그렇습니다. 먹는 거 좋습니다. 그러나 억지로 먹는 건 힘듭니다. 무엇을 하든지 억지로 하는 것, 게다가 타성에 끌려서, 욕심에 끌려서 노예적으로 하는 일은 다 불행한 것입니다. 어느 사이에 선택권을 잃어버리고 질질 끌려가고 있습니다. 불행한 것입니다. '자원적이고 자발적일 때, 스스로 항상 새롭게 선택하며, 맑은 이성으로 맑은 양심으로 선택하며 하는 일, 그것만 행복한 일이다' 하였습니다. 두 번째는 더 재미있는 말입니다. '온몸으로 거기에 함께하며 동참할 때, 행동으로 옮길 때 행복이 있는 것이다.' 그렇습니다. 음악을 들어 말했습니다. 음악은 들으면서 행복합니다. 그러나 연주하는 사람이 더 행복합니다. 이걸 잊지 말아야 됩니다. 오늘도 우리 귀한 성가대의 성가를 들었습니다. 우리는 들어서 행복합니다. 성가대원들은 부르면서 행복합니다. 저분들이 훨씬 더 행복할 것입니다. 더 많이 행복할 것입니다. 피아노연주도 그렇습니다. 우리가 피아노소리를 들을 수 있습니다. 그러나 피아노 연주하는 사람은 우리가 상상할 수 없는 행복을 느끼고 있는 것입니다. 그와 같이 우리는 선한 일을 할 때, 의로운 일을 할 때 사모하고 주장하고 말하고 그럴 것이 아니라 몸을 바쳐서 봉사하라, 이것입니다. 몸을 바쳐서 수고하고 땀을 흘려보라, 이것입니다. 거기 진정한 행복이 있는 것이다, 했습니다. 그렇습니다. 롯은 멀리 소돔과 고모라를 바라보았습니다. 그 속은 보지 않았습니다. 그 죄악도 보지 못했습니다. 아니, 뒤에 깨달았어도 그는 돌이키지를 못했습니다. 이 땅은 망할 것이다, 생각하고 벌떡 일어나서 나와야 되는데 그러지 못했습니다. 다른 사람을 변화시키기는커녕 자신이 오히려 그쪽으로 변화되고 있었습니다. 죄악에 빠져들고 있었습니다. 결국 그는 다 잃어버렸습니다. 사랑하는 아내도 죽어버렸습니다. 그리고 성경은 분명히 말씀합니다. 아브라함이 롯을 위하여 기도함으로, 아브라함의 기도 덕분으로 롯은 간신히 생명만 보존했습니다. 왜 이렇게 된 것입니까. 그는 선택을 잘못했습니다. 잘못된 선택을 수정하지 못했습니다. 돌이키지를 못했습니다. 당신의 형무소는 어디입니까? 나는 무엇을 선택하고 살아왔습니까? 지금 이 처지에서 나는 무엇을 생각해야 합니까? 바로된 선택이었습니까? 아니면 잘못살았습니까? 내가 세운 목표가 바로된 것이었습니까? 나의 세운 인생관이 바로된 것이었습니까?

후회 없습니까? 여러분, 끊어야 할 것은 빨리 끊고, 돌이켜야 할 것이라면 지금 돌이켜야 할 것입니다. 아브라함이 하나님을 선택하고 환경과는 관계없이 그 은혜 안에 행복했던 것처럼 하나님의 선택 받은 자 된 높은 가치의식을 가지고 오늘도 바른 선택이 있어야 할 것입니다. △

자기사랑의 비결

이 때로부터 예수 그리스도께서 자기가 예루살렘에 올라가 장로들과 대제사장들과 서기관들에게 많은 고난을 받고 죽임을 당하고 제 삼 일에 살아나야 할 것을 제자들에게 비로소 가르치시니 베드로가 예수를 붙들고 간하여 가로되 주여 그리 마옵소서 이 일이 결코 주에게 미치지 아니하리이다 예수께서 돌이키시며 베드로에게 이르시되 사단아 내 뒤로 물러가라 너는 나를 넘어지게 하는 자로다 네가 하나님의 일을 생각지 아니하고 도리어 사람의 일을 생각하는도다 하시고 이에 예수께서 제자들에게 이르시되 아무든지 나를 따라 오려거든 자기를 부인하고 자기 십자가를 지고 나를 좇을 것이니라 누구든지 제 목숨을 구원코자 하면 잃을 것이요 누구든지 나를 위하여 제 목숨을 잃으면 찾으리라 사람이 만일 온 천하를 얻고도 제 목숨을 잃으면 무엇이 유익하리요 사람이 무엇을 주고 제 목숨을 바꾸겠느냐 인자가 아버지의 영광으로 그 천사들과 함께 오리니 그 때에 각 사람의 행한 대로 갚으리라 진실로 너희에게 이르노니 여기 섰는 사람 중에 죽기 전에 인자가 그 왕권을 가지고 오는 것을 볼 자들도 있느니라

(마태복음 16 : 21 - 28)

자기사랑의 비결

　경찰청과 통계청이 합동으로 조사해서 최근에 발표한, 자살에 관한 통계와 분석이 있습니다. 이 보고서에 의하면 2001년에 약 12000여 자살자가 있었고 2002년에는 13000여 자살자가 있었습니다. 1년 동안에 자살자가 6.3% 증가한 것입니다. 하루평균 36명 정도가 자살을 하고 있습니다. 시간당 1.5명꼴입니다. 우리나라는 이제 자살공화국이라는 오명도 떠안게 되었습니다. 이제 자살은 뉴스거리도 아닙니다. 하루평균 36건이나 있는 사건입니다. 신문지상에 오를만한 내용도 못되고 사건이랄 것도 뉴스랄 것도 없습니다. 계속적으로 이렇게 많은 사람들이 자살을 하고 있습니다. 그 이유도 가지가지라서 생활고가 있고 경제적 문제가 있고 카드빚이 있고 또 실직도 있고 성적부진도 있습니다마는 이해가 잘 안되는 이유도 있답니다. 쌍꺼풀수술 해놓고 마음에 안든다고, 세 번 고쳐 했는데 더 니빠졌다고 그만 죽어버렸습니다. 이 갖가지 이유—결국은 이것들이 이유가 되느냐입니다. 참이유는 자기사랑이 없고 생명에 대한 사랑이 없기 때문입니다. 이걸 생각해야 됩니다. 지금 우리는 잘살면 될거다, 잘살아보세, 몸부림을 치지마는, 저는 예언자는 아닙니다마는 예언할까요? 더 잘살면 자살자는 더 많아집니다. 잘사는 문제로 자살자를 줄일 수는 없습니다. 물질적으로 더 잘살게 될 때 더 많은 사람이 자살을 하게 될 것입니다. 결국 저러한 외적 요건과는 관계가 없습니다. 중요한 것은 생명을 사랑하는 마음이 없다는 것입니다. 자기사랑이 없기 때문이다—분명히 알고 잊지 말아야 합니다. 사람의 죽음이란? 두 가지가 있습니다. 하나는 육체가 쇠약해지고 병들어 심장이 멎고 뇌파가 정지되고 그리고 영혼이 떠나는 자연적인 죽음입니다. 육체가 먼저 죽어서 정신적 생명도 거기 따라갑니다. 그러나 자살이란 정신이 먼저 죽었음입니다. 정신이 먼저 죽고 그 결과로 몸까지 죽는 것입니다. 이것이 자살입니다. 자살은 자신에 대한 살인행위입니다. 여러분, 오늘 우리의 세계에는 아직은 살아 있는 것같아도 만성자살행위가 많습니다. 지금 죽어가고 있는 것입니다. 당장은 살아 있는 것같아도 이미 반쯤 죽었고 어떤 사람은 거의 죽었습니다. 그렇게 살아가고 있습니다. 현재도 자살과정에 있는 것입니다. 보실까요? 잠언 17장 22절에 이런 말씀이 있습니다. "심령의 근심은 뼈로 마르게 하느니라." 근심 걱정, 쓸데없는 걱정에 꽉 붙들려 잠을 못자고 괴로워하는 사람들, 뼈가 마릅니다. 이미 죽어가고 있는 것입니다. 또 잠언 14장 30절에서는 "시기는 뼈의 썩음이니라"하였습니다. 시기 질투하는 마음이 부글부글 끓어오르면 벌써 그 몸도 죽어가고 있는 것입니다. 그래서 몸이 병들고 비틀려집니다. 죽어가고 있지 않습니까. 그러니까 정신적인 죽음이 먼저 있어요, 벌써. 그리고 지금 죽어가고 있는 것입니다. 이건 자살행위입니다. 엄연한 자살행위입니다. 우리는 깊이 생각해야 합니다.

오늘본문 보면 참으로 깊은 의미에서 자기사랑의 뜻이 무엇이며 자기사랑의 비결이 무엇인가를 말씀하고 계십니다. 바라건대는 집에 돌아가서도 거듭거듭 이 본문을 읽어보십시오. 그리고 참으로 사는 길이 어디 있는가를 거기서 찾아야 할 것입니다. 26절에 보면 "온천하를 얻고도 제 목숨을 잃으면 무엇이 유익하리요"하고 말씀하십니다. 지당한 말씀입니다. 생명이 먼저지요. 온천하를 얻고도, 부귀영화, 성공, 명예… 다 가졌다 하더라도 죽으면 무슨 소용 있습니까.

아무 의미도 없는 것입니다. 생명이 먼저지요. 문제는 그 생명이 무엇이냐입니다. 또, 어떻게 하는 것이 생명을 사랑하는 것이냐입니다. 육신이 오래 사는 것, 장수만을 자기사랑이라고 할 수는 없습니다. 보십시오. 그저 어떻게 하든지 오래만 살겠다고 몸부림을 치는 사람이 있는데 그거 자기사랑이 아닙니다. 생명을 사랑하는 자세가 아닙니다. 어느 내과의사, 특별히 간암을 전문으로 치료하는 의사선생님의 고백이 있습니다. 치료하면서 보면 간암환자들의 한 절반 이상이 보약중독증이라고 합니다. 오래 살겠다고 '좋다' 하는 것은 다 긁어먹었는데 지나친 것입니다. 혐오식품을 태국까지 가서 훑어먹고 서울 와서 죽지 않습니까. 먹을 걸 먹어야지. 해로운지 이로운지도 모르고 좋다고 소문난 것은 다 긁어먹는 것입니다. 간장이 그 해독을 감당못해서 거덜나고 맙니다. 보약중독증, 이거 자살 아닙니까. 자기자신을 위한다고 했지마는 위한 것이 아닙니다. 나 자신을 내가 죽이고 있었던 것입니다. 요새 보조식품 잘못 먹어가지고 어이없게 죽어가는 사람들 봅니다. 몸이 퉁퉁부으니까 그게 약효가 나서 그렇다나? 가만히 두고보았더니 아주 죽었습니다. 이 무슨 짓들입니까. 자살 아니고 뭡니까, 이게. 어리석은 생각, 무조건 오래 살겠다는 막연하고도 잘못된 욕망이 제 생명을 제가 죽이고 있는 것입니다. 부끄러운 생명도 자기를 살리는 것이 못됩니다. 명예를 잃어버렸지요, 양심을 저버렸지요, 그래서 자식들 보기도 부끄럽고, 남편이나 아내 볼 수도 없고 친구도 만날 수가 없고… 부끄러운 것입니다. 살아 있다는 것 자체가 너무 괴롭습니다. 이렇게 세월이 가다보면 자, 그 몸인들 성할 수 있겠습니까. 부끄러운 인생은 그 생 자체가 자기를 사랑하는 행위가 아닙니다. 그건 죽는 것입니다. 또한 목적을 잃은 생은 그 또한 사는 것이 아닙니다. 숨쉰다고 사는 게 아니지 않습니까. 이런 말이 있지 않습니까. '살 이유가 있는 사람은 살 수 있다.' 살아야 할 이유가 분명한 사람은 그 목적, 강한 목적의식에 의해서 살 수 있습니다. 그러나 아무리 생각해도 살아야 할 이유가 없다면, 그저 숨쉬고 있으니 사는 거라면, 도대체 많은 사람에게 귀찮은 존재라면 이는 스스로 목숨을 끊지 못해서 사는 것입니다. 이 얼마나 비참한 일입니까. 이게 어디 사는 것입니까. 목적이 있어야 됩니다. 삶의 의미를 부여하고 높이 고양시킬 수 있는 목적이 있어야 하는 것입니다. 얼마나 중요한 말입니까.

철학자 라메네라고 하는 분이 인간의 삶에 세 가지 유혹이 있는데 이 유혹들을 물리치지 못하면 인간은 비참해진다, 하였습니다. 첫째, 거칠고 강력한 육체적 욕망의 유혹입니다. 보십시오. 육체적 욕망은 참으로 문제인 것입니다. 우리가 결혼을 한다 사랑은 한다 해도 정신적 사랑이 있고, 신앙적 사랑이 있고, 그리고 육체적 사랑이 따라가야 되는데 강렬한 육체적 욕망을 이기지 못해서 먼저 사건이 터졌습니다. 그 다음에 이것을 변명하려 하고 수습하려 합니다. 그리고 할수없이' 어울려 살아갑니다. 이 얼마나 비참합니까. 원치 않는 생활을 해야 된다, 이 말입니다. 여러분, 어이없게도 지금 우리나라에도 에이즈환자가 무려 3만 명이 넘는다고 합니다. 기하급수적으로 늘어갑니다. 이 사람들이 다 그렇게 되길 원했겠습니까. 강렬한 육체적 욕망을 이기지 못해서 아차하는 순간에 일생이 망가진 것입니다. 1년 반이면 다 죽는데, 그 중 태반이 자살을 한다고 합니다. 그 사람들이 무슨 생각을 했겠습니까. 강단에서 말씀드리기 죄송합니다마는 요새 예순넘은 사람들에 에이즈환자가 많습니다. 왜? 뭐

태국이니 어디니 하는 동남아 등지로나 어디로 해외여행 갔다가 뒷골목 윤락가를 찾고 육체적 욕망을 좇은 탓에 그 몹쓸병 걸려 일생이 망가지고 썩어진 것입니다. 이 무슨 꼴입니까. 그러니까 사람은 강렬한 육체적 욕망을 억제하지 못하면 살았으나 죽은 것입니다. 이걸 알아야 됩니다. 둘째, 스스로 높이고자 하는 교만의 유혹입니다. 교만한 마음을 극복해야 합니다. 사실 교만할 거리도 없거니와 교만하면 사람, 친구도 없어집니다. 고독해지고 인생 망가진다는 것을 잊지 마십시오. 교만하면 못삽니다. 겸손해야 됩니다. 좀 미안한 얘기입니다마는 제가 가끔 명함을 받아봅니다. 인사하면서 명함을 받아볼 때 거기 그냥 '제가 아무개입니다' 하고 써 있으면 좋겠는데 꼭 이런 분들 있더라고요. '전 국회위원, 전 도지사…' 그러니 어쩌란말입니까. 저는 속으로 생각합니다. '당신은 이것 때문에 망조가 들었어.' 그 전에 뭐했다—그래서는 보통사람 만날 때 '내가 보통사람이 아닌데'하고 과시하는 것입니다. 아니긴 뭐가 아닙니까. 이것 때문에 망가지는 것입니다, 인생이. 그래서 친구가 없습니다. 외롭고 답답합니다. 그리고는 한다는 소리가 이것입니다. "세상이 한심해요." 저는 더 한심한 것을. 그게 다 교만에서 비롯된 것입니다. 지워버립시다. 벗어버립시다. 끊어버립시다. 낮추어버립시다. 자기를 비우고보면 이렇게 좋은 세상입니다. 얼마나 좋습니까. 반가운 사람도 많고. 우리가 얼마나 좋은 세상에 삽니까. 그런데 이게 교만해가지고 그저 못마땅해하고 자기를 안알아준다 하고… 알아줄 것도 없는데요. 이 답답한 일 아닙니까. 교만, 이거 끊지 못하면 인생 망가지는 것입니다. 셋째, 격렬하고 불순한 이기심의 유혹입니다. 불순한 이기심, 자기밖에 모릅니다. 남은 살든지 죽든지 상관치 않습니다. 이것은 내 양심을 죽이는 것입니다. 이기심에 빠져든 사람은 이제 그 인격을 살릴 수가 없습니다. 적어도 섬기는 마음이 있어야 합니다. 나만 생각하는 것, 이건 안되는 것입니다. 이걸 알아야 합니다. 더불어 살아야 되는 세상입니다. 그런데 나밖에 모릅니다. 시기 질투까지 있으니 더더욱 비참한 일입니다. 그런고로 여러분, 깊이 생각하여야 합니다. 요새도 보니 좀 지나칩디다. 휴가간다고 열심들이라 도로가 꽉꽉 메이고… 언제부터 이렇게 살았던가 싶습니다. 제가 한마디 할까요? 가끔 나보고 이런 말 하는 분들 있습니다. "목사님은 왜 휴가를 안가십니까?" 저는 생전 휴가가본 일 없습니다. 왜요? 북한사람들이 있습니다. 저 불쌍한 사람들을 보면서 뭘 즐기겠다고 하는 것입니다. 그렇게 양심이 무뎠습니까. 정 가려거든 가령 휴가비 30만 원 예산하였다면 그 중 10만 원은 북한으로 보내십시오. 그런 다음에 가십시오. 적어도 나만큼 못되는 불쌍한 사람을 위해서 절반은 나누어준 연후에 가십시오. 남이야 굶든죽든 난 상관없다, 내 돈 가지고 내가 즐기는데—그런 양심이라면 그것은 벌써 뭔가 잘못되기 시작한 것입니다. 이기심으로부터 벗어나야 됩니다. 깊이 생각할 것입니다. 요새 너무들 철저하게 이기적입니다. 이래도 되는 것입니까. 그 결국이 편안할 수 있겠습니까.

뽈 끌로델이라는 프랑스작가가 있습니다. 그는 이렇게 말했습니다. '예수믿는다는 것은 십자가의 고난에 동참하는 것을 의미한다. 십자가는 바로 찢어지는 고통을 의미한다. 먼저는 선과 악의 찢어짐이다. 선을 택하기 위하여 악을 철저하게 버려야 한다. 미움과 사랑의 찢어짐이다. 사랑하기 위해서 미운 마음을 깨끗하게 지워버려야 한다. 또한 영혼과 육체의 찢어짐이다. 영적 생명을 살리기 위하여 육체적인 욕망을 깨끗이 버려야 한다. 로고스와 파토스의 찢어짐이다. 밝은 이성을 찾아 키워서 내 이 더러운 감성을 버려야 한다.' 여러분, 생각해봅시다. 참으로 나를 사랑하는 길이 어디에 있습니까. 영생지향적이라야 합니다. 영생을 약속받지 못한 금생은 그 자체가 죽음입니다. 죽음을 향해가고 있으니까요. 예수님 친히 들어 말씀하신 '어리석은 부자'를 보십시오. 재산은 많습니다. 그러나 영생을 얻지 못했습니다. 그런고로 그는 어리석은 사람이 되는 것입니다. 오로지 영원한 생명을 지향할 때만 오늘의 생명도 의미가 있습니다. 오늘본문말씀을 잘 보면 아주 귀한, 신비롭고 오묘한 말씀이 있습니다. 예수님께서 베드로와 예수님 자신을 대조하고 있습니다. 보십시오. 예수님께서 십자가를 지겠다, 하고 말씀하시는데 베드로가 만류하고 나섭니다. "주여 그리 마옵소서." 나름대로 생각이 있었을 것입니다. '아니, 예수님. 능력도 있고 인기도 있고 권력도 있는데 왜 죽으십니까? 서른세 살 젊은 나이에 죽으시다니 말이나 됩니까. 살아계시면서 일을 많이 하셔야지요. 좋은 일 많이 하셔야지 죽으셔서야 됩니까.' 이게 베드로입니다. 그러나 예수님께서는 다르십니다. '이 사람아, 그건 죽는 거야. 나는 며칠 후면 십자가를 질 것이다. 그리고 부활할 것이다. 알았느냐? 생명이라는 게 뭐냐. 산다는 게 뭐냐. 너는 꾸역꾸역 오래 살아서 뭘 하겠다고 하지만 나는 아니다. 십자가를 져서 영원한 생명을—내가 살고 너희를 살릴 것이다.' 얼마나 중요한 말씀입니까. 많은 사람들은 그저 현재의 일만 생각하지요. 특별히 하나님의 일은 생각하지 않고 사람의 일만 생각합니다. 하나님의 뜻은 생각하지 않고 자기의 뜻만 생각합니다. 그것은 사는 게 아닙니다. 하나님의 뜻 안에 내 생명이 있거든요. 예수님께서 "자기

목숨을 얻는 자는 잃을 것이요 나를 위하여 자기목숨을 잃는 자는 얻으리라'하십니다(마 10 : 39). 우리가 산다고 하는 이 생명보다 더 귀중한 생명이 있다는 것을 알아야 합니다, 더 귀중한 것. 예수님말씀이 '참 내 제자가 되려면, 참 자기생명을 살리려면 자기를 부인하고 자기십자가를 지고 나를 좇을 것이니라. 이것이 사는 길이다. 이것이 자기사랑의 비결이다. 자기를 살리는 길이다'하십니다. 조셉 포트 뉴턴은 말합니다. '용서는 자기사랑의 첫걸음이다.' 사랑하고 용서하고 때로는 대신 죽는 일을 통해서 비로소 자기사랑을 완성할 수 있는 것입니다. 성도 여러분, 자기를 사랑하십니까? 어떤 방법으로 사랑하십니까? 언젠가 한번 우리교인인데 이런 분을 만났습니다. 아버지가 고집이 많아서 예수를 안믿는다고 합니다. 아무리 전도해도 믿지 않을 뿐 아니라 자기들 보고도 믿지 말란다는 것입니다. 그래서 어떡하면 좋겠느냐고 하기에 한마디로 설득되진 않겠지만 계속적으로 한 열 번쯤 이렇게 말하면 될 거라고 대답했습니다. "아버지, 제가 건강해야겠습니까 병들어야겠습니까?" "아, 그야 건강해야 효자지." "그러면 오래 살아야겠습니까 일찍 죽어야겠습니까?" "그야 오래 살아야 효자지 이놈아." "천당을 가야겠습니까 지옥을 가야겠습니까?" "아, 그거야 천당가야 효자지." "저는 효자되기 위해 예수 믿습니다. 그걸 아셔야 합니다. 제가 아버지보고 예수믿으라고 하는 것도 내가 아버지를 지옥으로 보내드릴 수 없기 때문입니다. 지금 아버지는 안믿고 계시지만 저는 아버지를 천당보내드리기 위해서 이렇게 간곡히 부탁드리는 겁니다. 제가 효자되기 위해서요. 효도하기 위해서요." 했더니 "야 이놈아, 그거…"하더니 얼마 있다가 아버지 하는 말이 "네 말에 일리가 있다" 하더라고 합니다. 자기사랑이 뭡니까? 철저하게 자기를 사랑해야 됩니다. 예수님 말씀 보십시오. "네 이웃을 네 몸과 같이 사랑하라(마 22 : 39)." 나를 사랑할 줄 모르는 사람은 남을 사랑하지 않습니다. 자기사랑이 없는 사람이 남을 죽이는 것입니다. 자기생명을 소중히 여기는 사람이 남의 생명도 소중히 여깁니다. 내가 살고 남을 살리는 것입니다. 그걸 잊지 말아야 됩니다. 그래서 예수님말씀이 '나의 길을 따라오려거든 자기를 부인하고 자기십자가를 지고 나를 좇을 것이니라'하십니다(24절). 그리스도 안에 있는 내 생명을 통해서 영원한 생명을 찾을 때 자기사랑을 완성하고 비로소 이웃을 내 몸과 같이 사랑할 수 있는 것입니다. △

참자유인의 윤리

너는 객이나 고아의 송사를 억울하게 말며 과부의 옷을 전집(典執)하지 말라 너는 애굽에서 종이 되었던 일과 네 하나님 여호와께서 너를 거기서 속량하신 것을 기억하라 이러므로 내가 네게 이 일을 행하라 명하노라 네가 밭에서 곡식을 벨 때에 그 한 뭇을 밭에 잊어버렸거든 다시 가서 취하지 말고 객과 고아와 과부를 위하여 버려두라 그리하면 네 하나님 여호와께서 네 손으로 하는 범사에 복을 내리시리라 네가 네 감람나무를 떤 후에 그 가지를 다시 살피지 말고 그 남은 것은 객과 고아와 과부를 위하여 버려 두며 네가 네 포도원의 포도를 딴 후에 그 남은 것을 다시 따지 말고 객과 고아와 과부를 위하여 버려 두라 너는 애굽 땅에서 종 되었던 것을 기억하라 이러므로 내가 네게 이 일을 행하라 명하노라

(신명기 24 : 17 - 22)

참자유인의 윤리

빌리 그레이엄 목사님의 설교 중에 이런 재미있는 이야기가 나옵니다. 동서독이 나뉘어 있을 때 동독의 개 한 마리가 베를린장벽을 넘어서 서독으로 왔습니다. 사람들은 이 개를 붙잡고 물어보았습니다. "왜 왔니? 먹을 것을 안주더냐?" 개는 대답합니다. "먹을 거 줘요." "그럼 잠자리가 없더냐?" "잠자리도 줘요." "헌데 왜 왔니?" 이 동독개, 이런 대답을 하는 것입니다. "동독에서는 마음대로 짖을 수가 없어서요." 그래서 넘어왔다는 것입니다. 자유는 소중한 것입니다. 유명한 과학자 아인슈타인 박사가 아주 뜻깊은 말을 남겼습니다. '인간의 참된 가치는 그가 어느 정도까지 자기자신에서 벗어나 해방될 수 있느냐와 자기자신이 얻은 그 해방의 의미가 무엇인지 제대로 알고 있느냐에 달려 있다.' 부자라고 성공한 것은 결코 아닙니다. 권력을 얻었다고 성공한 것도 아닙니다. 문제는 그가 얼마나 자기자신으로부터 자유하냐입니다. 그 자유의 영역 만큼 행복을 누리게 마련입니다. 또 그 해방의 의미가 무엇인지를 내가 확실히 알고 있는가—그것이 그 사람의 삶의 가치를 가름하고, 그것이 성공의 기준이 되는 것입니다. 참자유의 뜻을 모르면 벌써 그는 자유인이 아니요 노예입니다. 그 가치를 알 때 비로소 그는 참자유인이 되는 것입니다. 깊이 생각해봅시다. 노예상태라고 하는 것과 노예성이라고 하는 것은 다른 것입니다. 노예상태에서는 벗어났는데 노예성은 아직도 버리지 못했다고 한다면 이 사람은 자유인이 아닙니다. 이것을 잊지 말아야 합니다. 물리적, 정치적, 경제적 자유만 주어졌다고 자유가 아닙니다. 문제는 자유성입니다. 노예성이 문제입니다. 여전히 노예의 속성을 가지고 있다면 그는 아직도 노예인 것입니다.

교육학자 헤르바르트의 아주 깊은 뜻을 담은 말이 있습니다. 인간이 추구해야 할 윤리적 이상, 이상적 인간상, 참자유인으로서의 길이란 어디에 있느냐―아주 확실하게, 아주 결정적으로 말합니다. 첫째가 '내면적 자유이념'이라는 것입니다. 외적인 것이 아니고 내면적인 것입니다. 내면적 자유를 얼마나 누리느냐, 하는 것입니다. 정신적, 특별히 양심적, 그리고 신앙적인 자유 말입니다. 어떤 환경에 있느냐가 중요한 것이 아닙니다. 내면적 자유가 없는 사람은 결코 자유인이 아닙니다. 그런가하면 '완전성의 이념'이라 하는 말을 합니다. 다시말하면 절대선을 추구해야 됩니다. 자유란 절대적인 것이어야 됩니다. 이렇게 하면 없어지고 저렇게 하면 생기고… 이런 것이 아닙니다. 가난하든 부하든, 건강하든 병들든 심령은 항상 자유롭습니다. 감옥에 있어도 그 양심은 자유롭습니다. 이런 절대선, 그것에 마음을 두어야 비로소 자유인이다, 하는 말입니다. 또하나는 '호의의 이념'입니다. 이 무슨 말인고 하니 자기희생을 통해서 비로소 자유인이 된다는 것입니다. 이것을 잊지 말아야 합니다. 보십시오. 받으면 노예입니다. 주면 자유인입니다. 내가 뭘 받는 것만 좋아한다면 나는 갈데없는 노예입니다. 신세지면 벌써 그만큼 노예가 되는 것입니다. 매이는 것입니다. 오히려 남에게 베풀고 살면, 많이 베풀고 살면 그만큼 그는 자유인이 되는 것입니다. 우리는 누구의 사랑을 못받는다고 불만스러워하지마는 받으면 벌써 나는 거기에 매입니다. 나는 호의적으로 베풀면서만이 자유인이 된다―이 얼마나 깊은 뜻을 가진 말입니까. 네 번째로 그는 '정의의 이념'을 말합니다. 자유는 정의에 기초한다는 것입니다. 결코 방종일 수가 없습니다.

정의가 있고야 그 위에 자유가 있는 것입니다. 또한 '보상의 이념'을 말합니다. 다시말해서 모든 자유에는 책임이 함께합니다. 나의 자유로운 행위에 내가 책임을 져야 되는 것입니다. 나는 방종하고 그 책임을 다른 사람이 질 수는 없는 것입니다. 내 행동에 내가 책임을 질 때 비로소 나는 자유인입니다. 책 한 권 속에서 헤르베르트는 이런 귀한 말들을 아주 누누하게 논리적으로 개진하고 있습니다.

오늘본문에 출애굽사건을 말씀하고 계십니다. "애굽땅에서 종되었던 것을 기억하라." 출애굽이란 해방사건입니다. EXODUS—아마도 해방사건치고는 출애굽사건 만큼 드라마틱하고 굉장한 사건이 역사에 다시 없다고 생각합니다. 우리가 8·15광복을 기념합니다마는 우리는 36년 동안 일본사람들 손에 있었고, 그리고 해방이 됐다고 하는데 이스라엘사람들은 400년 동안입니다. 그것도 노예로. 노예생활 400년입니다. 노예로 태어나 노예로 죽어가던 사람들입니다. 이 사람들이 자유를 얻으리라고는 그 누구도 상상할 수가 없었습니다. 오직 하나님의 큰 능력과 이적과 기사로써 이룩된 일입니다. 모세를 보내시고 하나님의 능력으로 속량하심으로 출애굽이 가능했습니다. 많은 값을 치르고 사서, 속량해서 자유하게 하셨습니다. 그런데 이제 문제가 있습니다. 이렇게 되어 정치적으로 물리적으로 자유를 얻긴 했는데 이 사람들이 자유인이 됐느냐, 하는 것입니다. 자유를 얻었으나 자유인이 아니요 해방은 됐으나 그들의 생활습성과 그들의 사상과 그들의 믿음, 그들의 사람됨은 여전히 노예였다, 하는 말씀입니다. 나는 출애굽기를 읽을 때면 가끔가다가 읽으면서 화가 날 때가 있습니다. 왜 그렇겠습니까. 이 사람들 애굽에서 얼마나 드라마틱하게 구원받았습니까. 그러면 당장 좀 고생이 되더라도 '노예로 살다가 죽느니 광야에서 죽는 한이 있어도 자유인으로 죽으니 행복한 거지'—이렇게 생각하여야 되지 않겠습니까. 그런데 조금만 어려운 일을 만나도 그만 '애굽으로 돌아가자'하고 나오니 이게 말이나 되는 것입니까. 어떻게 애굽으로 돌아가자는 말을 할 수 있습니까. 모세를 때려죽이고 가겠다고까지 합니다. 사람들이 아주 못됐더라고요. 그래서 내가 욕을 했지요, '나쁜 놈들'이라고요. 그런데 생각해 보면 그 사람들만 나쁜 게 아니더라고요. 그때마다 내게 확 떠오르는 게 있습니다. 제가 젊었을 때입니다마는 8.15해방이 되자 온나라가 혼란스러웠습니다. 토지개혁이니 뭐니 하기도 하고 이런저런 일로 몹시 어려웠습니다. 경제적으로 정치적으로 여간 어려운 게 아니었습니다. 그런 때에 어른들이 모여앉아 두런거리는 걸 가만히 듣자 하니 너무도 쉽게 이런 말을 하는 것입니다. "차라리 왜정때가 나았지. 해방 전이 훨씬 나았어." 이걸 말이라고 하는 것입니까. 해방되기 전이 나았다니 이런 소리가 어디 있단말입니까. 여러분, 자유, 자유가 좋은 것입니다. 이대로 죽는다해도 자유가 좋은 것입니다. '자유 아니면 죽음을 달라!' 이렇게 외쳤는데, 어떻게 이런 말을 할 수가 있을까? 그렇게 생각을 해봅니다. 성경은 이렇게 말씀합니다. '너희가 종되었던 것을 기억하라. 잊지 말라.' 참 묘한 말씀입니다. '과거에 매이지 말라. 그러나 과거를 잊지 말라. 노예성에 매이지 말 것이다. 그러나 과거를, 너희가 종되었던 것을, 비참하던 것을 잊지 말라.' 사람들이 건망증이 많아서 지난 일들은 나쁜 것들 다 잊어버리고 좋았던 것만 기억하더라고요. 그래서는 '그때가 좋았지'하더라고요. 이 자체에 문제가 있다는 것입니다. 자, 이스라엘백성이 이렇게 과거를 생각하고 과거로 돌아가면서 하나님 앞에 크게 범죄하고 하나님의 진노를 사서 광야에서 많은 사람이 엎드러져 죽었습니다. 사도 바울은 고린도전서 10장에서 이 일을 총칭해서, 집약해서 말씀하기를 '이스라엘이 광야에서 지은 죄는 원망죄다' 하였습니다. 오로지 원망죄입니다. 여러분, 내가 원망하는 한 나는 노예입니다. 감사한다면 나는 자유인입니다. 그걸 잊지 말아야 합니다. 노예성으로부터 벗어날 수 있는 길은 오로지 감사뿐입니다. 작은 일에나 큰일에나 조금이라도 원망과 불평이 있으면 그는 아직도 노예입니다. 그래서 오늘본문에는 아주 귀중하게 말씀하십니다. 노예성이란 죄와 타락과 강퍅함과 원망과 불평들… 이런 것들인데, 이 불신앙, 왜 아직도 거기에 매여 있는가? 그래서 이렇게 말씀하십니다. '너희가 종 되었던 때를 기억하라.'

그러시면서, 전혀 다른 맥락같은 귀중한 말씀을 하십니다. "네가 밭에서 곡식을 벨 때에 그 한 뭇을 밭에 잊어버렸거든 다시 가서 취하지 말고 객과 고아와 과부를 위하여 버려두라." 가난한 사람들을 기억하라, 그 말씀입니다. 그들을 생각하라, 이것입니다. "네가 네 감람나무를 떤 후에 그 가지를 다시 살피지 말고 그 남은 것은 객과 고아와 과부를 위하여 버려두며 네가 네 포도원의 포도를 딴 후에 그 남은 것을 다시 따지 말고 객과 고아와 과부를 위하여 버려두라." 그리하면 하나님께서 너희에게 복을 주시리라, 하십니다. 이 말씀대로 제가 맥락을 바꾸어 말하면 이렇습니다. "그리하면 참자유인이 되리라." 그런 말씀입니다. 이 깊은 뜻을 아시겠습니까? 이렇게 예를 들어보겠습니다.

우리나라에 고질적인 문제가 있지요. 바로 시어머니와 며느리의 관계입니다. 이 고부간의 관계는 끝까지 풀리지 않는 문제입니다.

그런데 대체로 이런 말을 합니다. '어려운 시집살이를 한 시어머니가 며느리도 어려운 시집살이를 시킨다.' 자기시어머니로부터 어렵게어렵게 고생을 한 사람은 이것을 자기며느리에게다 씌워가지고 며느리한테 말끝마다 "나는 이랬다" "나는 이렇게 고생했다"하면서 들볶는 것입니다. 자, 이제 하고 싶은 말은 이것입니다. 그리하면 그 시어머니는 자유인이 아니라는 것입니다. 그럼 어떻게 해야 되겠습니까. 오늘본문말씀에 비추면 이런 말이 됩니다. '나는 내 시어머니한테서 이런 고생을 했느니라. 그런고로 나는 네게 간섭하지 않는다. 내가 간섭받는 게 싫었느니라. 그러니 나는 너를 간섭하지 않겠노라. 그릇을 깼느냐? 깰 수도 있지. 새거 사면 되지. 괜찮다. 나는 너그럽게 하겠노라. 왜? 내가 당할 때 너무 괴로웠으니까.' 예전일이지마는 우리아버지께서 사사건건 말씀이 많았습니다. 제가 꾸중을 많이 듣고 매도 많이 맞았습니다. 돈을 여기다 넣어라, 저기다 넣어라, 얼마나 말씀이 많은지… 저는 그게 싫었습니다. 그래서 저는 아이들을 키울 때 그냥 놔두었습니다. 집사람이 좀 꾸중을 하라고 해도 "아니야"합니다. "쟤가 세수를 안하니 세수 좀 하라고 하세요." "놔둬요. 옛날 나도 하기 싫었어. 내버려둬요." 그렇게 키웠습니다. 글쎄 잘하는 건지 못하는 건지 모르겠습니다마는 나는 그 엄한 말씀들이 너무도 싫었습니다. 그런다고 내가 또 자식들에게 엄하게 해서야 되겠습니까. 그리한다면 그 엄한 가운데서 내가 노예성을 받은 것이 됩니다. 그냥 이어가는 것이거든요. 이건 자유인이 아닌 것입니다. 그러지 말아야 됩니다. 그런고로 우리는 깊이 생각하여야 합니다. 에베소서 4장 28절에 보면 사도 바울은 이렇게 윤리에 대해서 말씀합니다. "도적질하는 자는 다시 도적질하지 말고…" 그 다음말씀이 중요합니다. "돌이켜 빈궁한 자에게 구제할 것이 있기 위하여 제 손으로 수고하여 선한 일을 하라." 도둑질하던 사람은 이제 일하라, 구제하라, 그래야 자유인이 된다—아시겠습니까? 내가 누구한테 미움받았다고 내가 그를 미워하면 나는 노예성을 떠나지 못한 것입니다. 미움받고 사랑하고 비판받고 칭찬하고… 이게 자유인입니다. 이게 온전한 자유인입니다. 우리교회의, 이름을 대서 죄송합니다마는 유태영 장로님, 옛날에 고아일 때 고생한 얘기를 가끔 하십니다. 저도 만나면 "나도 고아요"하면서 둘이 옛날얘기를 하게 됩니다. 참 어려운 고생을 했습니다. 중고등학교 때는 구두닦이도 했습니다. 그럼 이제 어떡하겠습니까. 내가 고생을 했으니까 자식들에게도 "이놈아, 고생을 해야지. 이놈아, 장학금이 어디 있어? 니가 돈벌어서 공부해!" 그러겠습니까. 그런 것은 아닙니다. 유태영 장로님 지금 뭘 하느냐? 장학기금 달라고 그러더라고요. 장학재단 만들겠다고요. 돈도 없는 사람이 그런 거 만들어보겠다고 하는 것입니다. 저도 얼마 드렸습니다. '내가 공부하느라고 어려웠다. 그런고로 나는 고생하는 아이들에게 다소라도 주고 싶다.' 이것이 자유인입니다. 내가 어려움당했다고 남을 괴롭히겠습니까. 나와 같아야 된다고 하겠습니까. 아닙니다. 참자유인이 어디에 있습니까. 깊이 생각해야 합니다. 매튜 팍스라고 하는 유명한 신학자가 쓴 「A Spirituality Named Compassion」이라고 하는 책에 보면 현대인이 스스로 삶의 의미를 무의미하게 만드는 요소가 세 가지 있다고 말합니다. 첫째가 굳은 마음입니다. 강퍅한 마음입니다. 남의 말을 듣지 않습니다. 자기라고 하는 감옥 안에 갇혀서, 자기동굴 속에 들어앉아서, 편견에 빠져서 스스로 비참한 노예가 되어 있다는 것을 모르고 있는 것입니다. 그게 인간이, 현대인이 잘못사는 길입니다. 둘째는 자기사랑에 집착하고 있다는 것입니다. 내가 나를 사랑한다고 사랑하는 것이 됩니까. 이웃을 사랑하고야 나를 사랑하게 되는 것입니다. 남을 행복하게 하고야 나를 행복하게 할 수 있습니다. 여러분, 잘났건 못났건 아내의 얼굴에 웃음을 주고야 나도 좋은 것 아닙니까. 남의 눈에 눈물나게 하면서 나는 행복하리라고 생각한다면 그것은 망상입니다. 그렇습니다. 자기사랑에 집착할 때 가장 불행한 사람이 됩니다. 셋째는 무감각하다는 것입니다. 기쁜 일도 없고 슬픈 일도 없습니다. 감사도 없고 감동도 없습니다. 너무나 무감각합니다. 현대인은 이렇게들 의식이 없는 생을 살아가고 있다—이렇게 지적하고 있습니다.

　오늘본문을 우리는 다시한번 깊이 상고하여야 합니다. '너희가 자유인이겠느냐? 자유했느냐? 가난한 사람을 돌아보라.' 기왕이면 많이 추수해가지고 그 중 얼마만큼을 나누어줘라, 절반을 줘라, 그랬으면 좋겠는데 성경말씀은 그렇지가 않습니다. 어떤 말씀이겠습니까. 최소한 요만큼이라도 가난한 사람을 기억하라, 보리를 벨 때 이삭을 남겨라, 포도를 딸 때 싹쓸이로 깨끗이 따지 말라, 그만큼이라도 자비한 마음을 가질 때 너는 자유인이 되리라, 하나님께서 네 가정에 복을 주시리라—이렇게 말씀하십니다. 갈라디아서 5장 1절에서 우리는 다시 주의 말씀을 듣습니다. "그리스도께서 우리로 자유케 하려고 자유를 주셨으니 그러므로 굳세게 서서 다시는 종의 멍에를 메지 말라." 우리는 결코 다시 비참한 노예가 되지 말아야 하겠습니다. 노예성을 버려야 하겠습니다. 노예성으로부터 자유하여야 하겠습니다. 그리할 때 하나님께서 그 민족, 그 가정에 복을 주시리라고 말씀하십니다. △

산을 옮기는 믿음

저희가 무리에게 이르매 한 사람이 예수께 와서 꿇어 엎드리어 가로되 주여 내 아들을 불쌍히 여기소서 저가 간질로 심히 고생하여 자주 불에도 넘어지며 물에도 넘어지는지라 내가 주의 제자들에게 데리고 왔으나 능히 고치지 못하더이다 예수께서 대답하여 가라사대 믿음이 없고 패역한 세대여 내가 얼마나 너희와 함께 있으며 얼마나 너희를 참으리요 그를 이리로 데려오라 하시다 이에 예수께서 꾸짖으시니 귀신이 나가고 아이가 그때부터 나으니라 이 때에 제자들이 종용히 예수께 나아와 가로되 우리는 어찌하여 쫓아내지 못하였나이까 가라사대 너희 믿음이 적은 연고니라 진실로 너희에게 이르노니 너희가 만일 믿음이 한 겨자씨만큼만 있으면 이 산을 명하여 여기서 저기로 옮기라 하여도 옮길 것이요 또 너희가 못할 것이 없으리라

(마태복음 17 : 14 - 20)

산을 옮기는 믿음

여러분이 잘 아시는 「논어」 '안연편(顔淵篇)'에 나오는 얘기입니다. 자공(子貢)이 스승 공자에게 정치의 요령에 대하여 물어보았습니다. 공자는 대답하기를 "족식족병민신지의(足食足兵民信之矣)"라 하였습니다. 식량이 충족하고 군비가 넉넉하고 백성의 신뢰를 얻는 것이다—이 세 가지를 말한 것입니다. 요새말로 바꾸면 정치란 먼저 경제가 충실하고, 국방이 튼튼하고, 그리고 백성의 믿음을 얻어야 한다, 하는 얘기입니다. 자공은 다시 더 물었습니다. "만일 나라의 정세가 부득이하여 세 가지 중에서 하나를 버려야 한다면 먼저 무엇을 버려야 하겠습니까?" 공자는 대답합니다. "군비를 버려야 한다." "만일 부득이해서 또하나를 버려야 한다면 어느 것을 버려야 하겠습니까?" "식량을 버려야 한다. 식량이 없다면 죽음을 면할 수 없겠지만 사람이란 어차피 한 번은 죽는 법, 하지만 백성이 정부를 믿지 않는다면 나라가 서 있을 수 없다. 믿음이란 나라의 근본이다." 국방, 경제, 믿음—이 세 가지 중에 제일은 믿음이라는 것입니다. 백성의 믿음을 얻지 못하고 백성을 믿지 못하면, 다시말해서 믿음이 없다면 정치란 없는 것이다—이것이 공자의 유명한 정치론입니다. 믿음이 근본입니다. 믿음은 생명이고 믿고야 지혜가 지혜될 수 있습니다. 믿고야 능력이 나타납니다. 믿음이 없으면 자본도 군사력도 기술도 다 소용없습니다. 오직 믿음이 뿌리요, 중심이요, 기초라는 것을 알아야 합니다. 세상에서 가장 슬픈 일은 믿어지지 않는다는 것입니다. 꼭 믿어야 할 사람인데 믿을 수 없습니다. 믿고 싶은데 믿어지지 않습니다. 이것처럼 답답하고 괴로운 일이 어디에 있습니까.

가장 큰 행복은 믿어지는 것입니다. 남들은 다 못믿겠다 해도 나는 믿어집니다. 남들이 이 모양 저 모양으로 별애기를 다 해도 아랑곳하지 않습니다. 나는 왜 그런지 믿어집니다. 전적으로 믿어집니다. 그리고 마음이 평안합니다. 이 사람이 제일 행복한 사람입니다. 월드컵4강신화를 만들었다고 우리가 존경하는 히딩크감독이 선수들에게 하는 유명한 말이 있습니다. "실력이 남보다 못하고 떨어진다면 남보다 더 노력해서 충족시키면 된다. 가장 중요한 것은 스스로 하고자 하는 신념과 믿음이다. 내가 나를 믿지 않으면 누가 나를 믿어주겠느냐. 나는 할 수 있다, 하는 믿음이 없다면 아무도 자네를 믿어주지 않을 것이야." 옳은 말입니다.

오늘본문에 나타난 이야기는 여러분이 잘 아시는 이야기이면서 또 많은 뜻을 시사하는 말씀입니다. 예수님께서 세 제자 베드로, 요한, 야고보를 데리고 변화산에 올라가셨습니다. 밤새 기도하시고, 그리고 특별히 용모가 변화하여 엉광된 모습을 제자들에게 보여주셨다, 하는 이야기입니다. 산위에서는 이같은 꽹장한 일이 벌어지고 있는데 산밑에서는 아홉 제자가 본문에 보는대로 부끄러움을 당하고 있었습니다. 산위에 있는 제자들도 잠을 잤다 하니 산밑에 있는 아홉 제자는 물론 이 모양 저 모양으로 누워서 잠을 잔 것같습니다. 아침에 일어나 눈을 부비고 정신을 차리는 바로 그때 한 아버지가 귀신들린 아들을 데리고와서 이 제자들에게 '당신들이 할 수 있다 하니 이 아이를 고쳐주시기 바랍니다'하고 청을 넣었습니다. 저는 이 본문에서 나로서 늘 하고 싶은 말이 하나 있습니다. 이런 경우라면 말입니다. 예수님께서 멀리 계신 것도 아니고 이제 아침이 되어 산에서 내려오실 것이니 조금만 기다리면 되지 않습니까. 그러면 정중하게 '잠깐만 기다리세요. 예수님이 내려오셔서 이 아이를 만나시면 즉석에서 깨끗케 하실 겁니다. 그러니 아무 걱정 말고 기다리세요. Don't worry. Be happy.' 이랬더라면 참 좋겠는데 이 건방진 제자들이 스스로 해보겠다고 넙죽넙죽 나섰습니다. 아홉 제자가 저마다 나서서 한 번씩 해봤지요. 누가 먼저 했는지 모르겠습니다마는 '나사렛 예수의 이름으로 명하노니 나가라, 귀신아! 나가라!' 했겠지요. 그러나 귀신이 어디 나가집니까. 여러분은 귀신 내쫓기 위해서 기도해본 일 있습니까? 그거요, 기도한 다음에 싹 나가주면 참 좋으련마는 그게 그렇지 않더라고요. 제자들이 저마다 그렇게 나섰는데 귀신은 요지부동이었습니다. 판은 난장판이 되고 난리가 났습니다. 그러니 제자들, 이거 참 망신스러워졌습니다. 무능한 제자들 망신하는 시간입니다. 부끄러움을 당하는 시간입니다. 동시에 그 아버지는 또다시 실망을 합니다. 그저 이 아이를 고치자고 백방으로 애를 썼는데, 여기까지 기대를 하고 찾아왔는데 또 허탕을 친 것이니 낙심이 얼마나 컸겠습니까. 때마침 예수님께서 산을 내려오십니다. 이 소란떠는 걸 보시고 웬일이냐, 하십니다. 제자들이 자초지종 아뢸 때 예수님께서 크게 책망하시는 말씀입니다. "믿음이 없고 패역한 세대여 내가 얼마나 너희와 함께 있으며 얼마나 너희를 참으리요." 믿음이 없는 세대여—개탄하시는 말씀입니다. 그리고 그 아이를 데려오라 하십니다. 그런데 아이의 아버지가 예수님께 나아와 또한번 실례를 범합니다. '당신의 제자들은 귀신을 내쫓지 못했지마는 당신은 스승이요 주인 아닙니까. 하실 수 있거든 내 아들을 고쳐주시기 바랍니다.' '하실 수 있거든'이라는 조건을 달고 예수님께 말씀드립니다(막 9 : 22). 예수님 몹시도 섭섭하셨을 것입니다. 그러나 일리는 있습니다.

모든 사람에게 배신당한 사람이, 제자들에게 배신당한 사람이 예수님을 의심하는 거 당연하지요. 예수님께서 강하게 말씀하십니다. "할 수 있거든이 무슨 말이냐 믿는 자에게는 능치 못할 일이 없느니라(막 9 : 23)." 할 수 있다, 없다, 가 말이 되지 않는 것입니다. 예수님께서 이 아이를 깨끗하게 고쳐주십니다. 이것이 오늘본문의 내용입니다. 자, 이제 문제가 여기 있습니다. 제자들은 예수님께 여쭈어봅니다. '우리는 왜 쫓아내지 못했습니까? 왜 우리는 이렇게 무능해졌을까요? 왜 우리는 자신에게도 실망하고 남에게도 실망을 주어야 합니까?' 예수님 여기서 대답하십니다. 그 대답하시는 말씀이 확실합니다. '믿음이 없기 때문이다.' 믿음의 문제라는 것입니다. 오늘의 우리나라 사정도 그렇습니다. 경제, 정치, 자본, 기술… 보건대 이만하면 괜찮은 것입니다. 우리의 걱정거리는 '믿음'입니다. 도대체 믿지를 않습니다. 어느 누구의 말도 믿지를 않습니다. 아니, 믿을 수가 없습니다. 믿어서는 안됩니다. 이 불신, 이것이 우리의 마음을 아프게 합니다. 믿지 못하면 다 끝난 것입니다. 신문 보고 제대로 믿는 사람을 못봤습니다. 물가가 안올라간다 했으면 올라가는구만, 합니다. 뭐가 어떻다, 이러면 도대체 그 내용을 제대로 믿는 사람이 없습니다. 왜 이래졌습니까. 일이 이렇게되면 이건 끝이거든요.

무능의 원인은, 능력이 없는 원인은 믿음이 없기 때문이다—여기에 보이지 않는, 감추어진 또하나의 질문이 있습니다. 엊그제까지만 해도 이 제자들이 파송되어서 이 마을 저 마을 다니면서 전도할 때 그들이 분명히 귀신을 내쫓았거든요. 귀신 내쫓고 병고치고 한 경험이 있거든요. 여기에 중요한 질문이 있습니다. '며칠전에는 했는데 오늘은 왜 안됩니까?' 이것입니다. 그걸 질문하고 있는 것입니다. 예수님의 대답은 이렇습니다. '너희 자신이 귀신 내쫓는 사람이 된 것처럼 착각하지 마라. 너희가 능력이 있었던 것이 아니다. 내가 가라고 했으니까 내가 너희들과 함께해서 병을 고친 거지 너희가 고친 것이 아니다.' 몇년동안을 어떤 일을 했다 하더라도 그건 내가 한 것이 아닙니다. 그걸 잊지 말아야 됩니다. 다시말해서 며칠전에 귀신 내쫓았다고해서 귀신 내쫓는 능력자가 된 게 아니라는 말씀입니다. 내가 능력의 사람이 되어버린 것이 아니라는 말씀입니다. 다만 주님의 은혜를 힘입어서 사역자로 심부름한 것일 뿐입니다. 그걸 잊지 말아야 됩니다. 또, '며칠전에는 믿음이 있었는데 지금은 왜 믿음이 없을까요? 왜 믿음이 지속되지 못했을까요?' 예수님의 또다른 대답이 여기 있습니다. '그건 기도하지 않았기 때문이다.' 기도 안하고 밤새 잤습니다. 그리하고는 자기능력을 과시하려고 덤볐습니다. 이거 꿈에도 안될 일입니다. 그런고로 부끄러움을 살 수밖에 없었습니다. 여러분, 믿음은 확실히 은사입니다. 하나님의 선물입니다. 믿음은 축복입니다. 여러분 다 아시지만 믿음, 내것이 아닙니다. 하나님께서 주신 것입니다. 하나님께서 주심으로 믿음을 가지는 것입니다. 그래 감사한 것입니다. 그렇다면 불신은 뭡니까? 믿어지지 않는 것, 그것은 저주받은 것입니다. 들어지지 않고 믿어지지 않는다면 이미 저주받은 것입니다. 사단의 시험에 빠진 것입니다. 이것을 잊지 말아야 합니다. 그래서 이런 철학적 이론이 있습니다. '믿음이란 귀납적인 것이 아니라 연역적인 것이다.' 한번 생각해보십시오. 안믿겠다는 사람 믿게 할 수 있습니까. 여러분에게는 미안하지마는 부부간에도 아내가 안믿는 남편 믿게 하기가 쉽습니까. 믿게 하려고 뭐가 어찌고 어찌고어찌고…한 시간마다 전화걸고 뭐하고… 온갖 수단 다

써보지만 그런다고 믿어줍니까. 턱도 없습니다. 믿을 수 있느냐고요. 그래, 그 많은 조건, 많은 설명이 믿음을 주더냐고요. 점점 더 의심은 커집니다. 믿음은 이렇습니다. 사랑하면 믿어지는 것입니다. 누가 뭐라 해도 나는 믿습니다. 믿어지는 것입니다. 제가 결혼주례할 때마다 "늘 믿음을 가져라. 가정에서 제일 중요한 것은 믿음이다"라는 말을 했는데 제게 주례 부탁할 때 앞서 제가 주례하는 걸 본 사람들은 찾아와서 정식으로 얘기를 합니다. "목사님, 주례사 중에 그 말씀은 꼭 추가해주시기를 바랍니다"라는 말을 했는데 이건 사실 값나가는 말입니다. 그래 똑같은 말을 꼭 하지요. 간단합니다. '남편이 저녁늦게 돌아오거든 문간에 서서 왜 늦었느냐고 묻지 마라. 그저 늦거든 늦는가보다 하고 전화가 없거든 전화 못할 만큼 바쁜가보다 할 것이다. 매일같이 늦게 들어오거든 야행성이 있는가보다 하고 말 것이지 절대 의심은 하지 마라. 혹이라도 요거 또 어디로 샜나, 이따위 생각 하지 마라.' 딱 한 번 생각하고나면 마귀가 옆에서 죄 쑤십니다. '그래, 아까 왔던 전화가 수상하더라' 어쩌고저쩌고… 문간에서부터 대판 싸우는 것입니다. 이게 무슨 짓입니까. 기막힌 노릇입니다. 믿음—생각해보십시오. 간단합니다. '내 남편이니까 믿어. 내가 사랑하는 사람이니까 믿어. 내가 일생을 같이할 사람이니까 믿어. 그것뿐이야.' 구구하게 설명할 것도 의심할 것도 없습니다. 연역적(演繹的)입니다. 사랑하니까 믿어지는 것입니다. 그런데, 안믿어지는 걸 믿게 하려고 많은 설명을 동원해보아도 지식은 얻을 수 있어도 믿음은 생기지 않습니다. 안믿어지는데야 어떡합니까. 이 마음을 누가 움직일 것입니까. 오직 믿음이란 사랑함으로 생기는 것입니다. 구구한 많은 설명을 따라서 믿음이 생기는 게 아니다, 이 말씀입니다. 이걸 잊지 말아야 합니다.

'겨자씨만한 믿음'이라고 예수님 말씀하십니다. 개탄하면서 하시는 말씀입니다. '너희가 믿음이 없는 것을 안다마는 작고작은 겨자씨만한 믿음만 있어도 능히 산이라도 옮길 것이다.' 제가 여기에 지금 겨자씨를 가지고 나왔습니다. 하도 작아서 점같이 먼지같이 보이는 이게 겨자씨입니다. 요만큼입니다. 요만큼이라도 믿음이 있다면, 이렇듯 최소한의 믿음만 있다해도 살길이 있습니다. 그것마저 없다면 끝입니다. 그것이 주님의 말씀입니다. 존 윌튼이라고 하는 분은 26세까지 탕자처럼 막되게 살았습니다. 되는대로 먹고 마시고 못된 짓 많이 하고 살았습니다. 그러다가 언젠가 한번 스스로 뉘우치면서 내가 이렇게 살다가 이렇게 마쳐서는 안되지, 하고 조용히 교회를 나갔습니다. 나갔더니 마침 설교말씀이 오늘처럼 '겨자씨만한 믿음, 믿음이 제일 중요하다. 믿음만 있으면 된다'하는 내용이었습니다. '아, 이거다.' 그는 크게 감동을 받고 겨자씨를 지금 제가 여러분에게 보여드린 것처럼 이렇게 하고 주머니에 넣고 다녔습니다. 이제 의심이 생길 때마다 만져보는 것입니다. 다시한번 생각하는 것입니다. '겨자씨만한 믿음. 믿어라, 믿어.' 이래서 그는 사업가로 크게 성공했습니다. 그가 71세 때 영국여왕 엘리자베스 2세로부터 작위까지 받았습니다. 귀족이 됐습니다. 기자가 그에게 물었습니다. "선생님, 훌륭한 일을 많이 하셨는데 그렇게 성공하신 비결이 뭡니까?" 그는 서슴지않고 주머니에서 겨자씨를 꺼내 보였습니다. "요것 덕분입니다. 순간순간 겨자씨를 들여다보고 겨자씨만한 믿음, 믿음만 있으면 된다, 하고 살았습니다. 그래서 오늘이 있습니다." 그렇습니다. 이건 생명이거든요. 믿음이 조금이라도 있다면 산을 옮길 수 있는 능력이 나타나는 것입니다. 또 겨자씨는 생명력이 있습니다. 성장하는 것이라는 말씀입니다, 성장하는. 유명한 얘기가 또 있습니다. 페르시아의 유명한 왕 다리우스가 헬라의 왕 알렉산더와 전쟁하게 됐습니다. 두 군대가 대진하고 있을 때 다리우스 왕은 알렉산더 왕에게 선물을 보냈습니다. 커다란 부대에다가 참깨열매를 가득 넣어서 보낸 것입니다. 거기에는 의미가 있었습니다. '우리는 군사가 이 참깨 만큼 많다. 그러니 어리석게 나하고 싸우려고 하지 마라' 하는 뜻이었습니다. 이 뜻을 알고 그 답으로 알렉산더는 조그마한 봉투에다가 겨자씨 하나를 넣어서 보냈습니다. 기가막힌 것입니다. 그의 대답인즉 '우리는 숫자는 적지만 믿음이 있다'하는 것이었습니다. 두 군대가 싸웠습니다. 알렉산더가 이겼습니다. 믿음 없는 군대, 숫자 많아서 뭐하겠습니까. 단 한 명이라도 똑바르게 생명력이 있는, 믿음이 있는 그만이 승리할 수 있는 것입니다. 여러분, 하나님을 믿고 그리스도를 믿고, 그 능력과 그 지혜와 그 사랑을 믿고, 그리고 그 안에서 자신을 믿어야 합니다. 이것을 명심할 것입니다. 철학자 에픽테토스는 '나는 어떤 경우에도, 성공하든 실패하든 범사에 하나님께 감사한다. 왜냐하면 하나님의 선택이 나의 선택보다 언제나 옳다는 것을 믿고 있기 때문이다.' 하나님의 선택이 옳다는 것을 믿는 고로 나는 늘 감사한다―하나님 안에 있는 나를 알고 하나님께서 주장하시는 역사를 알고 하나님의 사랑 안에 내가 있음을 알 때 나 자신은 소중한 것입니다. 나 자신에 대한 믿음 가져야 됩니다. 그리 할 때 남에게 믿음을 줄 수도 있습니다. 남을 믿게 할 수도 있습니다. 아니, 남을 믿을 수도 있습니다. 믿음을 심고 믿음을 주고 남을 믿게 하여야 하겠습니다. 잃어버린 믿음을 다시 찾아야 하겠습니다.

예수님께서 가르치십니다. '기도 아니고는 이런 능력이 없느니라.' 기도할 것입니다. 또한 순종할 것입니다. 믿고 기도하고 순종해서 믿음을 키워야 하겠습니다. 모든 사람을 믿을 수 있고 모든 사람에게 믿음을 심어줄 수 있고 키울 수 있어서 불신으로 가득한 이 땅이 다시 믿을 수 있는 세상이 되어야 하겠습니다. 하나님의 능력은 믿음과 함께하기 때문입니다. △

그리스도인의 성장신비

그가 혹은 사도로, 혹은 선지자로, 혹은 복음 전하는 자로, 혹은 목사와 교사로 주셨으니 이는 성도를 온전케 하며 봉사의 일을 하게 하며 그리스도의 몸을 세우려 하심이라 우리가 다 하나님의 아들을 믿는 것과 아는 일에 하나가 되어 온전한 사람을 이루어 그리스도의 장성한 분량이 충만한 데까지 이르리니 이는 우리가 이제부터 어린 아이가 되지 아니하며 사람의 궤술과 간사한 유혹에 빠져 모든 교훈의 풍조에 밀려 요동치 않게 하려 함이라 오직 사랑 안에서 참된 것을 하여 범사에 그에게까지 자랄지라 그는 머리니 곧 그리스도라 그에게서 온 몸이 각 마디를 통하여 도움을 입음으로 연락하고 상합하여 각 지체의 분량대로 역사하여 그 몸을 자라게 하며 사랑 안에서 스스로 세우느니라

(에베소서 4 : 11 - 16)

그리스도인의 성장신비

저는 몇주 전에 몽골을 한번 방문했었습니다. 본교회 의료봉사 팀과 같이 갔는데 제가 여러 나라를 다니며 보아온 중에 거기서는 참 특별한 경험을 했습니다. 가없이 펼쳐진 넓은 초원, 그것이 어떤 것인지를 실감하게 되었습니다. 호수도 비할데없이 맑고… 여러 모로 좋은 경험을 얻었습니다. 특별히 생전처음 말을 타보았습니다. 2시간을 탔는데, 아, 거 참 되게 재미있습니다. 말타는 것이 여간 좋은 게 아니었습니다. 그걸 계기로 그옛날 몽골의 영웅이었던 칭기즈칸에 대해서 좀 알고 싶던 차에 마침 「CEO 칭기즈칸」이라고 하는 책이 있어 읽어보았더니 그 800여년 전 영웅이 오늘 21세기를 사는 우리에게 주는 중요한 교훈이 있습니다. 많은 사람들이 읽고 있는 책입니다. 그가 정복했던 땅이 얼마나 넓으냐? 물경 칠백칠십칠만 평방킬로미터입니다. 우리 상식으로는 가늠하기조차 어려운 광대한 넓이입니다. 우리가 역사에서 아는바 알렉산더, 나폴레옹, 히틀러… 이런 사람들이 점령했던 땅을 다 합쳐도 이 사람 하나의 그것만 못합니다. 역사상에 가장 넓은 영토를 가졌던 희대의 영웅입니다. 게다가 그의 제국은 통치기간이 150년에 이릅니다. 문제는 칭기즈칸 그 사람입니다. 도대체 칭기즈칸이라는 사람이 어떤 사람이냐입니다. 그 강인함과 그 영도력과 그 독특한 철학—우리가 생각할 것이 많습니다. 그러나 제가 이 책을 읽다가 깜짝놀라고 큰 감동을 받은 부분은 바로 이것입니다. 그가 젊었을 때 다른 부족이 쳐들어와서 그가 사는 마을을 모조리 초토화하고 그의 아내를 뺏어갔습니다. 칭기즈칸은 아내를 빼앗긴 것입니다. 그러나 다시 찾아올 능력이 없었습니다. 싸울 힘도 없었습니다. 만용을 부려봤댔자 소용없는 일이었습니다. 그는 힘을 키웠습니다. 묵묵히 힘을 키우고 다른 두 부족과 힘을 합쳐 연합군을 만들었습니다. 그리고 아내를 빼앗은 그 부족을 쳐들어가서 당당하게 명분있는 싸움을 벌입니다. 승리하고 아내를 도로 빼앗아왔습니다. 찾아온 것입니다. 그런데 그 아내 버르데는 이미 만삭의 몸이었습니다. 그렇게 태어난 적장의 아들을 '조치'라 이름지었는데 그것은 몽골말로 '나그네' '손님'이라는 뜻의 말이라고 합니다. 게다가 그는 그 적장의 아이를 자신의 장자로 입적시켰습니다. 칭기즈칸 이 사람, 어떻습니까? 여러분은 이런 얘기 들어봤습니까? 글쎄요, 우리의 좁은 생각으로는 상상도 못할 일입니다. 그는 당당하게 적장의 아들을, 자기아내가 낳은 아들을 자기장자로 입적시키고 함께하게 됩니다. 저는 이 한 가지 사건을 보고 깜짝놀랐습니다. 그것이 바로 칭기즈칸의 사람된 모습입니다. '내 아내는 잘못이 없다'—그래서입니다. 통이 그렇게 컸습니다. 여러분의 마음그릇은 어느 정도입니까? 여러분의 사람됨은 어느 정도 크다고 생각하십니까? 그것이 칭기즈칸 그 사람의 그릇이었습니다. 그 크기를 말해주는 이야기입니다.

인격의 성장—깊이 생각하여야 합니다. 성장이라 할 때 우리는 신체적 성장을 떠올립니다. 요새와서는 '건강지수'니 '건강연령'이니 하는 말을 합니다. 나이는 많으나 젊음같은 사람이 있고, 젊었는데도 벌써 몸이 다 늙어버린 그런 사람도 있습니다. 그러니까 사람을 호적상의 나이로 볼 것이 아닙니다. 그 사람의 건강연령이 얼마냐, 하는 것이 중요합니다. 그런가하면 정신연령이 중요합니다. 몸만 컸지 정신은 멍청하다면 이것도 문제 아닙니까. 요새는 지능지수를 말하기도 하고 또 감성지수를 말하기도 합니다. 도대체 그 가슴이 얼마만큼 넓으냐입니다. 그리고 인격지수가 있습니다. 한편 우리 그리스도인들은 신앙적 인격의 성숙도를 말하게 됩니다. 그리스도인이 된다는 것은 중생함을 의미합니다. 그것은 태어나는 것입니다. 겐네테 아노텐 — be born again. 신기원입니다. 새롭게 태어나는 출생을 말하지만 그 다음에는 성화(聖化)라고 하는 과정을 통해서 성장해야 되는 것입니다. 성장하여 어느 수준에 있느냐? 그것이 문제입니다. 그런데 본문에서 말씀하는바 그리스도인의 성장목표는 인간적인 게 아닙니다. 일반적이고 보편적인 것이 아닙니다. 사람으로 인해서 평가되는 게 아닙니다. 그리스도인의 성장목표는 그리스도의 장성한 분량이 충만한 데까지 이르는 것입니다. 그리스도의 장성한 분량이 충만한 거기까지 성장하는 것이 그리스도인의 성장목표입니다. 누구를 닮는다는 얘기가 아닙니다. 그리스도를 닮아야 되는 것입니다. Christlike personality, 이것이 그리스도인의 성장목표가 된다는 말씀입니다. 여기서 우리가 생각해야 할 것이 있습니다. 이 성장이란 신비로운 것입니다. 참으로 신비로운 것입니다. 그리고 의식 이전의 일입니다. 우리인간의 마음대로 성장할 수 있는 게 아니더라고요. 공부를 많이 했다고 꼭 인격이 성장하는 것은 아닙니다. 그렇지요? 몸이 크다고 속사람도 큰 것은 아니더라고요. 그 속사람의 그리스도인된 크기라고 하는 것은 역시 신비로운 것입니다. 오늘본문은 이것을 말씀하고 있는데, 먼저 중요한 것은 '그리스도께서 자라게 하신다'는 것입니다. 성장의 원동력은 그리스도의 생명력이라는 것입니다. 보십시오. 식물을 보아도 그렇지 않습니까. 사도 바울이 고린도전서에서 말씀하는대로는 씨를 뿌리는 자가 있고, 물을 주는 자가 있고 가꾸는 자가 있고 거두는 자가 있다. 그러나 자라나게 하시는 이는 하나님뿐이시라는 것입니다(고전 3 : 6,7). 그렇지요. 자라나게 한다는 것이 문제입니다. 이런 우스운 얘기가 있습니다. 어느 농촌마을교회에 새로 목사님이 부임했습니다. 도시에서 젊은 목사가 부임해왔습니다. 그해에 그만 가뭄이 들면서 농작물이 말라 타들어가고 있었습니다. 교인들이 답답한 나머지 목사님께 와서 "목사님, 우리는 비가 오지 않으면 농사를 망칩니다. 목사님, 특별히 비가 오게 해달라고 기도 좀 해주십시오"하고 청했습니다. "알겠습니다"하고 이 젊은 목사님이 그날밤 철야기도에 들어갑니다. "주여, 비를 내려주시옵소서." 간절히 세게 기도했습니다. 그랬더니 비가 왔는데, 너무 많이 와서 홍수가 났습니다. 농작물 다 떠내려가고… 그래 또 교인들이 모여가지고 무슨 말들을 했는지 아십니까? "농사를 전혀 모르는 철부지목사가 와서… 기도를 해도 정도껏 해야지, 원." 그렇지 않습니까? 비가 와야 되지만 적당히 와야 되고 우리가 애쓰지마는 하나님께서 자라나게 하시는 역사가 없고는 성장할 수가 없지 않습니까. 하나님께서 목표를 정해주시고 능력도 주시고 지혜도 주셔서 성장하는 것이다―잊지 말아야 하겠습니다.

또한 '성장'이란 새로워지는 과정을 말하는 것입니다. 식물로 말하자면 전에 나왔던 잎이 떨어지고 새로 잎이 나오고, 파충류로 말하자면 허물을 벗고 새로운 것을 입고, 계속 새로워지고 새로워지는 그 역사가 성장입니다. 그대로 있는 게 아닙니다. 낡은 것은 벗어버리고 새로움을 향해서 변화를 일으키고 있는 것입니다. 깨닫는 것, 새로워져야 되고, 느끼는 것, 감동하는 것, 행동하는 것, 전부 성장해야 됩니다. 새로워질 때 옛것을 벗어버려야 됩니다. 그런데 중요한 것은 내가 옛것을 버리지 못할 때 하나님께서 버리게 만드신다는 사실입니다. 내가 버리지 못할 때 기어이 내가 버리도록 하나님께서 많은 사건을 통하여 강권적으로 역사하시는 것입니다. 그래서 새롭게새롭게 발전하고 성장하여 나가게 된다는 말씀입니다. 또한 성장이란 자라면서 내 역할, 내 기능을 알게 되는 것입니다. 좀더 성서적으로 말하자면 내가 받은 소명, 내게 주신 경륜, 내게 맡겨진 사명을 깨닫게 되는 것입니다. 유치할 때는 뭐든지 다 할 것으로 압니다. 다 하지 못하는 것입니다. 성장하면서 내가 할 일은 이것이다, 하나님께서 내게 맡기신 일은 이것이다—그걸 알게 되고 거기에 집중하여 살게 됩니다. 우스운 얘기입니다마는 우리집에 유치부에 다니는 손자, 손녀가 있습니다. 그 손녀가 어느날 나한테 와서 진지하게 말합니다. "할아버지, 내가 오빠하고 결혼을 할라 했는데 오빠가 엄마하고 결혼한다 해서 나는 할수없이 아빠하고 결혼하기로 했어요." 자못 진지하게 말하더라고요. 이 아이는 저 생각하는대로 다 되는 줄 압니다. 그게 바로 '유치하다'라는 것입니다. 여러분, 소원 빈대로 다 됩니까? 태어날 때부터 남자로, 여자로, 기본적으로 다르지 않습니까. 벌써 반은 정해졌습니다, 운명이. 그뿐입니까. 좀더 성장해보면 내가 할 일은 이것이다, 하나님께서 내게 맡겨주신 일은 이것이다, 하는 것을 알지 않습니까. 성가대를 보아도 반주하시는 분이 있고, 지휘하시는 분이 있고, 성가대원들이 있고, 성가대원도 파트별로 나뉘어 있습니다. 소프라노 할 사람이 베이스 하겠다고 고집부리면 되겠습니까. 그게 얼마나 어리석은 일이겠습니까. 그게 노력한다고 되겠습니까. 하나님께서 내 목소리를 어떤 방향으로 정해주셨나—그걸 알아서 그쪽으로 노력하고 그 역할을 해야 되는 것입니다.

그게 성장이라는 것입니다. 그래서 하인츠 코후트라고 하는 심리학자가 인간성장의 목표를 이렇게 말하고 있습니다. '자기삶의 한계를 직시할 수 있는 능력을 가지는 것이다.' 삶의 한계를 직시할 수 있어야 됩니다. 한계가 있다는 걸 알아야 됩니다. 그게 바로 철이 난다는 것입니다. 뭐든지 다 하는 게 아니고 뭐든지 다 할 수 있는 게 아닙니다. 철난다는 것은 할 수 있는 일이 있고 할 수 없는 일이 있다는 걸 아는 것입니다. 자기사랑에서 벗어나 자신을 해방할 때 가능해지는 것이고, 자기만의 몰입에서 벗어나 자기를 확대해나갈 때 비로소 사랑으로 성숙해나가는 것이다, 했습니다. 성숙하게 될 때 첫째, 창조적 정신으로 노동을 즐기게 된다, 했습니다. 여러분, 아직도 일하는 게 피곤합니까? 부엌에서 일하는 것도 달갑잖고 밖에서 일하는 것도 맘에 안들고… 도대체가 일하는 게 싫다면 그 사람은 아직도 유치원생 수준입니다. 성장을 하면 그 의미를 알면서 행복한 것입니다. 일하는 게 너무너무 좋습니다. 보니 대체로 퇴직하고나서야 깨닫습니다. 그때 철나는 것입니다. '일하는 게 이렇게 좋은 줄 몰랐다. 월급이 문제가 아니다. 일한다는 게 중요하다.' 진작 깨달았더면 좋을 뻔했습니다. 일을 즐기는 것입니다. 왜요? 정신세계가 앞서가기 때문입니다. 정신세계가 육체적인, 물리적인 세계를 능가할 때 우리는 즐겁게 일할 수가 있습니다. 이게 바로 '성숙'이라는 것입니다. 우리가 아이들 보고 공부하라고 해도 아이들은 공부하기 싫어하지 않습니까. 그러나 성숙한 다음에는 시키지 않아도 공부하려고 애쓰지요. 또한 스스로 공부를 즐기지요. 그만큼 성장한 것입니다. 또한, 감정이입의 능력이 생긴다, 하였습니다. 나 하나의 감정에 붙잡히지 않고 다른 사람의 즐거움을, 좀더 큰 보람을 내가 이입할 수 있

는 그런 능력을 가지게도 되고, 자기삶의 한계를 직시하는 능력을
가지게 되고, 이렇게 될 때 높이 성장하게 되는 여유가 생겨서 유머
감각이 발달합니다. 내 이 설교를 하면서 가만히 보자니 오늘처럼
웃는 얘기를 해도 안웃는 사람이 있습니다. 그 사람은 유치한 사람
입니다. 어딘가 마음이 쪼들려가지고 안웃기로 작심한 것입니다. 참
비참한 사람이지요. 왜 이럴까? 여유가 없어서, 마음에 여유가 없어
서입니다. 마음이 넉넉해지면 웃을 일도 많고 재미있는 일도 많은
세상입니다. 모든 일을 다 재미있게 볼 수가 있습니다. 이게 바로 성
숙함이라는 것입니다.

그리고 "오직 사랑 안에서 참된 것을 하여"라고 15절에 말씀합
니다. 사람은 밥을 먹고 사는 게 아니라 사랑을 먹고 사는 것입니다.
사랑을 먹고 자라는 것입니다. 얼마나 사랑하느냐, 얼마나 사랑을
받느냐, 얼마나 사랑할 수 있느냐—그것이 문제입니다. 고대로마의
철학자 세네카는 다음과 같은 사람을 사랑할 수 있을 때 비로소 사
랑의 본성을 알게 된다, 하였습니다. 나에게 고통을 주는 사람, 나를
욕하고 다니는, 나를 미워하는 사람, 자기마음을 결코 열어주지 않
는 사람—이 세 가지 사람을 사랑할 때 사랑이 무엇인지를 알게 된
다는 것입니다. 여러분, 원수를 사랑해보았습니까? 참으로 원수를
사랑해보십시오. 내가 우뚝 높아지는 것을 느낍니다. 나를 괴롭히는
자를 위해서 정말로 기도하고 사랑해보십시오. 어느 사이에, 나도모
르게, 신비롭게 내 영적인 인격이 높은 수준으로 성장해가는 것을
느끼게 될 것입니다. 원수사랑—그리스도인으로서 기본입니다. 그
래야 사랑을 알게 됩니다. 이어서 본문은 "범사에 그에게까지 자랄
지라"하였습니다. 여러 가지 경우에, 모든 사건을 통해서 성장한다,

그 말씀입니다. 말씀으로 성장케 하고, 성령으로 성장케 하고, 그리고 모든 사건을 통해서 우리를 계속 성장하도록 인도하시는데 여기에 하나님의 커리큘럼이 있습니다. 우리를 교육하고 우리를 성장시키시는 교과과정이 여기에 있는 것입니다. 딩거(J. E. Dinger)라고 하는 철학자가 이런 재미있는 얘기를 합니다. '나에게는 친구 세 사람이 있다. 하나는 나를 사랑하는 자요, 하나는 나를 미워하는 자요, 하나는 나에게 무관심한 자다. 이들이 다 내 친구다. 왜? 나를 사랑하는 자는 나를 겸손하게 만든다. 겸손해야 사랑을 받아들이게 되기 때문이다. 나를 사랑하는 사람은 이렇듯 나에게 겸손을 가르치더라. 나를 미워하는 사람은 나에게 조심성을 가르치더라. 나에게 무관심한 사람은 나에게 자립성을 가르치더라. 모든 사람이 다 나에게 스승이 되고 나를 성장케 하는 분들이다.' 그래서 세 가지 사람들이 다 친구더라는 말입니다. 성장은 신비입니다. 나의 선택이 아닙니다. 창조하신 하나님께서 내게 필요한 것을 주셔서 나로하여금 성장케 하십니다. 요새와서 군복무에 문제가 있다는 보고를 듣고 있습니다. 이것은 어제오늘의 얘기가 아닙니다. 본래 그랬습니다. 옛날에는 더 심했습니다. 어느 할아버지가 청와대에 이런 편지를 했다고 합니다. '내 손자가 군대에 갔는데 제발 무사히 돌아오게 해주시오.' 전쟁이 있을까봐 걱정하는 게 아닙니다. 군대 안에 복잡한 문제가 많다고 하는데, 제발 무사히 돌아왔으면 한다는 얘기입니다. 역시 군의 세계에 문제가 있긴 합니다. 이걸 알아야 합니다. 제가 옛날 전쟁통에 군대생활 할 때는 질서가 없어서 더 무서웠습니다. 되게 많이 맞았습니다. 말도 안되게 때립니다. 매일 때립니다. 하도 맞다보니 맞지 않은 날은 오히려 불안합니다. '이거 또, 밤중에 깨워가지고 때릴 거 아니야?' 맞고 자야 편하더라고요, 맞고 자야. 그게 군대생활이었습니다. 생명이 걸려 있는 것이기 때문에 강한 훈련을 필요로 하는데, 이런 모순 저런 모순, 모순을 견뎌내는 게 바로 훈련입니다. 다른 거 없습니다. 이치에 맞다고 뭘하는 게 아닙니다, 군대세계란. 그런데 이 많은 시련을 통해서 인격이 성장합니다. 여러분, 보다 더 성장하는 사람이 어떤 사람입니까. 많은 시련을 겪은 사람입니다. 지금도 가끔 그 꿈을 꾸곤 합니다. 군대생활이며 북한에서 광산에 가 고생하던 것이며 강제수용소에 살던 것이며… 그런 시련이 없었다면 오늘의 내가 없지요. 그러한 시련이 오늘 나로 나되게 한 것입니다. 여러분, 은혜가 무엇입니까. 신학적으로 말할 때 은혜란 나로하여금 그리스도를 닮게 하기 위하여 필요한 모든것입니다. 병들어서 그리스도께 가까이 갈 것이면 병드는 것이고, 실패해서 내가 겸손하게 된다면 실패가 은혜요, 많은 환난을 겪어서 내가 그리스도의 사람으로 성장하게 된다면 그 환난 자체가 은혜인 것입니다. 이것을 잊지 말아야 합니다. 범사에 그리스도 안에서 사랑으로 자라게 하시는 것입니다. 우리는 오직 믿음으로, 오직 사랑으로 순종해나갈 것입니다. 그러면 모든 상황을 통해서 하나님께서는 나로하여금 그리스도의 성품에, 그 인격에 가깝도록 계속 성장시키시는 것입니다. 여기에 은혜가 있습니다. △

스스로 버리노라

  나는 선한 목자라 선한 목자는 양들을 위하여 목숨을 버리거니와 삯군은 목자도 아니요 양도 제 양이 아니라 이리가 오는 것을 보면 양을 버리고 달아나나니 이리가 양을 늑탈하고 또 헤치느니라 달아나는 것은 저가 삯군인 까닭에 양을 돌아보지 아니함이나 나는 선한 목자라 내가 내 양을 알고 양도 나를 아는 것이 아버지께서 나를 아시고 내가 아버지를 아는 것 같으니 나는 양을 위하여 목숨을 버리노라 또 이 우리에 들지 아니한 다른 양들이 내게 있어 내가 인도하여야 할 터이니 저희도 내 음성을 듣고 한 무리가 되어 한 목자에게 있으리라 아버지께서 나를 사랑하시는 것은 내가 다시 목숨을 얻기 위하여 목숨을 버림이라 이를 내세서 빼앗는 자가 있는 것이 아니라 내가 스스로 버리노라 나는 버릴 권세도 있고 다시 얻을 권세도 있으니 이 계명은 내 아버지에게서 받았노라 하시니라

                    (요한복음 10 : 11 - 18)

스스로 버리노라

며칠 전 친구로부터 책 한 권을 선물받았습니다. 「살아 있는 신화」라고 하는 책입니다. 스티븐 발머에 대한 얘기인데 그 원제목은 「Bad boy Ballmer」입니다. 빌 게이츠라고 하면 모르는 분이 없을 것입니다. 마이크로소프트사를 창업해서 세계를 놀라게 한 세계적인 CEO라는 것을 우리는 다 기억하고 있습니다. 그러나 그 그늘에 가려진 한 사람, 그의 친구이자 제2인자인 발머에 대해서는 아는 바가 없습니다. 두 사람은 하버드대학 학창시절에 서로 만난 친구간입니다. 발머는 그로부터 30년 동안을 빌 게이츠와 서로 가까이 친구로 지내고 있으며 특별히 마이크로소프트사를 이루면서 한 가족이 되고 무려 20년에 걸쳐 친구로, 동역자로, 언제나 철저하게 제2인자로 봉사하게 됩니다. 그리고 3년 전에 빌 게이츠가 은퇴할 때 그는 이 회사를 맡게 되었고, 회사를 빌 게이츠가 맡았을 때보다 더 훌륭하게, 크게 일으킴으로써 그 역시 CEO로 많은 사람에게 존경받고 추앙되는 경영자요, 기업주요, 사업가가 되었습니다. 그는 '거대한 야망의 사람' 혹은 '천재라는 별명에 카리스마적 인격의 소유자' '무서운 추진력을 가졌으며 재능이 많은 사람'이라 하는 찬사를 받고 있습니다. 그러나 그는 언제나 제2선에 있었습니다. 그가 남기는 중요한 말이 있습니다. '제2인자로 성공하지 못한다면 제1인자가 될 수 없다.' 대단히, 대단히 중요한 말입니다. 그는 회사를 사랑했습니다. 그의 강연 중에 이런 말이 나옵니다. 'I have four words for you - I love this company(딱 네 단어만 말하겠습니다. 나는 이 회사를 사랑합니다).' 그는 일을 사랑했고, 회사를 사랑했습니다. 그런고로 그는 2인자로 만족합니다. 20년 동안을 정성을 다해서 그렇게 봉사해왔습니다. 2인자로서의 성공—여러분, 상상을 해보십시오. 모든것을 비워야 합니다. 모든것을 버려야 합니다. 그리고 회사를, 자기가 하고 있는 일을 지극히 사랑해야 합니다. 그리고 만족할 때만이 성공이 가능한 것입니다. '2인자로 성공하지 못하면 1인자가 될 수 없다.' 여러분, 이 사회문제가 왜 이렇게 복잡해집니까. 2인자가 될 사람이 없습니다. 모두가 1인자가 되겠다고 뛰어듭니다. 2인자의 경력이 없이 그대로 전부가 1인자만 되겠다고 합니다. 어느 회사에 들어가 좀 능력이 있을만하면 '내가 이 꼴 안보지'하고 당장 뛰쳐나가 딴짓을 하여 경쟁을 합니다. 이게 바로 이 사회의 경제가, 정치까지 이렇게 혼란해지는 이유입니다. 그렇지 않습니까? 2인자의 과정을 거치지 않고 1인자로 뛰어드는 사람들 때문입니다. 그것을 성공이라고 생각하는 사람들 때문입니다. 지극히 잘못하고 있습니다. 그래서 이렇게 어려워지는 것입니다. 저는 이 책을 읽으면서 여호수아를 생각해보았습니다.

이스라엘의 역사… 출애굽으로부터 시작해서 홍해를 건너 광야를 지나 가나안까지… 출애굽역사의 가장 중요한 인물이 모세이겠지마는 그 behind man 여호수아가 같이 있습니다. 그는 충성된 사람입니다. 드라마틱한 장면이 있었지요. 모세가 시내 산에 올라가서 하나님과 함께하며 계시를 받을 때, 그는 신비로운 체험 속에 있으니까 40일을 하루같이 지냈겠지마는 여호수아는 백성과 모세 사이 산중턱에서 그대로 무릎을 꿇고 기도하며 40일 동안을 기다렸습니다. 어느 때에 내려올는지 모르는 그 모세를 40일 동안 거기서 충성되게 기다렸다는 말씀입니다. 그런 사람입니다. 가나안정복에 절대로 중요한 인물이었기에 하나님께서 이스라엘백성을 가나안으로 인도하실 때 모세를 빼고 2인자 여호수아를 통해서 가나안정복을 성공하게 하십니다. 놀라운 얘기가 아닙니까. 노자(老子)의 말이 생각납니다. '내가 확신하고 한평생 소중히 여기는 것, 내가 깨달은 바 소중한 진리 세 가지가 있다. 첫째는 온유함이요, 둘째는 근면함이요, 셋째는 겸손이다. 온유한 사람이 되라, 그리하면 담대한 사람이 되리라. 근면한 사람이 되라, 그리하면 자유인이 되리라. 겸손한 사람이 되라, 그리하면 당신은 지도자가 되리라.' 겸손해야 지도자가 되고 겸손해야 지도력을 발휘할 수 있습니다. 어느 순간이라도 교만해지는 순간 그냥 추락하고 맙니다. 지도자의 기본자세가 하나도, 둘도, 셋도 겸손입니다. 그렇게 되기 위해서 가장 귀중한 것이 무엇이겠습니까.

오늘본문에 보면 '스스로 버리라, 그리하면 얻을 것이다' 하십니다. 예수님 말씀하십니다. "내가 스스로 버리노라." 빼앗기는 것이 있고 잃어버리는 것이 있고 버리는 것이 있습니다. 빼앗기는 것과 잃어버리는 것은 다른 것입니다. 잃어버렸다—뭡니까. 무의식중에, 몰라서, 미처 생각지 못하는 틈에 그만 잃어버렸습니다, 잃어버리고 나서 뒤늦게 깨닫고 '아차!' 하는 것입니다. 가만히 생각해보십시오. 잃어버린 것 많지요? 젊음을 잃어버렸지요, 돈도 잃어버렸지요, 재산도 잃어버렸지요, 사랑도 잃어버렸지요. 이제 생각하니 기가막힙니다. 어쩌다 이렇게 잃어버렸습니다. 이런 경우가 너무 많습니다. 어떤 사람들 보니 잘 지내다가 집을 팔더라고요. 팔고나니 그 집값이 올라갑니다. 원통해가지고 '내가 어쩌다가…' 하고 가슴을 칩니다. 앉은 채로 그냥 손해본 것입니다. 그것도 잃어버린 건 잊어버려야 되는데 잊어버리지도 못하고 병걸리더라고요. 이거 미련한 것 아닙니까. 우리교인들 가운데도 보니 이 압구정동에 살다가 집 팔고 어디론가 갔다가 손해보고 '뒷구정동으로' 온다고들 합니다. 압구정동에서 나갔다가 뒷구정동으로—이거 알아듣는 사람들은 보통사람 아니겠습니다. 그런데 이런 얘기가 있습니다. 어떤 사람이 혼자서 사막을 지나가다가 모래 속에 묻혀 있는 요술램프를 발겼습니다. 요술램프가 뭔지는 만화 본 사람은 압니다. 이걸 하나 얻어가지고 '이게 진짠가 가짠가? 효력이 있나 없나?' 궁금해서 그 요술램프를 살살 문질러보았습니다. "펑!"하더니 요정이 나옵니다. "이크 이거 진짜구나!" 요정이 말을 합니다. "주인님, 절 부르셨습니까? 한 가지 소원만 말씀하십시오." 이 사람, 그때가서 생각을 해봤습니다. '한 가지 소원이라… 뭘 말하지?' 이것도 생각하고 저것도 생각하고… 생각해보니 왜 이렇게 소원이 많은지요. 가고 싶은 곳도 많고, 가지고 싶은 것도 많고… 그래도 한 가지만 말해야 된다는데 이걸 어떡하나? 그는 요약을 해서 세 가시를 가지고 싶었습니다. 돈—여자—결혼. 그래서 "돈—여자—결혼, 돈—여자—결혼!"하고 말했습니다. 그랬더니 '정신 돈 여자'와 결혼하게 되었다 합니다. 돈—여자—결혼, 합치니까 정신 돈 여자와 결혼을 하게 되는 것이지요. 여러분, 이것도 다 후회스러운 것입니다. 뭔가를 잃어버렸습니다. 이제와서 잃어버린 것에 대한 후회가 많습니다. 좋은 기회를 다 놓쳐버렸습니다.

그런가하면 빼앗긴 것이 있습니다. 원치 않지마는 힘이 없어서, 또 빼앗기고 도로 찾을 수가 없습니다. 능력이 부족해서 어찌할 수가 없지요. 노하우가 없고, 능력이 없고 돈도 없고 지위도 없어서—어찌하겠습니까. 빼앗기고 그만이지요. 멀쩡하게 빼앗기고 속수무책인 것입니다. 그리고 괴로워하면서 살아갑니다. 오늘말씀에 목자와 양 이야기가 나옵니다. 아무리 생각해도 쉽게 이해할 수가 없는 말씀입니다. 양과 목자—양이 목자를 위하여 목숨을 바쳤다면 그건 얘기가 됩니다. 하지만 어떻게 목자가 양을 위해서 죽습니까. 이, 죽어야 하는 이유가 됩니까. 양은 어디까지나 목자에게는 소유일 뿐입니다. 또 어느 때엔가는 잡아먹을 것입니다. 그러나 목자는 양을 사랑합니다. 이 신비로운 관계성을 이해하여야 합니다. 여러분, 이것은 경제적으로 계산할 문제가 아닙니다. 손익계산 할 문제가 아닙니다. 그러나 분명한 것은, 목자는 양을 사랑한다는 사실입니다. 양이 짐승에게 찢겨죽는 것을 못봅니다. 그래서 목자는 양을 위하여 대신 죽기도 합니다. 그만큼 사랑합니다. 목자가 양을 사랑한다, 선한 목자는 양을 위하여 목숨을 버린다—얼마나 신비롭고 놀라운 것입니까. 거기에 목자된 모습이 있습니다. 거기에 사람다운 모습이 있습니다. 그 사는 삶의 의미가 거기에 있는 것입니다.

그런데 오늘본문말씀은 "스스로 버리노라"하십니다. 누가 빼앗는 것이 아닙니다. 누가 강요하는 것도 아닙니다. 스스로 버리노라—자발적이고, 자유적이고, 선택적입니다. 그런데 이것은 모르고 되는 일이 아닙니다. 다 알고 하는 일입니다. 이것이 무엇을 의미하는지, 이 버린다는 것이 무엇인지를 알고 있습니다. 그것이 중요한 것입니다. 모르고 하는 일이 절대로 아니라는 것입니다. 누가복음 9장 51절에 보면 예수님께서 예루살렘을 향하여 올라가십니다. 그냥 무엇인가 잘못되어, 유월절이 됐다고해서 올라가셨다가 어떻게어떻게 잘못돼서 십자가를 지신다는 얘기가 아닙니다. 기약이 참에 아버지께로 갈 때가 온 줄 아시고 굳게 결심하시고 예루살렘을 향하여 올라가십니다. 아시고, 십자가가 기다리는 예루살렘을 향하여 담대하게 올라가십니다. 아시고 스스로 이 길을 선택하신 것입니다. 그도 그럴것은 보다 큰 것을 아시기 때문입니다. 여러분, 사람의 생명이라는 것 중요하지요. 하지만 그보다 더 중요한 것이 많습니다. 요새 참, 생명 그보다 중요한 게 있다는 걸 모르는 사람들의 부끄러운 모습을 보니 '일찍 갔더면 좋을 뻔했다'하는 생각이 많이 듭니다. 안그렇습니까? 사는 것만 능사가 아닙니다. 죽을 땐 죽어야 되는 것입니다. 못죽으면 부끄러워지는 것입니다. 안그렇습니까? 보다 큰 것이 있습니다. 의가 더 크고, 진리가 더 크고, 명예가 더 크고, 또 나라사랑이 더 크고… 더 큰 일이 많지요. 그런데 오늘 여기서는 더 큰 것의 의미를 알기 때문에 스스로 버리노라, 하십니다. 뜻을 포기하시는 것이 아닙니다. 목숨을 버리시는 것입니다. 오히려 뜻을 세우는 것입니다. 뜻을 세우고 목숨을 버립니다. 예수님의 말씀입니다. 또한 목적인 포기입니다. 뚜렷한 목적이 있습니다. 내가 위하여 죽는 대상이 있습니다. 죽어야 할 이유가 있습니다. 살아야 할 이유도 중요하지만 죽어야 할 이유를 알고 사는 사람이 가장 성공적인 인생을 사는 사람입니다. 빌립보서 2장 17절에서 우리는 봅니다. 사도 바울은 말씀합니다. "너희 믿음의 제물과 봉사 위에 내가 나를 관제로 드릴지라도 나는 기뻐하고…" 그는 대상을 알고 있었습니다. 너희를 위하여 내가 죽는다, 너희를 위해서 관제(灌祭)로 피를 쏟아부어도 나는 기쁘다, 나는 행복하다, 왜? 그것이 내 본래의 목적이니까—확실한 목적이 있는 자기포기를 말씀하고 있습니다. 무엇보다 중요한 것은 사랑입니다. 양을 사랑하기 때문에, 양을 사랑하는 마음이 뜨겁게 될 때 어느 사이에 양을 위하여 죽을 수가 있는 것입니다. 얼마든지 희생할 수 있습니다. 내 목숨 포기하는 것, 문제가 안되는 것입니다. 따뜻한 가슴, 그 뜨거운 사랑이 자기를 포기하게 만들었습니다. 나아가서는 최종결과를 알기 때문입니다. 이렇게 내가 희생함으로 저를 구원하고 저를 구원함으로 나도 구원되는 것입니다. 저를 살리고 나도 살고, 저와 내가 함께 사는 집이라는 것을 알고 있기 때문입니다. 그리고 주도적인 행사입니다. 주도적 사건입니다. 누가 빼앗는 것도 아니고 빼앗자고 설득하는 것도 아닙니다. 누가 버리라고 말하는 것도 아니고, 그래야 된다고 말하는 것도 아닙니다. 거저, 내가, 스스로 버리는 것입니다. 이것은 신비로운 것입니다. 예수님, 요한복음 12장에서 말씀하십니다. '한알의 밀이 죽으면 많은 열매를 맺고 죽지 않으면 열매가 없으리라.' 저는 이 성경을 읽을 때마다 꼭 생각나는 한 기사가 있습니다. 오래전 「타임즈」에서 기사와 함께 사진까지 났던 것입니다. 3000년된 미라를 해부했습니다. 3000년된 시체를 해부했는데 손에 밀알이 몇개가 있습니다. 딱 손에 쥐어졌습니다. 이것을 풀어서 혹시나 하고 땅에다가 심어보았더니 싹이 나더랍니다, 믿거나 말거나. 얼마나 굉장한 일입니까. 이 무슨 얘기입니까. 죽은 사람 손에 들어 있는 밀알은 싹이 나지를 않습니다. 땅에 떨어져 썩어서 죽어야 싹이 나는 것입니다. 죽어야 싹이 나는 것입니다. 이 이치를 아주 웅변적으로 말해주는 것이었습니다. 예수님, 내가 버려야 너희가 살고 내가 산다, 내가 죽어야 너희가 산다, 하십니다. 마태복음 16장 25절에 "나를 위하여 제 목숨을 잃으면 찾으리라" 말씀하십니다. 빼앗는 자가 있는 게 아닙니다. 다만 내가 버리는 것입니다. 내가 버리는 것. 슈바이처 박사의 유명한 명언이 있습니다. '나는 오직 한 가지 외에는 아는 것이 없다. 진실로 행복한 사람은 섬기는 법을 갈구하여 발견하고 사는 사람이다.' 여러분, 섬기는 법을 터득했습니까? 슈바이처 박사는 남들은 아프리카에 가서 고생한다고 하지만 본인은 아닙니다. 이것이 행복의 길이니까요. 그는 행복을 찾아 산 것입니다. 행복의 길을 찾아 산 것입니다. 섬기는 것, 그것만이 나를 자유하게 하고 나를 지극히 행복하게 한다는 것을 알았기 때문입니다. 섬기는 것이 싫어서 요롷게조렇게 피해가다가 절망하는 것을 요새 많이 봅니다. 자녀도 섬기고, 가정도 섬기고, 직장도 섬기고, 나의 봉사를 필요로 하는 자를 위해서 나 자신을 바쳐야 합니다. 그리할 때 비로소 행복, 그것이 있는 것입니다. 모든 두려움, 모든 근심, 나약성… 어디서 오는 것입니까. 하나같이 버리지 못한 데서 오는 것입니다. 나를 버렸더라면 되는 것인데 못버려서, 스스로 버렸더라면 되는 건데 버리지 못함으로해서 오는 후회와 회한이 있는 것입니다. 17절말씀을 들어봅시다. "아버지께서 나를 사랑하시는 것은 내가 다시 목숨을 얻기 위하여 목숨을 버림이라." 잊지 마십시오. 물질이 아닙니다. 돈 몇푼이 아닙니다. 목숨입니다. 되돌려받을 수 없는, 하나밖에 없는 목숨을 이제 버리는 것입니다. 목숨을 버릴 때, 스스로 버릴 때 그에게 생명이 있고 구원케 하는 능력이 있다, 하는 말씀입니다. 18절을 봅니다. "이를 내게서 빼앗는 자가 있는 것이 아니라 내가 스스로 버리노라. 나는 버릴 권세도 있고 다시 얻을 권세도 있으니 이 계명은 내 아버지에게서 받았노라." 스스로 버리노라, 하십니다. △

그 사랑의 승리

하나님이 우리를 사랑하시는 사랑을 우리가 알고 믿었노니 하나님은 사랑이시라 사랑 안에 거하는 자는 하나님 안에 거하고 하나님도 그 안에 거하시느니라 이로써 사랑이 우리에게 온전히 이룬 것은 우리로 심판날에 담대함을 가지게 하려 함이니 주의 어떠하심과 같이 우리도 세상에서 그러하니라 사랑 안에 두려움이 없고 온전한 사랑이 두려움을 내어 쫓나니 두려움에는 형벌이 있음이라 두려워하는 자는 사랑 안에서 온전히 이루지 못하였느니라 우리가 사랑함은 그가 먼저 우리를 사랑하셨음이라 누구든지 하나님을 사랑하노라 하고 그 형제를 미워하면 이는 거짓말하는 자니 보는 바 그 형제를 사랑치 아니하는 자가 보지 못하는 바 하나님을 사랑할 수가 없느니라 우리가 이 계명을 주께 받았나니 하나님을 사랑하는 자는 또한 그 형제를 사랑할지니라

(요한일서 4 : 16 - 21)

그 사랑의 승리

어느 백화점에서는 엘리베이터가 너무 느릿느릿하게 움직여서 고객들 불평이 컸습니다. 고장나서 그런 게 아니고 본래부터 그렇게 느린 것이었습니다. 이제 고객들의 불평이 너무 심해서 백화점 지배인은 이 문제를 엔지니어링자문위원회에 의뢰했고 자문위원회는 6명의 기술자를 동원해서 분석하고 연구해서 속도증가에 필요한 힘을 계산하고 일주일만에 대책을 내놓았습니다. 새로운 장치, 새로운 디자인의 계획을 내놓았습니다. 지배인은 이 보고서를 받고 만족하고 기뻐했습니다. 그러나 그에 소요될 예산이 엄청나게 많았습니다. 지배인은 얼굴이 이지러졌고 큰걱정에 빠졌습니다. 이러한 소식을 이 백화점에서 일하는 청소부아주머니가 듣고 나와서 하는 말이 "내게 단돈 5만 원만 주면 이 문제를 해결하겠습니다" 하는 것이었습니다. 세상에 이런 고마울 데가 있나… 속는 셈 치고 5만 원을 주었습니다. 그랬더니 이 아주머니가 가서 커다란 거울을 사다가 엘리베이터 안에다가 떡 걸어놨습니다. 전에는 고객들이 엘리베이터가 오르내릴 때 그 '상자' 속에 들어가서 무료하게 서 있느라고 지루하게 느꼈는데 거울이 있고보니 사정은 달라졌습니다. 저마다 얼굴을 비춰보거나 넥타이를 고쳐 매거나 머리를 다시 만지거나 어떤 여자들은 루즈도 바르고 또 어떤 사람은 거울에 대고 실없이 웃어보기도 하고… 이렇게 하다보니 어느새 덜커덩 "벌써 다 왔네" 하고들 내리게 됐습니다. 아무도 불평하는 사람이 없었습니다. 그래서 문제를 해결했다는 것입니다. 요샛말로 말하면 심리학적 차원의 해결입니다. 여러분, 이걸 잊지 말아야 합니다. 이거 대단히 중요한 얘기입니다. 엘리베이터는 그대로입니다. 여전히 느릿느릿합니다. '느리다' '빠르다'는 내 기분입니다. 그 순간에 내가 무엇을 생각하고 있느냐에 달려 있는 것입니다. 유명한 경영학자 피터 드러커의 「The Effective Executive(자기경영)」라고 하는 책이 있습니다. 그 속에 의미심장한 말이 있습니다. '시간은 저장하지 못한다. 돈은 저장할 수 있어도 시간은 저장하지 못한다. 또한 대체 불가능한 것이 시간이다.' No substitutive, 시간은 다른 그 무엇으로도 대체할 수가 없습니다. 다만 주어진 시간이 있을 뿐입니다. 문제는 이것을 길게 만들 수도 있고 짧게 만들 수도 있고, 중요한 시간으로 만들 수도 있고 완전히 진공 시간으로 멍청하게 없애버릴 수도 있다는 것입니다. 결국 시간경영은 인간경영이요 내 생명경영이다, 하는 결론에 이릅니다. 대단히 중요한 얘기입니다. 시간은 늘리지 못합니다. 고칠 수도 없습니다. 오래 살고 짧게 살고는 주어진 시간을 얼마나 소중한 시간으로 만들어 가느냐에 달려 있는 것입니다. 그 결론은 사랑입니다. 사랑하면 시간의 의미가 커지고 사랑이 빠지면 시간은 길어지고, 지루해지고, 점점 더 힘들어지는 것입니다. 사랑해서, 사랑이 꽉차 있는 그런 시간이라면 그야말로 천년이 하루같습니다. 그러나 괴롭고, 무겁고, 힘들고, 의미를 잃어버린 시간이라면 하루가 천년같은 것이 시간입니다. 문제는 사랑에 있습니다. 사랑과 함께 사느냐, 사랑 안에 사느냐, 사랑을 잃어버리고 사느냐, 그것이 그 시간의 부피, 그 시간의 의미를 결정하는 것이고, 삶의 의미도 거기에 좌우됩니다.

    오늘본문 요한일서 4장 18절은 대단히 재미있는 에피소드를 가진 그러한 본문이기에 한 말씀 더 드립니다. 어느 목사님이 젊은이 두 사람을 세워놓고 결혼주례를 했습니다. 이 두 사람이 신혼여행을 갔는데, 신혼여행 어디 갔는지를 목사님이 알고 있었습니다. 그래서 신혼여행 가 있는 젊은이들에게 밤에 자기 전에 성경 한 절을 읽고 자라, 하고 성경 한 절을 전보로 쳐주었습니다. 자기이름을 딱 넣어서 전보를 쳤는데 아무 내용도 없이 '요한일서 4장 18절'이라고 했습니다. "사랑 안에 두려움이 없고 온전한 사랑이 두려움을 내어쫓나니…" 이 말씀이지요. 그런데 전보치는 사람이 실수를 해서 '일'자를 빼버렸어요. 그러면 어떻게 됩니까. 요한일서가 '요한서'가 되고 받는 사람들은 그만 요한복음 4장 18절로 받아들인 것입니다. 이 신혼부부가 요한복음 4장 18절을 떡 읽어보았더니 "네가 남편 다섯이 있었으나 지금 있는 자는 네 남편이 아니니…"라는 말씀이 아니겠습니까. '허 참! 기가막혀서…' 사실 이 요한일서와 요한복음, 헷갈릴 때가 가끔 있습니다. 여러분, 사랑이라는 것은 사실 이렇습니다. 사랑은 없는 게 아닙니다. 사랑은 있습니다. 세상에 사랑받지 않고 사는 사람이 없습니다. 다 사랑 속에 살고 있습니다. 문제는 그 사랑을 모르고 있다는 것입니다. 그래서 오늘말씀에 "하나님이 우리를 사랑하시는 사랑을 우리가 알고 믿었노니"하고 말씀합니다. 하나님은 사랑이다, 하나님이 하시는 일은 전부 사랑이다, 하나님의 역사는 사랑이다—그렇습니다, 똑같이. 누구에게나 같이 사랑입니다. 그런데 나는 그 사랑을 모릅니다. 믿지를 않습니다. 그러면 거기에 불행이 있는 것입니다. 제가 안양교도소에 가서 전도하고 하던 때가 있었습니다. 특별히 일년에 몇번 세례식이 있었습니다. 그런 때면 대대적으로 예수믿는 사람들 세례를 줍니다. 목사님들이 가서 세례를 주고 돌아오곤 했습니다. 그런데 안양교도소에 방마다 있는 스피커로 제 설교테입이 방송되거든요. 그래서 안양교도소에 있는 사람들이 나를 잘 압니다. 그런데 거기서 출소한 청년 하나가 나를 찾아왔습니다. "제가 안양교도소에서 만기로 출소했습니다. 목사님이 와서 세례베 푸실 때 고맙게도 목사님이 저를 세례주셨습니다. 그런데 지금 출소했으니 나 직장 좀 소개해주세요." 그 청년, 이렇게 말하는 것입니다. 참 힘듭니다. 이럴 때 목사는 참 힘듭니다. 어찌해야 합니까. 전과7범을 누구한테 내가 소개하겠습니까. 참 어려운 시간입니다. 그래서 "글쎄, 내가 예수믿게 하고 세례주는 것도 할 수 있지만, 직장 소개하는 건 내 소관이 아니고 내 일이 아닌데… 좀 어렵구만"했더니 이 청년이 당당하게 하는 말이 이랬습니다. "내 그럴 줄 알았어요. 나는 고아원에서 자랐습니다. 부모님이 나를 버려서 나는 아버지 어머니 얼굴도 모릅니다. 고아원에서 자라다가 담장 넘어 나와가지고 불량배들하고 살다가 전과7범이 되도록 이렇게 형무소에 들락날락거리면서 이 나이까지 살았습니다. 세상에 사랑이 어디 있습니까. 목사님들 사랑, 사랑, 하는데 사랑이 어디 있단말입니까, 부모가 자기자식을 버리는 세상인데…" 이거 큰일났습니다. '이걸 어떻게 말해야 되나?' 제가 그를 앉혀놓고 "자, 그럼 다시 생각해보자. 사람은 말이다. 사랑을 받고 사랑 속에 사는데 이상하게도 제일 중요한 사랑은 자기가 기억지를 못한다. 왜냐하면 4살까지의 일이니까." 아무리 머리가 좋아도 4살 이전의 일을 기억못하지 않습니까. 중요한 사랑은 4살 이전에 다 받은 것입니다. 안그렇습니까? "자, 보자. 다른 사람들은 자기자식이니까, 자기핏줄이니까 먹이고 키우고 도와줬다고 하자. 너는 너와 아무 상관도 없는, 너하고 피 한방울 섞이지 않은 사람들이 너를 거두어서 먹여주고, 입혀주고, 진 자리 마른 자리, 기저귀 갈아주고… 그래서 살아남지 않았느냐. 사랑이 없었다면 네가 이렇게 살아 있겠느냐. 너와 아무 상관도 없는 사람이 너를 사랑해서 네가 이만큼, 오늘이 있는 게 아니겠느냐." 이렇게 말했더니 이 청년, 급기야 목을놓아 웁니다. 한참을 우는 것입니다. "사실 그래요. 그 고아원 원장님 참 고마운 분이었어요. 저를 특별히 사랑해준 아주머니가 있었어요." 이러면서 고마워하는 것입니다. "봐라. 다른 사람보다 너는 특별한 사랑을 받고 오늘이 있느니라." 얘기끝에 벌떡 일어서더니 가겠다고 하는 것입니다. "내가 직장 소개 못해줬는데 어떡하냐?" 그랬더니 "괜찮아요. 내가 사랑받는 존재라는 걸 알았기 때문에 넉넉히 살아갈 것이고요, 형무소 다시는 안갈 겁니다. 목사님, 걱정하지 마세요." 그리고 명랑한 얼굴로 나갔습니다.

여러분, 사랑 못받은 게 아닙니다. 다 받았지요. 어쩌면 나만이 특별한 사랑을 받기도 했습니다. 그 사랑을 모르고 그 사랑을 믿지 않기 때문에 문제입니다. 예수께서 우리를 위하여 십자가를 지셨습니다. 엄청난 사랑으로 자기사랑을 계시해주셨습니다. 그러나 우리는 여전히 사랑을 모릅니다. 사랑을 믿지 않습니다. 그러므로 사랑없는 세상을 살게 되는 것입니다. 사랑을 앎으로 영생에 이르는 것이고, 사랑을 믿음으로 구원에 이르는 것입니다. 오늘말씀에 강조하는 것 가운데 하나가 하나님께서 우리를 먼저 사랑하셨다는 것입니다. 이를 잊지 말아야 합니다. 내가 하나님을 사랑해서 사랑받는 게 아닙니다. 주도성이, initiative가 거기 있습니다. 그가 먼저 사랑하십니다. 지금도 '먼저사랑'으로 우리를 사랑하고 계십니다. 그 사실을 잊지 말아야 합니다. 사랑은 강요해서 얻는 게 아니고, 사랑은 강탈할 수도 없습니다. 더러 어떤 분들은 사랑을 받는 게 좀 모자라다고 해서 박박 '바가지'를 긁으면서 사랑해달라고 조르지마는 사랑이란 그렇게 되는 게 아니지요. 그렇지 않습니까? 사랑은 이미 받은 사랑에 대해서 깨닫고 감동하는 일이 우선되어야 한다는 것을 잊지 말아야 합니다. 유명한 데니스 웨이틀리 교수가 쓴 책에 「Seeds of Greatness(위대함의 씨앗)」이라고 하는 책이 있습니다. 그 속에 사랑에 대한 재미있는 분석이 있습니다. 러브, 사랑이라는 말은 L, O, V, E의 넉 자로 되어 있는데 그 넉 자를 놓고 이렇게 풀이합니다. 'L—Listening이다. 사랑은 듣는 것이다. 사랑은 마음이 열리면서 듣는 것이다.' 사랑하는 사람의 말은 들리거든요. 뿐만아니라 또 재미있거든요. 취하거든요. 자꾸자꾸 듣고 싶거든요. 아마도 사랑은 이럴 것입니다. 그 사람의 말을 계속 듣고 싶으면 그 사람을 사랑하는 것이고, 그 사람의 말이 듣기 싫어지면 사랑은 '물간' 것입니다. 그런 줄 알면 됩니다. 그저 끝없이끝없이 하나님의 말씀을 듣고 싶습니다. 그것이 사랑입니다. 사랑은 듣는 것이다, 마음이 열리면서 들리는 것이고 끝없이 듣는 것이다, 하는 것입니다. 또한 사랑은 'O—곧 Overlooking이다' 하였습니다. 사랑은 눈감아주는 것입니다. 베드로전서 4장 8절에 보면 "사랑은 허다한 죄를 덮느니라" 하였습니다. 그렇습니다. 사랑은 덮습니다. 아니, 보이지를 않습니다. 사랑으로 보니까 죄가 보이지 않습니다. 실수가 보이지 않습니다. 허물이 보이고 실수가 자꾸 보인다면 사랑은 끝난 것입니다. 사랑하면 이것도 저것도 다 아름답게만 보입니다. 나이들면 이런 얘기를 좀 합니다, 주책없이. 우리집에서 손자, 손녀들과 함께 식사를 하거든요. 어리고 귀엽거든요. 그래 떡먹여주고 그러는데, 이놈들이 밥먹다말고 식탁 위로 막 기어올라갑니다. 참 안됐지만 할머니가 그 녀석들 보고 이렇게 말하데요. "네가 만일 내 아들이었으면 너 가만 안뒀다." 참

거 이상해요. 그 벌벌 기어다니는 게 이쁘기만 하더라고요. 어떡하면 좋습니까. 율법은 없습니다. 오직 은혜만 있습니다. 예쁘게만 보이는데 어쩝니까. 버릇나빠지는 거 뻔히 알면서도 예쁘기만 한 것입니다. 그게 사랑이라는 것입니다. 뭘 따지고말고 합니까. 사랑의 시각으로 보면 다 그렇게 그렇게 예쁘게만 보입니다. 이것을 알아야 됩니다. 사랑은 또한 'V—Valuing이다' 하였습니다. 가치를 인정해주는 것, 가치창조를 이릅니다. 사랑하면 내가 사랑하는 사람이 소중해집니다. 그 의미가 소중하고, 또 사랑받으면 내가 소중해집니다. 그러니까 '나는 쓸데없다, 나는 버려진 존재다…'라고 하는 것은 사랑을 몰라서 그렇습니다. 사랑하면 내가 이렇게나 소중할 수가 없습니다. 가치가 점점 높아지는 것입니다. 또한 사랑은 'E—Expressing이다' 하였습니다. 사랑은 표현하는 것이다, 사랑은 행동이다—사랑하고 가만히 있을 수 있습니까. 사랑하니까 끌어안고 사랑하니까 만지고 사랑하니까 봉사하고 섬기는 것입니다. 무언가라도 주어야만 됩니다. 가만히 있을 수가 없습니다. 사랑은 행동이다—이 얼마나 중요한 것입니까. 그가 나를 사랑하고, 그 사랑을 아는 순간 내가 이렇게 되는 것입니다. 알면 감격하고, 이해가 되지 않을 때는 믿습니다. 중요한 것입니다. 믿어지는 것입니다. 아직은 이해가 되지 않습니다. 그러나 자꾸만 믿어집니다. 이것이 사랑입니다.

특별히 오늘본문에서 강조하는 것은 '사랑의 원천, 사랑의 뿌리는 하나님께 있다' 하는 것입니다. 하나님을 사랑하고 사람을 사랑하게 되어 있습니다. 하나님을 사랑하고 나 자신을 사랑하게 되어 있습니다. 하나님을 사랑하고 하나님의 사랑을 아는 것이 사랑의 뿌리라는 것을 강조합니다. 그런고로 사랑 뒤에는 마땅한 행위가 따릅니다. "하나님이 이같이 우리를 사랑하셨은즉 우리도 서로 사랑하는 것이 마땅하도다"하였습니다(벧전 4 : 11). 기독교윤리의 핵심은 '마땅함'입니다. 사랑받았으니 사랑하고 용서받았으니 용서하고… 바울을 보십시오. 로마서 5장에서 말씀합니다. '내가 연약할 때에 그리스도께서 나를 위해 죽으시고 내가 죄인되었을 때에 그가 나를 구속하시고 내가 하나님과 원수되었을 때에 그가 십자가로 날 사랑하심을 확증하셨느니라.' 그런고로 사랑하는 것이 마땅하지요. 내가 하나님과 원수되었을 때 내가 사랑받았습니다. 이제 어떻게 말하겠습니까. 어찌 사랑하지 않을 수가 있습니까. 누가 나를, 이 사랑을 막을 수가 있겠습니까. 이것은 마땅한 것입니다. 이것은 보상행위가 아닙니다. 이것은 율법이 아닙니다. 당연히 그러할 뿐입니다. 그런가하면 사랑은 힘으로 작용합니다. 저는 오래전 샌프란시스코에 집회인도 하러 갔었습니다. 샌프란시스코에 유명한 것이 몇 가지 있습니다. 그 중의 하나가 히피족입니다. 지금은 또 동성연애 하는 사람들이 모여 사는 마을이 있습니다. 거길 내가 꼭 가보고 싶다, 내가 하루해를 거기서 보낼 것이다, 하고 가서 거기서 점심도 먹고 다녀보았는데, 내 눈을 의심했습니다. 세상에 이런 세상도 다 있구나, 했습니다. 남자들끼리 끌어안고 입맞추고 그러는데, 그거 정말이지 못 봐주겠더라고요. 징그러워서. 뭐 이런 세상이 다 있나, 했습니다. 그런 데가 있는 것입니다, 샌프란시스코에. 그런데 거기 가서 들은 얘기입니다. 제 후배목사님으로부터 들은 얘기입니다. 어떤 여자가, 예수 잘믿는 사람인데 의사입니다. 자기가 하고 있는 병원일에 쫓기다보니 남편을 돌아보지 못하고 등한시했습니다. 남편이 그만 밖으로 나가 돌아다니다가 에이즈에 걸렸습니다. 에이즈라고 하는 무서운 병에 걸렸습니다. 이걸 알고 이 의사가 그 남편을 위로했다는 것입니다. 들어보니 감동적이었습니다. "병원일 한다고 바삐 돌아가다가 십여 년이나 당신을 돌아보지 못했습니다. 그래서 당신이 에이즈에 걸렸습니다. 그건 내 잘못입니다. 완전히 내가 잘못한 것입니다. 당신이 이대로 에이즈에 죽으면 나는 당신을 죽게 한 사람이라는 가책 가운데 살다가 죽어야 합니다. 이건 괴로운 일입니다. 그러니 우리 같이 죽읍시다." 그리고 10년 동안 별거하다시피 하던 사이가 다시 신방을 꾸미고 뜨겁게 사랑했다는 것입니다. 기도하며 신앙 속에서 열심히 그렇게 했는데, 이상하게도 이 아내한테는 에이즈가 전염되지 않더라고 합니다. 뿐만아니라 이 사랑에 감동해서 남편이 또 사랑하고, 그 남편의 병까지 나았다는 것 아닙니까. 어떻게 이게 가능하냐고요? 의학적으로 가능하다고 합니다. 이런 아가페적인 특별한 사랑을 화끈하게 하면 아주 고질의, 높은 질의 T임파구가 듬뿍 나와서 에이즈균, 에이즈바이러스를 충분히 이길 수 있다고 합니다. 이걸 알아야 됩니다. 사랑은 능력으로, 힘으로 작용합니다. 사람을 구원하고 인격을 구원하고 병을 고치고 원수를 사랑하고 세상을 바꾸고… 여러분, 나의 나약함, 나의 두려움의 원인이 어디에 있습니까. 사랑을 이해하지 못해서입니다. 사랑을 못받아서가 아닙니다. 받은 사랑을 모르기 때문입니다. 받고 있는 사랑을 믿지 않고 있기 때문입니다. 내 현실 속에 하나님의 사랑은 지금도 확증되고 있습니다. '하나님은 사랑이다.' 하나님은 사랑이라고 고백하고 그 사랑에 충만할 때, 거기에 두려움이 없습니다. 거기에 질병도 없습니다. 거기에 참평화와 능력이, 나와 세상을 이기는 능력이 있는 것입니다. 하나님은 사랑이십니다. △

마음을 강하게 하라

여호와의 종 모세가 죽은 후에 여호와께서 모세의 시종 눈의 아들 여호수아에게 일러 가라사대 내 종 모세가 죽었으니 이제 너는 이 모든 백성으로 더불어 일어나 이 요단을 건너 내가 그들 곧 이스라엘 자손에게 주는 땅으로 가라 내가 모세에게 말한 바와 같이 무릇 너희 발바닥으로 밟는 곳을 내가 다 너희에게 주었노니 곧 광야와 이 레바논에서부터 큰 하수 유브라데에 이르는 헷 족속의 온 땅과 또 해 지는 편 대해까지 너희 지경이 되리라 너의 평생에 너를 능히 당할 자 없으리니 내가 모세와 함께 있던 것 같이 너와 함께 있을 것임이라 내가 너를 떠나지 아니하며 버리지 아니하리니 마음을 강하게 하라 담대히 하라 너는 이 백성으로 내가 그 조상에게 맹세하여 주리라 한 땅을 얻게 하리라 오직 너는 마음을 강하게 하고 극히 담대히 하여 나의 종 모세가 네게 명한 율법을 다 지켜 행하고 좌로나 우로나 치우치지 말라 그리하면 어디로 가든지 형통하리니 이 율법책을 네 입에서 떠나지 말게 하며 주야로 그것을 묵상하여 그 가운데 기록한 대로 다 지켜 행하라 그리하면 네 길이 평탄하게 될 것이라 네가 형통하리라 내가 네게 명한 것이 아니냐 마음을 강하게 하고 담대히 하라 두려워 말며 놀라지 말라 네가 어디로 가든지 네 하나님 나 여호와가 너와 함께 하느니라 하시니라

(여호수아 1 : 1 - 9)

마음을 강하게 하라

　1835년에서 1919년까지 살았던 인물로 큰 사업가요 사상가이자 독실한 신앙인이요 또 지도자였던 '강철왕' 앤드루 카네기를 여러분은 아실 것입니다. 이분에 대한 책이 많이 나와 있으니까 말입니다. 그분은 참으로 여러 면에서 유명한 분입니다. 그러나 제 생각으로 가장 유명한 것은 자기자신의 묘비명을 스스로 선택했다는 것입니다. 자기무덤에 세울 묘비명을 그 스스로가 써놓았습니다. 그 점에서 더욱더 많은 사람에게 존경을 받는 그러한 인물입니다. 그 묘비명은 이렇습니다. '여기에 자기자신보다 더 우수한 사람을 어떻게 다루어야 하는지를 아는 인간이 누워 있다.' 의미심장한 묘비명입니다. 그는 이 속에서 중요한 것 몇가지를 우리에게 말해줍니다. 그것은 먼저 '겸손'입니다. 사람들은 그를 가리켜서 '천재'라고도 하고, '지도자'라고도 하고, '사업가'라고도 하고 '성공한 사람'이라고 높이고 있지마는 그는 '아닙니다'라고 말합니다. 나의 성공은 많은 우수한 사람들, 나보다도 훨씬 우수한 사람들이 협력해서, 힘을 모아서 이루어진 것이다, 그래서 이같은 일을 할 수가 있었다―이러한 고백이 그 속에 있습니다. 또 한 가지, 그들의 장점, 그들의 우수한 점들을 내가 받아들여서 그 우수한 것들을 극대화하도록, 우수한 자로 하여금 우수하게 일하도록 지도하는 방법을 내가 알고 있었다, 그것이 바로 나 자신이다, 그래서 오늘의 내가 있다, 라고 하는 고백이 거기 있습니다.
　여러분, 어차피 인간은 장·단점을, 강점과 약점을 다 가졌습니다. 아시는대로 장점만 가진 사람은 없습니다. 또한 단점만 가진 사람도 없습니다. 하나님께서 고루고루 다 주셨습니다. 그런데 문제는 그 장점이라는 것이 어떤 때는 둔갑을 하게되어 단점이 되어버리기도 하고, 혹은 그 사람에게 주어진 악조건, 단점이라고 하는 약점이 오히려 큰 장점으로 부각되기도 한다는 것입니다. 여기서 우리가 생각을 해야 합니다. 약한 사람의 표본은 이렇습니다. 자기의 약점을 자기가 알고 그에 집착하여 이것을 죽이려고, 혹은 단점을, 약점을 없애려고 하는 데 온힘을 기울이고 한평생 노력을 하는데 그러느라 세월 다 가버립니다. 그러는 동안에 자기에게 주어진 바 하나님께로서 받은 큰 장점, 큰 은사, 다 잃어버리게 되고 맙니다. 다 땅에 묻어버리고 맙니다. 이게 바로 어리석은 인간의, 약한 인간의 모습입니다. 그러면 강한 사람, 지혜로운 사람은 어떤 사람이겠습니까. 자기 자신을 압니다. 약점도 있고 강점도 있습니다. 그런데 그는 자기에게 주어진 장점을 극대화합니다. 장점을 소중히 여깁니다. 그리고 그 장점을 살려가느라고 어느 사이에 그의 단점을 다 극복하게 됩니다. 이것이 지혜로운 사람의 삶입니다.

그렇다면 지도자는 어떤 사람입니까. 지도자는 많은 사람들 속에 살면서 남의 약점이나 남의 단점은 보지 않습니다. 특별히 자기 앞에 있는 사람의 장점만 봅니다. 그의 능력과 훌륭한 점만 봅니다. 그리고 그들로하여금 자기능력을 다할 수 있도록 분위기를 만듭니다. 그러도록 띄워줍니다. 그 장점들을 이용해서, 큰 힘을 모아서 큰 사업, 큰 역사를 이루게 됩니다. 이런 사람이 지도자입니다. 바바라 드 앤젤리스라고 하는 교수님이 「자신감」이라고 하는 책을 썼습니다. 이것은 「뉴욕 타임즈」의 보고서대로 베스트 셀러로 여러 해 동안 많은 사람에게 읽혀진 아주 명망이 높은 책입니다. 자신감! 그 책에서 저자는 자신감이 무엇인지를 말하고 있습니다. 자신감과 자만심은 다르다, 하였습니다. 자신감이란 뭐냐하면 외면적인 성취와는 아무 상관 없고 결과가 불투명할지라도 내면적인 세계에 관심을 두고 여기에 과감하게 도전하는 용기입니다. 이게 자신감이요. 또한 자신감은 처해 있는 환경과도 상관이 없습니다. 어떤 처지에 있느냐, 아랑곳하지 않습니다. 다른 목적에 따르면 그 목적이 필요로 하는대로 온마음과 정신을 다 기울입니다. 환경과 관계없이 이런 사람이 자신감이 있는 사람입니다. 더 중요한 것은 과거의 실적에 매이지 않는다는 것입니다. 그보다는 미래에 대한 비전에 마음을 두고 밀고나가는 것입니다. 보면 흔히들 과거에 좀 성공했다고해서 거기에 매여버립니다. 그래서 작은 과거의 성공이 큰 미래를 망치는 경우가 많습니다. 그런 사람 많습니다. 과거에 차라리 실패했더라면 더 좋은 사람이 되었을 걸 싶은 사람을 가끔 봅니다. 과거에 무슨 조그마한 거 좀 잘됐다고해서 이에 연연하고 매여 있는 동인 소중한 현재와 미래가 다 망가지고 맙니다. 그런 사람 의외로 많습니다. 이를테면 뭐, 젊었을 때 일류대학 나왔다냐? 그거 지금 몇십 년 됐는데 아직도 그거 우려먹고 있는 것입니까. 내가 그래도 일류대학을… 그러니 어쩌라는 것입니까. 차라리 그분이 일류대학 못나왔더라면 사람될 뻔했는데, 하는 아쉬움이 있습니다. 작은 성공, 이것에 매이는 동안에 큰 미래가 망가진다는 것을 알아야 합니다. 자신감이라는 것은 과거의 성공에 집착하지 않습니다. 그러면 다시한번, '자만심'이라는 것은 무엇입니까. 과거에 매이는 것입니다. 환경의 호전에 의해서, 환경에 의해서 스스로 자신감을 가지려 하는 것입니다. 이게 바로 자만심입니다. 또하나는, 결과에 연연하는 것입니다. 어떤 결과가 왔다고해서 있을 거라고해서 내는 용기, 이것은 자만입니다. 깊이 생각하여야 합니다.

　오늘본문에 보면 한 지도자의 고민이 있습니다. 심리학적으로 사람들이 가지는 고민의 뒷면에는 죽을까 하는 두려움, 죽음에 대한 공포가 있고 또 죄책감이 있습니다. 많은 잘못한 것들이 항상 그 양심을 짓누르고 있습니다. 이래서 두려움에 떤다고 심리학자들은 공통적으로 말합니다마는 오늘본문에 나타난 여호수아의 고민은 그런 것이 아닙니다. 한 지도자의 고민입니다. 그 마음속에 큰 두려움과 고민이 있었습니다. 모세가 죽었습니다. 일인자 모세가 죽었습니다. 이인자인 여호수아가 일인자가 되었습니다. 일인자인 모세만 의지하고 그에게 순종하고 충성을 다하던 여호수아가 모세 없는 가운데서 이스라엘을 인도해야 될 무거운 책임을 졌습니다. 그는 너무도 견딜 수가 없었습니다. 모세는 죽었으니 홀로 이 백성을 인도해야 한다는 고독감으로 괴로워하고 있습니다. 그런가하면 이스라엘의 무지와 또 그들의 완악함을 잘 아는 사람입니다. 40년 동안 광야에서 이스라엘이 어떻게 지냈는지를 여호수아는 익히 알고 있습니다. 모세가 산에 올라가 하나님께로서 계시를 받는 동안, 그 기간을 참지 못해서 이스라엘은 산밑에서 황금우상을 만들어 섬겼습니다. 그런가하면 가나안 정탐군의 보고를 들으면서 마음에 안든다고 모세를 죽이고 애굽으로 돌아가자고 고함을 지르고 난리를 피우던 그런 사람들입니다. 이스라엘백성이 얼마나 못되게 구는지를, 얼마나 타락하고 얼마나 완악하고 얼마나 목이 곧은 백성인지를 그는 잘 압니다. 40년 동안 실제로 경험했습니다. 그때문에 모세가 고민하는 것을 보았습니다. 그런데 여호수아, 이 이인자가 어떻게 이 백성을 인도할 수 있단말입니까. 또하나는 미지의 세계입니다. 잠깐 정탐군으로 가서 밟아본 일은 있습니다마는 가나안 일곱 족속이 사는 그 땅은 전혀 미지의 세계입니다. 그에 대한 정보가 없습니다. 이쪽은 오합지졸이요, 저쪽은 군사가 있고 나라가 있습니다. 높은 성이 있습니다. 어떻게 그 성을, 그 나라를 점령해들어갈 수 있단말입니까. 고스란히 미지의 세계입니다. 신앙 없는 정탐군들은 보고하기를 그 땅은 아낙자손들이 사는 곳이요, 그 아낙자손들의 장대한 모습에 비해볼 때 우리들은 메뚜기 같더라, 했습니다. 민수기 13장 33절에 보면 "우리는 스스로 보기에도 메뚜기 같으니…"라고 그들은 말하였습니다. 어떻게 메뚜기같은 우리가 저 어마어마한 가나안땅을 점령할 수 있단말인가, 하였습니다. 인간적으로 볼 때는 사실 문자그대로 환경이 제로 선에서 출발합니다. 아무것도 없습니다. 인간적으로 볼 때는 아무것도 기대할 것이 없습니다. 그러나 하나님께서는 여호수아에게 말씀하십니다. '너는 마음을 강하게 하라. 담대히 하라. 내가 너와 함께하리라.' 특별히 오늘본문 가운데 보면 '이땅을 너희에게 주었노니'라고 말씀하십니다. 과거사입니다. 이미 주었다, 가서 차지하라. 하나님 말씀입니다. 여기에 무슨 증거가 있습니까. 이땅을 너와 네 후손에게 주었다, 아브라함에게 주었다, 가서 차지하라, 하시는 하나님의 말씀을 믿고 가야 하는 여호수아는 마음이 답답하기만 합니다. 그런가하면 이 지경이 다 너희 땅이 되리라, 너를 당할 자가 없으리라, 내가 너와 함께함이니라, 가라, 하고 재촉하십니다. 이제 하나님만 믿고 이스라엘의 대군을 이끌고 요단강을 건너가야 했습니다. 여러분, 생각해보십시오. 두려워 말라, 내가 너와 함께함이니라, 너는 할 수 있다, 너는 해야 한다, 이미 내가 네게 주었노라, 하십니다. 이제 여호수아에게 특별한 믿음이 필요했습니다.

아돌포 퀘자다라고 하는 분이 쓴 「Loving Yourself for God's Sake」라고 하는 유명한 책이 있습니다. 거기서 그는 이렇게 말합니다. '하나님을 사랑한다는 것, 진정으로 하나님을 사랑하는 길은 하나님 안에서 자기자신을 사랑함에서부터 출발하는 것이다. 하나님 안에 있는 나 자신을 소중히 여기면서부터 출발하는 것이다.' 그래서 세 가지를 말합니다. 첫째는 자신의 모습을 그대로 용납하라는 것입니다. 여러분, 자신을 볼 때 마음에 안드는 것 많지요? 나도 요새같아서는 '내 키가 너무 작다. 더 컸으면 좋겠다' 싶습니다. 요새 젊은 사람들은 키가 너무 커서 나를 아주 곤혹스럽게 만듭니다. 인사를 하는데 내가 어떻게 받아야 될지를 모르겠습니다. 나보다 다들 더 크니까요. 그건 그렇고 자, 우리는 작습니다. 또 과거에 이러저러했습니다. 어쨌든 있는 모습 그대로를 용납하여야 합니다. 왜? 이것이 하나님께서 내게 주신 축복이기 때문입니다. 하나님께서 내게 주신 기업이요 하나님께서 내게 주신 은사이기 때문입니다. 그러니 자기자신을 용납하고 소중히 여겨야 합니다. 또한 자신의 과거와 화해하여야 한다는 것입니다. 여러분, 억울한 과거가 있습니까? 나를 괴롭히는 사람이 있습니까? 그걸 잊어버리는 것만으로는 안됩니다. 그와 화해하여야 합니다. 아니, 과거와 화해하여야 하는 것은 과거로 인해서 오늘이 있기 때문입니다. 그런고로 오늘이 있게 한 그분들에 대해서 고맙게 생각하여야 한다, 그 말입니다. 아시겠습니까? 고맙게 생각해야 됩니다. 과거와 화해하여야 합니다. 만일에 과거에서 벗어나지 못하고 아직도 과거의 그 누구를 미워하고 나를 이렇게 망가뜨린 그 아무개… 이러고 산다면 그 사람은 함께 망가진 사람입니다. 그걸 잊지 말아야 합니다. 시각장애자 가운데 강영욱 박사라고 있습니다. 참 유명한 분입니다. 현재 미국 국무성에서 일하고 있는데 교육학자요, 박사요, 참 큰일을 하고 있는 분입니다. 그는 중학교 다닐 때 축구공에 맞아서 시력을 잃었습니다. 부모님도 갑자기 돌아가셨습니다. 동생 하나는 고아원에 보내고 하나는 철물점에 보내고, 그리고 혼자서 많은 고생을 합니다. 좌우간 5년 동안을 눈떠보려고 하나님 앞에 기도하고 몸부림쳤습니다. 5년을 그렇게 보내고 다시 시작했습니다. 이대로 사는 것이 하나님의 뜻이다, 생각하고 공부해서 연세대학에 들어가고 유학을 하고 교육학박사가 되고, 그랬습니다마는 이제 그는 말합니다. '내가 받은 모든 축복은 내가 시각장애자가 됨으로써 온 것이다. 내가 시각장애자가 아니었다면 오늘의 나는 없다. 그뿐아니라 내 아들이 의사가 된 것도 제 아버지가 앞을 못 보기 때문이다. 그런고로 내가 받은 모든 축복은 내가 가장 어려움을 겪은 것이나. 그것이 바로 오늘의 나를 있게 한 것이다.' 그런고로 과거는 아름다운 것입니다. 과거와 화해한 것입니다. 저는 북한에 갈 때마다 꼭 느낍니다. 그분들이 나에게 인사할 때마다 꼭 들추어 말하는 것이 있습니다. 제 목전에서 제 아버지가 총살을 당하였습니다. 참으로 괴로운 시간이었습니다. 그러나 여러분 잊지 마십시오. 그 일이 있었기 때문에 내가 목사가 되었고, 죄송합니다마는 그렇기 때문에 저는 새벽기도를 하는 것입니다. 그렇기 때문에 나는 북한을 잊을 수가 없는 것입니다. 가장 처절한 경험이지마는 이 일은 아주 소중한 것입니다. 이걸 잊지 말아야 합니다. 여러분, 세상에 악처치고도 가장 역사적인 악처가 소크라테스의 아내인 거 다 아시지요? 얼마나 못됐느냐, 그런 거 일일이 다 말하지 맙시다. 어느날 소크라테스가 제자들 좀 교육하고 저녁에 귀가하는데 이 여자, 설겆이하다 말고 느닷없이 설겆이물을 남편의 얼굴에 확 끼얹었습니다. 그런데 이 노인, 그냥 껄껄 웃으면서 하는 말이 이랬습니다. "천둥이 치더니 소나기가 쏟아지는구먼." 이런 악처하고 사는 것이 보기에 딱해서 친구들은 그를 보고 이런 말까지 했습니다. "까짓, 그런 마누라 내보내지 그래. 이혼하고 말지 그래." 그러니까 소크라테스, 껄껄 웃습니다. "자네들은 나를 모르는구만. 그 마누라 아니었으면 내가 어찌 철학자가 됐겠나." 이 말, 맞는 말입니다. 여러분, 과거와 화해하여야 합니다. 그러고야 미래가 있는 것입니다. 이것이 신앙이라는 것입니다. 또한 자신에게 책임감을 부여하여야 한다는 것입니다. 많이 받았으니 많이 주어야 됩니다. 은혜를 받았으니 갚아야 되지요. 우리는 내 존재의 이유를 바로 알아야 합니다. 하나님의 은혜와 그 크신 사명 중에 내가 존재하는 것입니다. 하나님께서 내게 주신 사명이 있음으로 나는 존재합니다. 그것이 하나님의 사랑입니다.

모세는 40년을 지내고 이렇게 세상을 갔고, 그 많은 경험을 눈으로 본 여호수아입니다. 하나님께서 그에게 말씀하십니다. '담대하라. 마음을 강하게 하라. 내가 너와 함께하느니라. 가나안의 적도 보지 마라. 이스라엘의 완악함도 머리에 두지 마라. 다만 나를 보라. 내가 네게 명한 것을 지키라. 모세를 통하여 말한 바 율법을 지키라. 그 율법을 명상하고 묵상하라. 네 생각의 중심에 항상 하나님의 말씀이 있어야 한다. 오직 하나님만 생각하라. 그리고 하나님의 말씀을 다 지켜 행하라. 그리하면 무슨 일을 하든지 형통하리라.' 네 발바닥으로 밟는 땅은 다 네게 주었노라. 범사에 형통하리라. 이렇게 말씀하십니다. 여러분, 깊이 생각하여야 합니다. 어네스트 뉴만의 글에 이런 말이 있습니다. '위대한 작곡가는 영감이 생겨서 일하는 것이 아니고 하나님의 영광을 위하여 열심히 일하기 때문에 영감이 오는 것이다.' 그리고 거론합니다. 베토벤, 모짜르트, 바그너, 그리고 바하, 하이든… 모든 유명한 음악가는 오직 하나님의 영광을 위하여 열심히 일할 때 하나님께서 그들에게 영감을 주셨던 것입니다. 영감을 기다려서 영감을 얻은 게 아닙니다. 우리는 때때로 성령충만을 기다리다가 세월 다 갔습니다. 예수님 분명히 말씀하십니다. '너희가 공회에 끌려갈 때 그냥 끌려가라, 죽을 각오를 하고. 끌려가서 공회에 서면 내가 무슨 말 할 것인가를 현장에서 일러주리라(마 10 : 17 - 19).' 이것이 충만함입니다. 여호수아에게 말씀하십니다. '가라. 그러면 내가 함께할 것이니라. 요단강을 건너가라. 내가 너와 함께할 것이니라. 강하고 담대하라. 하나님의 말씀을 지키라. 하나님을 사랑하라. 그리고 용기를 내어라. 내가 네게 능력으로 함께할 것이니라.' △

그의 은혜와 내 은혜

여러 계시를 받은 것이 지극히 크므로 너무 자고하지 않게 하시려고 내 육체에 가시 곧 사단의 사자를 주셨으니 이는 나를 쳐서 너무 자고하지 않게 하려 하심이니라 이것이 내게서 떠나기 위하여 내가 세 번 주께 간구하였더니 내게 이르시기를 내 은혜가 네게 족하도다 이는 내 능력이 약한 데서 온전하여짐이라 하신지라 이러므로 도리어 크게 기뻐함으로 나의 여러 약한 것들에 대하여 자랑하리니 이는 그리스도의 능력으로 내게 머물게 하려 함이라 그러므로 내가 그리스도를 위하여 약한 것들과 능욕과 궁핍과 핍박과 곤란을 기뻐하노니 이는 내가 약할 그 때에 곧 강함이니라

(고린도후서 12 : 7 - 10)

그의 은혜와 내 은혜

그러니까 1963년, 제가 처음 유학하면서 맨처음에 만났던 글 중에서 「라인홀트 니버의 기도문(The Prayer of Reinhold Niebuhr)」을 보고 크게 감동을 받아 그 후로 40년 동안 저는 아침마다 이 기도문을 외어봅니다. 이 기도문을 내 책상에 크게 써서 붙여놓고 나의 기도를 대신해서 이 기도가 곧 나의 기도가 되기를 소원해왔습니다. 아주 모범적인 기도문입니다. 제가 이 시간에 한번 다시 여러분께 소개하려고 합니다. 라인홀트 니버의 기도입니다. 'God, grant me the serenity to accept the things I cannot change, the courage to change the things I can and the wisdom to know the difference.' 참 대단히 깊은 뜻이 담긴 기도문입니다. 소원이 세 가지입니다. 하나는 serenity, 냉정함을 주십시오, 인간적인 감정, 인간적인 이상, 내 과거… 이런 데 매이지 말고 냉정하게, 할 수 없는 것은 받아들이게 해주십시오, 할 수 없다고 하는 것은, 고칠 수 없는 것은 받아들이게, 할 수 없는 것은 그대로 하나님의 뜻으로 받아들이게 해주십시오, 하는 것입니다. 둘째는 '용기'입니다. 'courage to change I can' 하나님께서 '할 수 있다' 하시는 것이라면 할 수 있게 해주십시오, 고칠 수 있는 것이라면 고칠 수 있는 용기를 주십시오, 하는 것입니다. 또한 이 두 가지, 고칠 수 있는 것과 고칠 수 없는 것, 할 수 있는 것과 할 수 없는 것 식별할 수 있는 지혜를 주시옵소서 — 이런 기도입니다.

기독교서적 분야에서 베스트 셀러로 오랫동안 올라 있는 간단한 책 한 권이 있습니다. 책이름은 「다니엘 학습법」입니다. 이것은 서울대를 2000년 2월에 졸업한 김동환 전도사의 글입니다. 청년이 쓴 것입니다. 그는 서울대를 수석으로 졸업하는데 그것도 특별수석입니다. 기록적인 특별성적입니다. 성적이 전부 A$^+$입니다. 이런 엄청난 성적으로 서울대를 졸업했습니다. 많은 사람들이 그를 칭찬합니다. 그러나 그는 담담하게 말합니다. "나는 평범한 대한민국 청년일 뿐입니다." 진실하게 말합니다. "그래도 뭔가 다른 게 있지 않겠습니까?" "그런 거 없습니다. 단 한 가지, 우리집에는 대원칙이 있습니다. '기도하지 않고는 밥먹지 마라. 성경 읽지 않고는 공부하지 마라.' 그것뿐입니다." 그의 글에 이런 말이 있습니다. 고3 되었을 때도 어머니한테 얼마나 맞았는지 몸에 피멍이 들었다고 합니다. 그걸 본 친구들이 이렇게까지 물었다는 것입니다. "너 공부도 잘하는데 왜 맞니? 공부 잘하는 아이를 왜 엄마가 자꾸 때리시니? 니네 엄마 계모 아니야?" 왜 맞았느냐? 그것은 정한 시간에 기도해야 하는데 그걸 못했기 때문입니다. 혹은 정한 만큼의 성경을 읽어야 하는데, 그리고 공부해야 되는데, 이걸 어겼을 때 어머니는 호되게 매질을 한 것입니다. 그래서 그는 생각합니다. 이러한 것을 신본주의적 학습이라고, 이를 이름하여 '다니엘 학습법'이라고 했습니다. 왜? 다니엘 1장 8절에 보면 "다니엘이 뜻을 정하여"라는 말씀이 있습니다. 뜻을 정하였다—목적이 있는 것입니다. 뚜렷한 뜻과 확정된 목적이 있는 공부를 하는 것입니다. 생의 목적이 있습니다. 그리고 공부하는 것입니다. 또한 세속적인 모든것을 거부하였습니다. 왕이 좋은 음식을 먹으라고 했지마는 '아니오. 나는 그런 우상의 제물 같은 것 안먹겠소'하였습니다. 모든 세상유혹을 다 거절했습니다. 세속으로부터 벗어나고, 그 다음에 그는 하나님만 의지하고 살든지 죽든지 하나님의 지혜만 구했습니다. 이것은 다니엘의 일생을 요약한 것입니다. 자,

그렇게 살고 그렇게 공부하는 것이 다니엘 학습법입니다. 제가 이 책을 읽으면서 거기에 미치지 못하지마는 조금은 생각을 해보았습니다. 제가 어렸을 때 성경을 읽으면 어머니께서 칭찬을 하십니다. "몇 장 읽었습니다"하면 "잘했다"하시고 "몇장 읽었습니다"하면 "썩 잘했다"하셨습니다. 처음에 한 장, 두 장, 석 장, 하다가 서서히 나이가 들면서 7장씩 읽었는데, 7장씩 읽고 그날의 공부를 하고 그랬는데, 그래서 제가 미국유학시절에까지 이상하게도 성경 안읽으면 꼭 시험을 빵점맞을 것만 같았습니다. 그래 아무리 바빠도 성경부터 읽고나서야 공부를 했던 그런 기억이 있습니다. 여러분, 다니엘 학습법은 공부하는 사람에게만 필요한 것이 아닙니다. 모두에게 필요한 것입니다. '기도하지 않고 밥먹지 마라. 성경 읽지 않고는 공부하지 마라.' 어떻습니까? 그것이 이 청년을 특별한 사람으로 만들었습니다. 그러나 사실은 특별할 것이 없습니다.

오늘본문에 보면 사도 바울의 은혜적인 인생관이 잘 설명되고 있습니다. 그는 은혜에 대해서 생각합니다. 은혜가 뭔가? 은혜로 은혜되게 하는 하나님의 은혜에 대해서 생각합니다. 은혜가 은혜되어야 은혜입니다. 하나님의 은혜 가운데 살면서도 우리는 은혜를 모릅니다. 우리에게 은혜되지 못하고 있습니다. 그런고로 은혜로 은혜되게 하는 하나님의 전권적 은혜, 주도적 은혜를 생각합니다. 두 번째는 은혜를 은혜로 받아들이게 하는 은혜를 생각합니다. 은혜도 중요하지마는 은혜를 은혜로 accept, 받아들여야 은혜이거든요. 아무리 큰 사랑이 있더라도 내가 그 사랑을 받아들여야 사랑 아닙니까. 은혜를 은혜로 받아들이는 그 은혜, 이것이 큰 은혜다, 하는 것입니다. 또한 은혜를 은혜로 아는 은혜입니다. 그래서 기뻐하는 것입니다.

"도리어 크게 기뻐함으로…" 기가막힌 말씀입니다. 은혜를 은혜로 아는 순간에 그는 크게 기뻐했습니다. 그 기쁨으로 충만하게 살았습니다. 사도 바울의 위대한 점이 바로 여기에 있는 것입니다. 여러분, 하나님의 은혜와 내가 생각하는 은혜, 이게 상반될 경우가 많습니다. 자, 내 은혜가 무엇입니까. 내가 보통 생각하는 것은 다 인간적인 것에 지나지 않습니다. 병든 것은 은혜가 아닙니다. 병들었다가도 나아야 은혜입니다. 실패하는 걸 은혜라고 생각하는 사람 없습니다. 실패했다가도 성공하면 '아, 은혜받았다' 합니다. 우리가 은혜라고 생각하는 것은 대체로 현재적이고, 육체적이고, 물질적이고, 자기중심적이고, 자기아집에 속한 것들입니다. 인간의 저속한 욕망을 기초로 하고 있습니다. 주로 이런 은혜를 생각하고 있습니다. 이런 은혜가 더 화끈하게 왔으면 좋겠다, 생각들을 하는 데 비해서 하나님께서 말씀하시는 은혜는 그런 것이 아닙니다. 영원한 것입니다. 철저하게 미래적인 것입니다. 철저하게 내세지향적이고 신령한 것입니다. 온전한 것입니다. 형통케 하는 것입니다. 좀더 나아가서는 좀더 나 자신을 하나님의 사람 되게 하고 강한, 온전한 그리스도인의 인격에 도달하게 하는 것입니다. 이것이 하나님께서 생각하시는 은혜입니다. 문제는 여기에 있습니다. 하나님께서 말씀하시는 은혜를 내 은혜로 받아들여야 한다는 것입니다. 그래서 오늘 '네게 있는 내 은혜'라고 말씀하십니다. "내 은혜"라고 주님 말씀하십니다. 네가 그것을 은혜로 받고 있느냐, 하심입니다.

바울의 입장으로 돌아가봅시다. 바울이 그렇게 저속한 사람은 아닙니다. 그래서 그가 생각하는 은혜라는 것은 잘살고 오래 살고 건강하고 복받고 출세하고… 하는 세상얘기가 아닙니다. 바울의 입장에서 생각하는 것은 적어도 '복음의 길을 열어 주십시오. 복음의 문을 열어주십시오. 선교의 문을 열어주십시오. 활짝 열어서 어딜 가나 환영받으면서 좀더 크게 역사했으면 좋겠습니다. 보다 많은 사람에게 효과적으로 복음을 전해서 불같이 교회가 일어나고 온세계가 복음화하는 그런 모습을 보았으면 좋겠습니다'하는 것입니다. 그렇게 되는 것이 곧 바울이 생각하는 은혜인 것입니다. 그러기 위해서 내가 할일이 있다고 생각하고 동분서주 하는 것입니다. 그가 생각하는 은혜는 지극히 구원론적이고 선교적인 것이었습니다. 그래서 또 하나의 구체적인 은혜가 있습니다. '그러기 위하여 건강을 주십시오. 하나님, 다른 것은 없어도 건강은 있어야 되지 않겠습니까. 이게 밑천인데…' 명예도 구하지 않고, 지식도 구하지 않고, 부귀도 구하지 않습니다. 오직 하나님의 일을 하기 위하여 필요하니 at least, 최소한 건강을 주셔야 하지 않겠습니까, 최소한 건강을 주십시오, 건강을 주십시오, 하고 구하는 것입니다. 그래서 세 번 기도했다, 합니다. 특별히 시간을 정하고 기도한 것같습니다. 뭐, 금식을 했는지 철야를 했는지, 그건 모르겠습니다. 어쨌든 그는 말씀합니다. 세 번 특별히 한 가지 제목을 위해서 기도했다는 것입니다. 육체의 가시, 사단의 사자. 이것을 오늘본문대로 이제는 제하여달라고, 사단의 사자, 이것을 빼달라고 하나님 앞에 기도하였습니다. "이것이 내게서 떠나기 위하여" 세 번 간구하였다고 말씀합니다. 그 기도가 잘못된 것이 아닙니다. 그가 생각하는 은혜가 그릇된 것은 아닙니다. 사단의 사자, 육체의 가시가 무엇인가. 이것이다, 저것이다, 많은 학자들이 구구하게 얘기합니다. 그리고 그 나름대로 다 일리가 있습니다마는 저는 저 나름대로 연구해본 결과, 이건 그 당시에 흔히 있었던 간질병입니다. 그래서 종종 쓰러지기 때문에 사도행전에 보면 늘상 누가라고 하는 의사가 함께하고 있습니다. 그가 끝까지 함께합니다. 그러면서도 이 병을 고쳐주지 않았습니다. 그런데, 생각해보십시오. 갈라디아서 4장 14절에 말씀합니다. "너희를 시험하는 것이 내 육체에 있으되 이것을 너희가 업신여기지도 아니하며… 그리스도 예수와 같이 영접하였도다." 고마워하고 있습니다. 한번 이렇게 추리해볼까요? 갈라디아교회에 가서 설교할 때 강단에서 말씀하다말고 그만 발작이 일어나 꺽꺽 소리지르면서 거품을 물고 쓰러져버렸습니다. 이게 될 법한 노릇입니까. 이 자리의 여러분도 한번 상상을 해보십시오, 여기서 제가 그렇게 쓰러진다면 어떻게 되겠나. 얼마나 많은 사람이 시험에 들겠습니까. 아마도 여기저기 뉴스에 다 나올 것입니다, 이게. "거품을 물고 쓰러졌다!" 하고요. 얼마나 손해이겠습니까. 얼마나 많은 사람의 믿음에 손해가 나겠습니까. 그래서 '너희 믿음을 시험하는 것이 내 육체에' 있었다 하는 것입니다. 그래서 내가 하나님 앞에 기도하였다 합니다. 이거 빼달라고. 이거 아주 결정적이고 그야말로 궁극적인 것입니다. '이거 하나만은 하나님, 빨리 제거해주십시오.' 그런데 오늘말씀에 보니 들어주시지 않았습니다. 응답하시지 않았습니다. 상황에 변화가 없습니다. 상태에 변화가 없고 다만 해석이 있을 뿐입니다. 상황에 대한 해석이 있습니다. interpretation이 있을 뿐입니다. 말씀하십니다. "My grace is sufficient for you—내 은혜가 네게 족하도다." 엄청나게 주님께서 말씀하십니다. '내 은혜다. My grace, 그것은 내 은혜다. 네가 조금 고민하고 있지마는 그것은 My grace다.' 자, 어찌하면 좋겠습니까. '그대로가, 네가 가진 불편한 몸 그대로가 내 은혜다.' 왜요? '나는 큰 것을 원치 않아. 진실한 것을 원해. 위대한 역사를 바라지 않아. 겸손하기를 원해. 자기자랑을 하는 그런 사람은 원치 않는다. 자기자랑 한다면 은혜가 다 없어진다. 오직 주님만 자랑하는 그런 사람으로 살아가고, 그런 사람으로 남기를 원한다. 내 은혜. 너를 겸손하게 만들고, 너에게 은혜로 은혜되게 하고, 너를 그리스도 안에서 강하게 만드는 것이 바로 이것이다. 그런고로 내 은혜다' 라고 말씀하십니다.

바울이 세 번 기도했다고 말씀합니다. 이 '세 번'이라는 것에 중요한 의미가 있습니다. 랍비들의 교훈에 의하면 자식이 아버지에게 뭘 요청할 때, 무슨 소원을 말할 때 "저걸 내게 주세요"라고 했다 합시다. 한 번 얘기했습니다. 거절당했습니다. 두 번 얘기했습니다. 거절당했습니다. 이어서 세 번 거절당했다면 이젠 더 구해서는 안된다는 것입니다. '너는 이것을 가져서는 안된다' 하는 뜻입니다. 그 거절 속에 아버지의 뜻이 있습니다. 이제는 아버지의 뜻을 받아들여야 되는 것입니다. 그대로 받아들이는 것입니다. 이깃이 히브리사람들의 신앙입니다. 무응답, 그것을 여기서 응답으로 들어야 됩니다. '안된다면 안되는 줄 알어.' 그것을 응답으로 받아야 되는 것입니다. 외람되지만 예수님 겟세마네동산에서 기도하시는 장면과 비교해봅시다. 냉정하게 보십시오. '하나님, 이 잔을 내게서 지나가게 해주십시오' 라고 기도하십니다. '십자가 비켜가게 해주십시오. 정녕 지게 하시려거든 최소한 내일아침 말고 다른 때 지게 해주십시오.' 그런 뜻인지도 모르겠습니다. 세 번입니다. 똑같은 말씀으로 세 번. 그러나 응답은 없으셨습니다. 이제 무응답을 응답으로 받으십니다. 산에서 내려오실 때 분명히 말씀하십니다. '아버지께서 내게 주신 잔을 내가 마시지 않겠느냐. 이대로가 하나님께서 내게 주시는 사랑의 잔이야.

그런고로 이것을 내가 받아야 한다.' 그러시고 십자가를 지십니다. 세 번 구하셨는데 응답 못받으십니다. 못받으신 바 그대로를 응답으로 받으십니다. 그리고 십자가를 지십니다. 하나님께서는 기도에 세 가지로 응답하십니다. 하나는 '그래라. 네 소원대로 될 것이다' 곧 '그래라'하고 허락하시는 것입니다. 두 번째는 '기다려라. 아직 미숙하니 좀더 기다려야겠다. 때를 기다려.' 곧 기다리라 하시는 응답입니다. 세 번째는 '생각을 바꾸라. 발상을 바꾸라. 뜻을 바꾸라. 네 생각을 버려라'하시는 것입니다. 이 세 번째 응답을 여러분은 어찌 생각하십니까? 주님께서 말씀하십니다. "내 은혜가 네게 족하도다." 사도 바울은 이때 주님의 은혜를 내 은혜로 받아들입니다. 주님의 은혜를 내 은혜로 받습니다. 히브리서 12장 8절과 11절에 가서 보면 이런 말씀이 있습니다. '징계가 없으면 사생자요 참아들이 아니니라.' 또 '징계는 당시에 보기에는 즐거워보이지 않으나 그러나 징계는 사랑이라'고요. 여러분, 징계받으면서 기뻐해봤습니까? 그러기는 어렵지요? 저는 자랄 때 아버지께 매 많이 맞았습니다. 그래서 속으로 불평도 많이 했습니다. '가만있자 이거, 나를 살리시는 건가, 죽으라시는 건가?' 그렇게 생각될 정도로 엄청나게 많이 맞았습니다. 그러나 생각하는 것은, 이것은 나를 향한 사랑이라는 것입니다. 그때는 아프기만 했습니다. 화도 났습니다. 그러나 철이 나면서 보니 그게 아니었습니다. 가끔가끔 어머니가 말씀하십디다. 저를 위로하시면서 "애야, 아버지가 너 때리고 얼마나 괴로워하시는지 아느냐? 밤에 잠을 못주무신단다." 그 얘기를 들을 때마다 '나를 사랑하시긴 하는가보다' 했습니다. 좀더 철이 나고보니 아버지의 그 매가 그렇게 고마울 데가 없는 것입니다. 그의 은혜가 이제 내 은혜가 되는 것입니다. 이것이 진정한 믿음입니다. 토레이라고 하는 유명한 목사님이 있습니다. 그의 부흥회에 참석한 어느 여자분이 찾아와서 "목사님, 저는 예수믿는 지도 오래됐고 목사님 부흥회도 여러 번 참석했는데 아직도 구원에 대한 확신이 없습니다. 어떻게 하면 구원의 확신을 얻을 수 있겠읍니까?"하고 묻습니다. 목사님이 지혜롭게 대답하였습니다. "돌아가셔서 이제는 다른 기도는 다 그만두고 단 한 가지 기도만 하십시오, 집중적으로. '하나님, 나 자신을 알게 해주세요. 내가 어떤 사람입니까? 내 운명이 무엇입니까? 나라는 사람을 보여주세요'라고요." 여인은 이제 열심히 그런 기도를 했습니다. 그러던 어느날 하나님의 심판대 앞에 서 있는 자기모습이 보이는데 얼마나 추하고 더러운지, 만신창이었습니다. 머리끝에서 발끝까지 온통 더럽고 추하고, 도대체 고개를 들 수가 없었습니다. 그 추한 모습을 보고 몸부림을 치고 울었습니다. 어느날 여인은 다시 목사님에게 와서 말합니다. "제가 제 모습을 알았습니다. 이제는 어떻게 할까요?" 목사님은 대답했습니다. "이제는 십자가를 보여주세요, 라고 기도하십시오." 여인은 이제 "하나님, 십자가를 보여주세요. 십자가의 사랑을 알게 해주세요"라고 집중적으로 기도하기 시작했습니다. 그리하여 마침내 십자가를 바라보는 순간 그 많은 죄짐이 다 벗어지고 깨끗한 흰옷을 입은 하나님의 백성이 되고, 그 다음에 보니 내가 엄청난 사랑을 받은 사람인 것입니다. 나는 너무나도 소중한 존재인 것입니다. 그리스도 안에 이렇게 소중할 수가 없는 것입니다. 이래서 구원에 확신이 있는 참 하나님의 딸이 되었다고 합니다. 여러분, 때로는 하나님께서 우리에게 시련도 주시고 실패도 주시고 고통도 주시고 아니, 질병까지도 주십니다. 성도 여러분, 아직도 내가 생각하는 은혜에 집착하고 있습니까? 내가 생각하는 은혜만이 은혜입니까? 내 뜻, 내 소원, 꼭 여기에 매여 살아가야 하겠습니까? 이제는 잘 이해가 되지도 않고 때로는 납득이 가지 않더라도 그의 은혜, 인정하여야 합니다. 그의 은혜를 받아들여야 합니다. 그의 은혜를 믿고 수락하고 받아들이고, 나아가서 그의 은혜를 충만하게 알게 될 때, 바울처럼 도리어 크게 기뻐함으로 그리스도께서 내 안에 머무르시게 하고, 그리스도만을 자랑하고, 그 은혜 안에 겸손하고, 그리스도 안에서 강하게 되는 나 자신을 발견하게 됩니다. '네게 있는 내 은혜가 족하다!' 그렇다면 주님께서 주신 은혜가 바로 내 은혜입니다. 내게 만족스럽습니다. 이것이 믿음입니다. △

모든 것을 할 수 있는 사람

내가 주 안에서 크게 기뻐함은 너희가 나를 생각하던 것이 이제 다시 싹이 남이니 너희가 또한 이를 위하여 생각은 하였으나 기회가 없었느니라 내가 궁핍하므로 말하는 것이 아니라 어떠한 형편에든지 내가 자족하기를 배웠노니 내가 비천에 처한 줄도 알고 풍부에 처할 줄도 알아 모든 일에 배부르며 배고픔과 풍부와 궁핍에도 일체의 비결을 배웠노라 내게 능력 주시는 자 안에서 내가 모든 것을 할 수 있느니라
(빌립보서 4 : 10 - 13)

모든 것을 할 수 있는 사람

"내게 능력 주시는 자 안에서 내가 능치 못할 일이 없느니라." 이 말씀은 오늘 본문 13절말씀에 대한 구역(舊譯), 옛날번역 구절입니다. 저는 어렸을 때 이 성경구절을 좋아했고 이렇게 늘 외우곤 했습니다. "내게 능력 주시는 자 안에서 내가 능치 못할 일이 없느니라." 나이드신 분들은 아시겠습니다마는 옛날에는 「선한문관주성경전서(鮮漢文貫珠聖經全書)」라는 것이 있었습니다. 한문을 많이 쓸 때였습니다. 주로 한문으로 써놓고 중간중간에 우리말 토를 달아서 읽는, 절반이 한자인 그런 성경이 있었습니다. 그때 소위 유식하다는 사람들은 그 한자로 된 성경을 놓고 한국말로 풀어가면서 읽었습니다. 이를테면 "야소 왈(耶蘇曰)"할 때 "예수 가라사대"라고 읽는 것입니다. 오늘말씀 빌립보서 4장 13절은 "범사도능작(凡事都能作)"이라고 되어 있습니다. 이것을 읽을 때 "능치 못할 일이 없느니라" 하였던 것입니다. 그런 성경을 제가 어렸을 때, 젊었을 때 보았습니다. 이 요절을 저는 아주 소중하게 여기고 있습니다. 거기에는 이유가 있습니다. 본디 추운 북녘의 겨울인데 1951년 1월 13일 그날도 몹시 추웠습니다. 그 새벽에 황해도 장연군 용현면 석교리라고 하는 마을에 있는 '석교교회'에 새벽기도회로 가서 기도하고 돌아올 때도 아직 날이 어두웠습니다. 그 어두운 길을 돌아올 때 얼마나 온동네가 소란했는지 모릅니다. 수천 명의 피란민대열이 우리집 앞을 지나서 저 바다 쪽으로 가고 있는 것입니다. 이들이 가서 배를 만나면 타고 남쪽으로 가고, 못만나면 뒤에서 지금 쫓아오는 인민군대에 붙들려서 어떻게 될지 모릅니다. 그런 절박한 상황에 쫓겨서 바다 쪽으로 가고 있는 것입니다. 이 절박한 시간에 어머니는 저를 불러서 무릎 앞에 꿇게 하시고 저를 위해서 한참 기도하신 다음에 말씀하셨습니다. "너만은 남쪽으로 가야 한다. 내가 줄 것은 이거밖에 없다" 하시며 내가 읽고 있던 성경책은 어머니가 가지시고 아버지가 읽던 성경책, 그것을 제게 주셨습니다. 그리고 "내가 너를 위해서 평생토록 바로 새벽 이 시각에 너를 위해서 기도할 것이다. 이것을 약속한다." 그러시고는 "내가 네게 아무 것도 해줄 것이 없구나. 그러나 너는 꼭 목사가 되어야 된다. 내가 하나님 앞에 서원한 것이니 반드시 너는 목사가 되어야 하고 또 하나님께서 되게 하실 것이다" 말씀하시고 성경요절을 하나 주셨습니다. 그것이 오늘본문 13절입니다. "내게 능력 주시는 자 안에서 내가 능치 못할 일이 없느니라." 이 말씀을 마음에 새기고 가라, 하셨습니다. 그리고 94세가 될 때까지 그는 새벽마다 저를 위해서 기도하셨습니다. 할 수 있다, 능치 못할 일이 없다, 범사도능작―무슨 말씀입니까. '판타 이스쿠오'―참으로 힘있는 말씀입니다. '엔 토 엔두나문티 메'―'내게 능력을 주시는, 뒤나미스―다이내믹스를 주시는 그분 안에서' 나는 무엇이든 할 수 있다 ('판타 이스쿠오')―대단히 귀한 말씀입니다. 할 수 있다―그것은 자본의 문제도, 지식의 문제도, 노력의 문제도, 경험이나 기술의 문제도 아닙니다. 다만 그 안에서, 내게 능력 주시는 자 안에서 할 수 있다, 할 수 있게 하실 것이다, 가능하게 하실 것이다, 가라! 그리하여 혈혈단신으로, 당장 오늘밤부터 어디서 잘 것인지, 무엇을 먹을 것인지, 기약도 정처도 없이 그렇게 산중을 헤매고 다니어서 이렇게 여기까지 왔습니다.

제1차세계대전 직후, 20세기 초엽에 샌프란시스코의 한 네 살배기 소년이 가난한 농부인 아버지에게 바이올린을 사달라고 조릅니다. 바이올린이 좋아요, 바이올린을 사주세요, 하고 조릅니다. 아버지는 이걸 사줄만한 능력이 없었지만 아이가 하도 사정을 하므로 애써서, 정말 어렵사리 바이올린을 하나 사줬습니다. 아이는 열심히 바이올린을 연습하더니 놀랍게도 일곱 살 때 연주회를 가졌으며, 여덟 살 때는 맨하탄 오페라 하우스에서 연주하게 되고, 열 살 때는 뉴욕 필하모닉 오케스트라와 리사이틀을 가졌습니다. 그가 20세기 바이올린의 대가인 예후디 메뉴인(Yehudi Menuhin)이라는 사람입니다. 열한 살 때 유럽에 건너가 베를린 필하모닉 오케스트라와 협연을 하게 됩니다. 소위 '3B협연'이라고, 바하, 베토벤, 브람스의 곡들을 계속해서 협연하는 큰 연주회를 가졌습니다. 이 연주가 끝났을 때, 지켜섰다가 그를 따라와서 와락 끌어안는 청년이 있었습니다. 아인슈타인이었습니다. 그 자신도 바이올린을 좋아하는 아마추어 바이올리니스트였습니다. 이렇게 열한 살 소년을 끌어앉고 아인슈타인은 말했습니다. "이제야 하나님께서 살아계시다는 것을 알았다." 이후로 아인슈타인은 특별한 사람이 된 것입니다.

여러분, 능력주시는 자가 누구입니까. 그는 우리죄를 사하신 분이요, 우리를 선택하신 분이요, 그리고 선택하신 자를 지극히 사랑하시고 그와 함께 역사하시는 분입니다. empowering, 능력을 주시는 분입니다. 능력을 주시는 분, 그 안에서는 내가 무엇이든지 할 수 있다, 하는 고백입니다. 요한복음 15장에 보면 예수님께서 친히 말씀하십니다. '나는 포도나무요 너희는 가지다. 포도나무가지가 나무에 붙어 있으면 많은 열매를 맺느니라. 그러나 가지가 나무에서 끊어지면 아무것도 할 수 없느니라. 말라버리고 말 것이다.' 그와 같습니다.

능력 주시는 자가 믿음도 주시고, 말씀도 주시고, 담력도 주시고, 용기도 주시고, 지혜도 주십니다. 그래서 능력있는 사람으로 만들어가시는 것입니다. 무엇보다 중요한 것이 말씀은 능력을 주신다는 것입니다. 예수님 말씀하십니다. "내 말이 너희 안에 거하면 무엇이든지 원하는대로 구하라 그리하면 이루리라(요 15 : 7)." '레마타 무'— 내 말이 너희 안에 거하면 무엇이든지 구하라, 내가 이루리라—여러분, 하나님의 말씀 읽고 명상하고 깨달으십시오. 하나님의 말씀의 진리를 깨닫는 순간 지혜가 되고, 감동하는 순간 모든 어려움을 이길 수 있습니다. 말씀에 심취해서 감격해서 사십시오. 말씀의 감격 속에서 살 때 모든 어두운 그림자가 다 물러갑니다. 원수도 사랑할 수 있습니다. 고난도 이길 수 있습니다. 질병도 이길 수 있습니다. 말씀의 희한한 능력을 체험하며 여기에 감동 감격해서 말씀을 섬기며 사는 것이 바로 능력의 사람입니다. 또한 성령이 역사합니다. 성령은 그리스도의 마음이요 진리의 영입니다. 내 마음 이닙니다. 성령이 나를 감동할 때 인간으로는 상상도 할 수 없는 엄청난 능력을 나타낼 수 있습니다. 아시는대로 성령이 충만할 때 스데반은 돌에 맞아 죽으면서도 천사의 마음, 천사의 얼굴로 주님 앞에 갈 수가 있었습니다. 성령 충만한 가운데 하나님의 능력은 나타납니다. 또한 오늘본문을 좀더 깊이 살피면 그렇게만 주어지는 능력이 아닙니다. 능력은 실제상황 속에서 주어집니다. 모든 경륜을 통해서 주어집니다. 보십시오. 모세를 능력있는 사람으로 세우시는 데 80년이 걸렸습니다. 바로의 궁전에서 40년, 광야에서 양을 치는 데 40년, 그리고 이제 80세에 그를 하나님의 능력의 사람으로 부르신 것입니다. 결코 능력은 우연하게 주어지는 것이 아닙니다. 능력은 accident가 아닙니다. 능력은 돌발적 사건이 아닙니다. 그 인격에 주어지는 능력은 많은 시련과 사건을 통해서, 경험을 통해서, 경륜 속에서 주어지는 것입니다. 그래서 사도 바울은 말씀합니다. '일체의 비결을 배웠노라. 자족하기를 배웠노라. 가난에 처할 줄도 알고 부유함에 처할 줄도 알고 존귀함에 처할 줄도 알고 비천함에 처할 줄도 알았노라. 그래서 나는 능력의 사람이 되었노라.' 하나님의 뜻입니다. 간혹 선교사로 가겠다고 자원해서 제게 오는 분들이 있습니다. "선교사로 나가겠습니다." 그런 한 분의 얘기를 가만히 들어보니 아주 부잣집아들입니다. 고생이란 해본 일이 없습니다. 심지어는 "군대 갔다왔나?" 하니 군대도 안갔다왔다 합니다. "너는 안돼!" 그래도 간다는 것입니다. 게다가 또 자비량(自費糧)하고 간다는 것입니다. 그래서 "어디 한번 가봐"했습니다마는 가나마나입니다. 1년도 못돼서 돌아옵니다. 병들어서 돌아옵니다. 선교사 아무나 하는 것이 아닙니다. 아무 데서나 자고 아무 데서나 먹을 수 있어야 합니다. 모든 어려움을 극복할만한 능력의 사람이 되고야 할 수 있는 것입니다.

　우스운 얘기입니다마는 제가 꽤 자주 여행을 하는데 다닐 때마다 제 아내하고 좀 다툽니다. 왜냐하면 제 아내는 내가 일주일 가 있는다면 일주일 입을 옷을 다 넣어주려고 합니다. 저는 몇가지만 가져가면 됩니다. 그래, 그거 다 가져갈 필요 없다고, 간단하게 하나만 가져가겠다고 말하지만 듣지를 않습니다. 이것 때문에 문제가 됩니다. 왜요? 저는 고학을 할 때 바지 하나를, 군대에서 입고 나온 군복을 염색을 해서 입었습니다. 이것을 만 5년 입었습니다. 춘하추동 없이. 빨아본 일도 없습니다. 누렇게 바래지면 또 염색을 합니다. 일년에 한 번씩 염색을 하면 거뜬하게 입고 다닙니다. 만 5년이니 빠질

빤질하게 달았지요. 그거 참 질깁다. 그렇게 입었습니다. 솜씨가 고작 이렇습니다. 여러분 가운데는 가끔 저 보고 양복을 해주겠다고 하는 분이 있는데 이거 정말 저는 괴롭습니다. 차라리 현금으로 주면 딴 데 쓰겠는데 꼭 '그 양복점에 가서' 해야 된다고 재촉을 하는데 영 이건 나하고 멉니다. 날 몰라서 그렇습니다. 양복 하나면 되지 그걸 더 해서 뭘 합니까. 하나 입었으면 한겨울 나는 거지 뭘 그렇게 갈아입습니까. 그건 내 맘에 안듭니다. 좀더 말씀드릴까요? 제가 광산에 가서 고생을 할 때 거기에는 이부자리가 없습니다. 그냥 가마니때기 깔아놓고 짚북더기를 펴놨습니다. 입은 채로 누웠다가 일어나면 그게 잠이었습니다. 그렇게 제가 강제노동수용소에서 6개월을 살았습니다. 이런 내가 옷갈아입게 생겼습니까. 아무렇게나 입고 살면 되는 거지. 그건 문제가 되지를 않습니다. 가난에 처할 줄도 알고 부함에 치할 줄도 알고… 하나 더 말씀드릴까요? 제가 군대에 있을 때입니다. 지금까지도, 아무리 생각해도 내가 왜 맞았는지 모릅니다. 어쨌든 모질게도 맞았습니다. 하나, 둘… 세라고 합니다. 엎어놓고 패는데 이건 공산당 때려죽이던 솜씨로 패는 거니까 아주 다릅니다. 제가 열넷까지 세었습니다. 하나, 둘, 셋, 넷… 열넷, 하고는 정신을 잃었습니다. 눈떠보니 아침입니다. 창고에 들어가 앉아 있더라고요. 좌우간 매맞기를 정신을 잃을 만큼까지 맞아도 본 것입니다. 그러나 이유가 어쨌든 이건 소중한 경험이었습니다. 광산에서 고생한 일이나 5년 동안 고학하면서 산 일이나 다 소중한 경험이었습니다. 겨울방학이 되면 다들 집으로 가는데 나는 갈 데가 없었습니다. 군대생활 3년에 휴가 가본 적이 없습니다. 갈 데가 없으니까요. 겨울방학에 난로 하나 없지마는 그 큰 기숙사에 나 혼자 살았습니다. 그러나 우리는 가난에 처할 줄도 알고 부함에 처할 줄도 알고, 양면을 다 가지고 살아야 합니다. 비천함에 처할 줄도 알고 존귀함에 처할 줄도 알아야 합니다. 제가 언젠가 한번 프린스턴과 풀러신학대에서 'The Man of the Year' prize라고, 이들 학교를 빛낸 유명한 사람한테 주는 그런 상을 줄 때 그 상을 받으면서 생각했습니다. '오늘이 내 생애 극치로다.' 그런 극치적인 사랑도 받아봤습니다. 그러나 비천에 처할 때도 있었습니다. 그래서 오늘말씀대로입니다. "일체의 비결을 배웠노라." 있다고 교만할 것도 없고 없다고 비굴해질 것도 없고, 칭찬받는다고 자랑할 것도 없고 굴욕을 당한다고 낙심할 것도 없습니다. 가끔 후배목사님들이 "목사님, 제가 목사님을 존경하는데 어떡하면 목사님처럼 설교할 수 있을까요?"하고 묻습니다. "대줄까?" "예." "그럼 나처럼 살아야지. 나같은 과거가 있어야지. 그렇게 평안하게, 그렇게 그늘에서 자라가지고 무슨 설교가가 되겠나." 이런 얘기를 해봅니다. 여러분, 긍정적으로, 적극적으로, 강인하게, 어느 사이에 행복할 수 있는 그런 사람으로 하나님께서 키워가시는 것입니다. 합동하여 선을 이루는 낙천적 인생관, 거저 주시는 게 아닙니다. 능력의 사람은 사명을 압니다. 살아야 할 이유와 죽어야 할 이유를 알고 있습니다. 내가 무엇을 위해 일하고 있는가를 분명히 알고 있습니다. 결과에 대해서 연연하지 않습니다. 하나님께서 나를 쓰신다는 것만으로 만족합니다. 성경에 보면 베드로와 요한이 성전 미문에 앉아 있는 앉은뱅이를 일으키는 장면이 나옵니다. 타고난 앉은뱅이, 그 소문난 앉은뱅이가 벌떡 일어설 때, 나는 그 장면을 읽을 때마다 생각합니다. 누가 놀랐을까? 앉은뱅이가 놀랐겠지요. 뒤에서 보는 사람들도 놀랐겠지요. 내 거기에는 흥미가 없습니다. 베드로가 놀랐을 것입니다. 깜짝놀랐을 것입니다. 그리고 그날 마음속으로 기도했을 것입니다. '하나님, 이대로 죽어도 좋습니다. 하나님께서 나를 통하여 이같이 위대한 역사를 나타내시니 내 생명을 당신께 바칩니다.' 그렇지 않겠습니까? 나를 통하여 역사하시는 하나님의 위대한 역사를 볼 때 그것으로 만족해야지 그 결과가 어떻게 되느냐, 그건 내 알 바 아니지요. 그건 나와 상관이 없는 것입니다. 그런고로 일을 즐길 수 있고 스스로 만족하는 것입니다. 최종승리를 믿습니다. 특별히 모든 것으로부터 배웁니다.

사람에게는 두 가지의 생활양식이 있습니다. 심리학자 에리히 프롬의 말입니다. 하나는 소유적 양식입니다. 뭐든지 얻는 것만 생각합니다. 돈도 벌고 재산도 모으고 명예도 얻고, 그리고 권력도 잡고… 그저 얻는 것, 챙기는 것만 지향해서 사는 이런 인간이 있습니다. 마지막에 보면 얻은 것은 아무것도 없습니다. 또하나는 존재의 양식입니다. 어떤 사람이 되어가느냐, 하는 것입니다. 돈을 잃어버렸습니다. 그러나 인생을 알게 되었습니다. 건강을 잃어버렸습니다. 그러나 믿음을 얻게 되었습니다. 한 가지씩 한 가지씩 깨닫고 이제 하나님께서 원하시는 어떤 사람으로 키워져가고 양육되고 다듬어지는 것입니다. 능력의 사람이 되어가는 것입니다. 그렇기 위해서는 먼저 무엇보다 중요한 것이 말씀을 많이 들어야 한다는 것입니다. 열심히 들으십시오. 집중해서 들으십시오. 하나님말씀 열심히 들으십시오. 어렸을 때 저에게는 참 이상한 습관이 있었습니다. 어머니가 강요하셔서 저는 어렸 때부터 어른예배에 참례했습니다. 한 시간도 빼놓으면 안됐습니다. 어른예배에 아이는 나 하나였습니다. 그리고 설교를 열심히 필기했습니다. 그 필기해서 쌓아놓은 것이 많습니다. 그것을, 제가 여기로 나온 뒤 어머니가 읽으면서 우신다는 얘기를 들었습니다. 설교말씀 열심히 들으십시오. 많이 듣고, 열심히 들으십시오. 집중적으로 들어보십시오. 그러면 말씀의 능력이 나타날 것입니다. 또한 믿음으로 들으십시오. 추호라도 의심하지 마십시오. 제일 불행한 사람은 설교 들으면서 의심하는 사람입니다. 그 사람은 마치 식탁을 마주하고 음식에 독이 안들었나 의심하는 사람과도 같습니다. 참으로 불쌍한 사람입니다. 하나님의 말씀을 하나님의 말씀으로 믿고, 전적으로 믿고 들으십시오. 거기에 능력이 있습니다. 의심이 생긴다면 그것은 사단이 쏘는 화살이라는 것을 잊지 마십시오. 사단은 의심으로 우리를 넘어뜨리기 때문입니다. 또한 말씀에 순종하십시오. 순종하는 만큼만 능력이 나타나는 것입니다. 말씀을 들은 대로 전폭적으로 순종하십시오. 그리할 때 능력의 사람으로 나타나게 됩니다. 순종하는 사람은 나를 순종하게 하신 분에게 책임전가 하는 그런 귀한 마음을 가지게 됩니다. 보십시오. 가라 하셔서 갔으면 나 보고 가라 하신 이가 책임을 지시는 것입니다. 그래서 순종형의 사람은 항상 마음이 자유롭습니다. 보십시오. 부모에게 순종하면 부모가 책임집니다. 나 책임 없습니다. 그런고로 영원히 자유하지요. 하나님의 말씀에 전적으로 순종하고 사는 사람은 그 영혼이 항상 자유롭습니다. 명랑합니다. 그야말로 신령한 행복에 살 수 있는 것입니다. 거기에 능력이 있습니다. 성도 여러분, 그동안에 어떤 식으로 살아왔습니까? 이제는 모든것을 저버리고 내게 능력 주시는 자 안에서 그 능력으로 살아가야 할 것입니다. "내게 능력 주시는 자 안에서 내가 능치 못할 일이 없느니라." △

판단치 못할 지혜

깊도다 하나님의 지혜와 지식의 부요함이여, 그의 판단은 측량치 못할 것이며 그의 길은 찾지 못할 것이로다 누가 주의 마음을 알았느뇨 누가 그의 모사가 되었느뇨 누가 주께 먼저 드려서 갚으심을 받겠느뇨 이는 만물이 주에게서 나오고 주로 말미암고 주에게로 돌아감이라 영광이 그에게 세세에 있으리로다 아멘

(로마서 11 : 33 - 36)

판단치 못할 지혜

중세시대 최고의 사상가인 성 아우구스티누스가 어느날 황혼녘에 바닷가를 거닐고 있었습니다. 그는 우주와 인간에 대한 깊은 명상에 사로잡혀서 조용히 발걸음을 옮기고 있었습니다. 무한한 우주, 그리고 나를 생각해보았습니다. 바다로만 보더라도 그 광활한 바다 앞에 나라고 하는 것이 영 하잘것없고 미미하구나, 생각되는데, 보이지 않는 하나님의 무한한 세계를 생각할 때 '도대체 인간이 뭐냐? 나라는 존재가 도대체 뭐냐?' 싶었습니다. 너무도 작고 너무도 미미하여 시편기자의 고백(시 8 : 4)이 절로 나옵니다. '도대체 인생이 무엇이관대 저를 돌아보십니까?' 하잘것없는 자기존재를 이렇게 느끼고 있는데 정신을 차려보니 천진난만한 소년 하나가 그의 앞에 앉아서 표주박을 가지고 바닷물을 퍼서 모래밭에 파여진 웅덩이에 갖다가 붓는 것입니다. 이상하게 생각하는데 소년은 거듭거듭 표주박으로 물을 퍼다가 웅덩이에 붓습니다. 그 짓을 계속계속 반복하는 것을 보고 아우구스티누스는 이 낯선 소년에게 물었습니다. "너는 지금 무얼 하고 있는 거냐?" 했더니 그는 자못 진지하게 대답합니다. "예. 저는 이 표주박을 가지고 이쪽에 있는 바닷물을 몽땅 퍼서 저쪽에 있는 웅덩이에다가 옮겨보려고 합니다. 기왕에 작정한 일이니 내 평생이 걸리더라도 이걸 해내고야 말 것입니다." 하도 어이가 없고 '엉뚱해도 정도가 있지 이런 맹랑한 녀석이 다 있나' 싶어서 그는 "애야, 그 정신없는 짓은 그만하고 집으로 돌아가거라, 어머니가 기다린다" 하고 타일렀습니다. 그러자 이 소년, 벌떡 일어서더니 놀랍게도 이런 말을 하는 것입니다. "선생님, 제가 한 말씀 드리겠습니다. 선생님은 그렇게 작은 머리를 가지고 무한한 우주와 하나님의 세계를 어찌 전부 알 수 있다고 생각하십니까?" 아우구스티누스는 깜짝놀랐습니다. 정신을 차리고 보니 소년은 간데없었습니다. 이 충격적 사건이 아우구스티누스의 신학을 세우는 데 결정적 지혜가 되었다고 에피소드는 전하고 있습니다.

내가 누구입니까. 하나님의 세계를 조금씩이라도 알아가기 시작하면 그 무한한 세계 앞에 나라는 것이 얼마나 하잘것없는가를 거듭거듭 알게 될 것입니다. 철학자 러셀은 자기자신의 삶을 움직이는 힘이 세 가지 있다고 그의 저서에서 고백합니다. 하나는 사랑에 대한 갈망입니다. 역시 사랑을 느낄 때 행복하고 사랑할 때 힘이 생기더라고, 사랑밖에 없더라고 말합니다. 그런고로 열심히 사랑하자, 합니다. 사랑을 추구하고 사랑을 갈망하는 그 힘으로 일생을 살아왔다는 것입니다. 그리고 인식에 대한 갈망입니다. 무엇인가를 배우고 깨닫고 알아보려고 몸부림을 치고 해보았지마는 아는 것도 없고, 알 수도 없고, 아무것도 아니었더라는 것입니다. 또한 인류고통에 대한 참을 수 없는 연민입니다. 많은 사람이 너무너무 고생을 합니다. 좀 도와주고 싶고 위로해주고 싶지마는 도대체 무엇을 도울 수 있다는 것인가, 인류의 고통에 내가 기여할 수 있는 게 뭐라는 말인가, 내가 하고 싶은 일이라는 것도 결국은 연민을 낳을 뿐이요 아무것도 한 것이 없구나, 그런 생각으로 살아간다고 했습니다. 그는 말합니다. '열심히 사랑할 때 신비로운 하늘의 조짐을 눈치챌 수 있음을 알았다.' 그렇습니다. 사랑만이 천국문을 엽니다. 사랑이 하나님의 놀라운 신비에 대한 새로운 인식을 가능케 하더라—그렇게 말년에 고백하고 있습니다. 오늘본문, 로마서 11장입니다. 로마서는 1장으로부터 11장까지가 '교리편'이고 12장부터 16장 끝까지가 '윤리편'입니다. 제가 신학대학에서 로마서를 몇년 강의한 일이 있습니다. 그리고 로마서에 대한 책을 두 번 썼습니다. 로마서를 사랑해서 많이 읽고 또 연구해왔습니다. 11장까지가 교리입니다. 그런데 교리 마지막 부분에 가서 오늘본문을 봅니다. 이것은 교리와 신앙고백의 클라이맥스입니다. 극치적인 신앙간증이라고 볼 수 있습니다. 이것은 시적으로 표현됩니다. 동시에 내용은 찬양으로 일관됩니다. 찬양이라는 것이 무엇입니까. 하나님을 찬양한다는 것은 하나님의 위대하심을 깨닫고 그것에 대하여 응답하는 것입니다. '하나님은 위대하시다' 하는 것입니다. the greatness of God, 하나님의 위대하심을 조금 깨닫게 될 때 '아, 놀랍다' 하고 그것이 찬양으로 이어집니다. 또하나는 그 위대하심 앞에 있는 내 모습입니다. 인간은 아무것도 아니라는 것, 초라하기 그지없는 아주 미련한 존재라는 것을 깨닫게 됩니다. 그 미련함을 간증합니다. 그것이 찬양입니다. 또한 이 보잘것없는 인간이 하나님의 큰 역사, 위대하신 역사 앞에 흡수되면서 헌신하게 됩니다. 새롭게 헌신합니다. 새롭게, 계속적으로 commitment, 그에게 위탁하고, 그에게 의존하고, 그에게 헌신하는 그런 믿음, 그게 찬양으로 이어집니다. 여러분, 믿음과 깨달음을 한번 대조해보시기 바랍니다. 믿음이라는 것은 위대한 것입니다. 큰 것입니다. 그러나 믿는 바에 대해서 우리가 깨닫는 것은 아주 작은 것입니다. 믿는 바는 크고 아는 것은 작습니다. 우리가 부모와 자녀 사이를 생각해 봅시다. 어린아이들이 부모를 안다고 합니다. 부모의 은혜는 바다같고 산과 같고… 하지마는 사실 알고보면 그 아이들이 과연 압니까. 우리 눈앞에 있는 부모님 하나를 아는 것, 이것도 만만하지 않습니다. 여러분은 부모님의 은혜를 어느 정도 알고 있다고 생각하십니까? 내 우스운 얘기 할까요? 제가 경험해보니까요, 나이 한 70 쯤 되어야 압니다. 젊은 사람들이 뭐, 부모가 어떻고 사랑이 어떻고 하지마는 아주 유치한 것입니다. 좀더 세월을 살아가면서 '아, 역시 부모님의 은혜는 큰 것이다' 하게 되는 것입니다. 하물며 하나님의 세계입니다. 어찌 우리가 감히 알 수 있겠습니까. 그래서 아우구스티누스는 이렇게 말합니다. '믿음은 보지 못하는 것을 믿는다. 그 결과로 믿는 바를 보게 된다.' 원문대로 해석을 다시 하면 이런 말입니다. '믿음은 경험하지 못한 것, 경험할 수 없는 것, 그것을 내가 믿는다. 그 결과로 믿는 바를 알게 된다.' 다 알지도 못하고 다 알 수도 없습니다. 아니, 다 알 필요도 없습니다. 문제는 믿는 것입니다. 더 설명할 것도 없습니다. 믿으면 되니까요. 믿고 받아들이면 되니까요. 그러나 그 내용은 세월이 가면서 여러 경험을 통하여 조금씩조금씩 깨닫게 됩니다. 그때의 감격이 있는 것입니다. 깨달은 만큼만 행복한 것입니다. 믿어서도 행복하지마는 거기까지는 아직 온전하지 못한 것입니다. 깨닫게 될 때 '아!' 감격합니다. '그런 거구나!' 사랑을 많이 받고도 사랑의 깨달음이 없으면 사랑 속에 살아도 행복은 없는 것입니다. 깨달아가는 것이 바로 신앙생활이요, 이것이 찬양이다, 하는 말씀입니다. 그래서 오늘 성경말씀에는 "깊도다 하나님의 지혜와 지식의 부요함이여" 라고 하였습니다. 깊습니다. 너무도 깊습니다. 너무도 깊은 세계를 이제와서 조금 깨달았습니다. 아직 멀었습니다. 무궁무진한 하나님의 세계, 그 위대하심을 깨닫고 간증하는 것입니다. "깊도다 하나님의 지혜와 지식의 부요함이여." 그렇습니다. 일반적으로 우리가 '믿는다' 하지마는 대개 내용을 분석해보면 하나님의 능력은 믿습니다. 보십시오. 태풍이 일어날 때, 해일이 일어날 때, 풍랑이 일어날 때, 또 지진이 일어날 때, 깜짝놀랍니다. 인간의 노력이 아무 것도 아니구나, 합니다. 하나님의 크고 위대하심을, 그 능력을 알고 깜짝놀랍니다. 능력을 믿습니다. 그런데 이상한 것은 하나님의 지혜를 믿지 못하는 것입니다. 그 속에 하나님의 지혜가 있는데, 그 지혜에 대한 이해가 부족합니다. 그것이 간증으로 이어지는 것입니다. 오늘본문말씀에는 능력이라는 말씀이 없습니다. 다만 "지혜와 지식의 부요함이여" 라고 합니다. 하나님의 지혜를 우리가 조금이나마 알아내어야 한다는 그 말씀입니다. "깊도다 하나님의 지혜…" 그렇습니다. 예수의 십자가―하나님의 능력인 동시에 그 속에 하나님의 지혜가 있습니다. 무궁무진한, 신비로운 지혜가 있음을 우리가 압니다. 그래서 깜짝놀랍니다. 계속 놀라면서 살아갑니다.

그런데 오늘 성경은 이렇게 구체적으로 간증을 합니다. "누가 주의 마음을 알았느뇨 누가 그의 모사가 되었느뇨 누가 주께 먼저 드려서 갚으심을 받겠느뇨." 이 세 가지 질문은 대단히 중요한 신학적 명제입니다. 여러분, 누가 주의 마음을 압니까. 그 깊은 세계, 그 무궁무진한 주의 마음, 지혜와 지식, 누가 알았습니까. 이제 조금 알고 감탄하는 것입니다. '누가 알았느뇨.' 그것이 현재의 우리의 신앙생활인 것입니다. 오늘 제가 간증적인 말씀을 하나 드립니다. 제가 어렸을 때 아버지로부터 매를 많이 맞았습니다. 너무 자주 맞다보니 심하다 싶어서 제가 "사랑한다고 하시면서 왜 때리시는 겁니까?" 했다가 혼났습니다. "이놈아, 사랑하니까 때리지." 오히려 몇대 더 맞았습니다. 창고에 갇혀서 한나절을 보낸 적도 있습니다. 제가 너무

장난이 심해서 문제가 많았거든요. 누가 그것마저 열어줬다가는 난리가 납니다. 어쨌든 그렇게 맞았는데, 제 기억에 열일곱 살 때 마지막으로 맞은 것같습니다. 그때 저를 그렇게 때리고 나가시는 아버지를 어머니가 초조하게 문간에 섰다가 붙잡고 한마디 하십디다. "여보, 당신은 아들을 사랑하는 거요, 안하는 거요? 다 큰 아이를 말로 해도 되는데 왜 때리는 거요? 생각해보니 오늘은 당신이 잘못한 거 같은데 왜 아이를 때리는 거요?" 제가 안에서 자세히 들었습니다. 어머니가 이렇게 말씀하시니까 아버지 하시는 말씀이 이랬습니다. "자식은 속으로 사랑하는 것이지 겉으로 사랑하는 게 아니오." 제가 안에서 생각했습니다. '사랑하긴 하시는가보다.' 그후 몇년이 안돼서 제가 광산에 끌려가 있다가 거기서 도망을 해서 산 속에 숨어 있었습니다. 기치 없이 밖에서 무슨 일이 일어나는지는 모르는 채로 이렇게 정말 막연하게 그야말로 노숙하면서 숨어 살 때 아버지가 제게 틈틈이 한 번씩 식량을 갖다주셨습니다. 한 곳에 있지 못하고 이리저리 헤매고 다니는데 어느날 몇시쯤에 어디서 만나자, 하고 어찌어찌 서로 연통을 하여 만나면 그 토굴 속에서 아버지는 미싯가루며 쌀이며, 어떤 때는 닭도 한 마리 잡아 튀긴 것을 내놓으십니다. 지게에 지신 나뭇짐 속에 그것들을 감추어가지고 올라오시는데 이게 발각되면 말할것도없이 그 자리에서 총살입니다. 그 위험한 길을 밤중에 늘 이렇게 제게 식량을 갖다주셨습니다. 정말 고마웠습니다. 생명을 걸고 이렇게 해주셨는데, 왔다가 가시면서 아무 말씀도 없으십니다. "몸조심해라." 그 한마디 하시고 산을 내려가시는 아버지의 뒷모습을 보면서 뜨거운 사랑을 실감했습니다. 그 순간 그 오랜동안 매맞았던 것 다 이해가 됩니다. 그 진노 속에 사랑이 있었습니다. 유명한 신학자 칼 바르트는 이렇게 말합니다. 'God's love is concreted in His wrath.' 곧 '하나님의 사랑은 진노 속에서 구체화된다.' 구체적인 사랑은 낭만적이고 감상적인 것이 아닙니다. 오히려 진노적인 것입니다. 사랑이 진노 속에서 구체화되는 것입니다. 그 아버지를 보면서 사랑을 느끼고 이제 효도하겠다고 결심을 했는데, 제가 산에서 내려왔을 때는 아버지가 총살당하시는 것을 목격하게 되었습니다. 그리고 효도할 기회를 찾지 못했습니다. 여러분, 어느 부모가 자식을 사랑하지 않겠습니까. 그것은 깊은 것입니다. 옅은 것이 아닙니다. 감상적인 것이 아닙니다. 구체적인 것입니다. "깊도다 하나님의 지혜…" 그 누가 주의 마음을 알았겠는가. 그의 깊은 마음을 누가 알 것이냐고요. 이제 세월이 가면서 조금씩조금씩 이해해가는 것이지요. 이해하면서 그 깊음을 알고 감격하는 것이지요.

이어서 이렇게 말씀합니다. "누가 그의 모사가 되었느뇨." '그의 모사'라는 말은 'His adviser' 'His counselor'라는 뜻입니다. 하나님더러 이래야 되겠습니다, 저래야 되겠습니다, 할 사람이 어디에 있겠습니까. 누가 있어 그리하겠습니까. 우리 기도도 겸손하게 하여야 합니다. '하나님, 이렇게 하는 것이 좋겠는데요, 그러나 저 고집은 안하겠습니다.' 이런 기도를 해야지 '이렇게만 해주셔야 합니다. 반드시 이래야 합니다' 하다가 망가지는 사람 많습니다. 그거 아니라고요. 누가 감히 하나님 앞에 꼭 이러해야 된다고 말할 수 있겠습니까. 누가 고집을 부릴 수 있겠습니까. 겸손하게 기도하여야 됩니다. 여러분, 요셉을 보십시오. 요셉이 열일곱 살에 애굽으로 팔려 갑니다. 그것도 사랑하는 형들한테 당한 것입니다. 차라리 죽이는 게 낫지 애굽으로 팔아먹으면 죽을 때까지 일생동안 노예생활을 해야 합니다. 이 기막힌 사정입니다. 이렇게 팔려 갑니다. 이래서 노예로 노예생활을 하지요, 감옥에 억울하게 들어가 고생을 하지요, 이거 기막힌 일입니다. 그리고 애굽의 총리대신이 됩니다. 그를 팔아먹은 형들이 식량을 구하러 왔습니다. 높은 보좌에 앉아서 그 형님들의 초라한 모습을 볼 때 하도 기가막혀서 그는 스스로를 주체하지 못하고 옆방에 들어가서 목을놓아 울었다고 하지 않습니까. 이제 그는 두려워하는 형들에게 말합니다. 창세기 45장 5절과 50장 20절에 나옵니다. '형님들이 나를 팔았다고, 팔아먹었다고해서 두려워하지 마십시오. 당신들이 나를 판 것이 아니요 나는 팔려온 것이 아닙니다. 하나님께서 나를 이리로 앞서 보내시어 내가 여기 있습니다.' 'sold'가 아니고 'sent'입니다. '팔려온 것이 아니라 사명을 지워 보내심받아서 왔습니다. 그러니 두려워하지 마십시오. 내가 형님들의 자녀들을 기르리이다' 하고 말합니다. 이 너그러운 마음. 하나님의 엄청난 세계를, 지혜를 이해한 자의 고백입니다. 누가 그의 모사가 되겠습니까. 다만 하나님의 역사에 우리가 겸손히 끌려갈 뿐입니다.

또 "누가 주께 먼저 드려서 갚으심을 받겠느뇨" 하였습니다. 신학적으로 아주 중요한 말씀입니다. 이것은 나의 의를 포기하라는 말씀입니다. 그 누가 하나님께 뭘 드려서, 십일조를 드려서, 헌금을 하여서, 봉사해서 보답받아가지고 삽니까. 누가 그렇겠습니까. 아무도 아닙니다. 드린 건 없습니다. 거저 받는 것입니다. "누가 주께 먼저 드려서 갚으심을 받겠느뇨." 하나님께서 먼저 우리를 사랑하신 것입니다. 그가 우리를 사랑하신 것일 뿐이지 우리의 우리됨이란, 나의 나됨이란, 내 의란 아무것도 없는 것입니다. 그것을 말씀하는 것입니다. 누가 자기의를 내세우겠는가. '나'는 없다는 말씀입니다. 여기

찬양이 있는 것입니다. 그렇습니다. 유명한 마틴 부버의 「I am Thou」라고 하는 책에 보면 자유인에 대한 고백이 있습니다. 자유인이란 누구냐? 오만 없이 사랑할 줄 알고 사랑받을 줄 아는 사람입니다. 사랑받을 줄 알고 사랑할 때 거기에 자유가 있습니다. 현상을 믿고 현실을 인정하며 받아들이는 사람, 이 현실 속에 하나님의 섭리가 있음을, 하나님의 지혜가 있음을 믿고 사는 사람, 이것이 자유인입니다. 또한 숙명을 믿으며 숙명이 자신에게 필요한 것이라고 긍정하는 것, 이것은 나 자신의 자유의지를 포기하는 것입니다. 내 선택을 반납해버리는 것입니다. 이것이 자유인입니다. 하나님의 크신 경륜, 그 숙명 속에 내가 있다고 아는 그 사람만이 자유인이다, 라고 참 오묘한 말을 하고 있습니다. 독일의 세계적인 무용가에 수잔 링케라고 하는 분이 있습니다. 그의 무용세계에 대한 것을 밝히는 기자회견에서 그는 이런 유명한 얘기를 합니다. "독일사람들은 생각이 너무 복잡하다. 생각이 너무 많아서 무용하기엔 적당치 않다. 무용이란 음악의 선율을 이해하고 음악의 선율을 사랑하면서 자기의 생각과 자기의 의견을 다 버리고, 마음을 비우고 음악선율에 나를, 내 몸을 맡겨버리는 것이다." 그것이 무용이라고 말했습니다. 여러분, 하나님의 세계를 이해하고 하나님의 경륜을 사랑하고 그 하시는 사역 앞에 감사, 감격하면서 그대로 나 자신을 하나님의 뜻 앞에 맡겨버릴 것입니다. 그리고 자유한 것이 참된 신앙생활입니다.

제가 미국에서 공부하고, 마치고 돌아올 때, 가정을 두고 왔기 때문에 시간이 조급해서 그저 학위논문이 통과되자마자 바로 한국으로 나왔습니다. 나올 때 하나님 앞에 기도드렸습니다. '누구든지, 어떤 일이든지 나를 맨처음 부르는 곳을 하나님께서 부르시는 곳으로 알고 그리로 가겠습니다.' 그런데 와서 5개월 동안을 지내봐도 오라는 데가 없습니다. 생활도 어려운데요. 친구들이 만나서 다방에서 차 한잔 마시고는 아무 말 없이 금일봉을 주더라고요. 그래서 제가 "내가 거지냐?" 그랬더니 내 친구 하는 말이 "얻어먹으면 거지지 왜 말이 많으냐?" 하는 것입니다. 그렇게 얻어먹었습니다. 한경직 목사님이 오라고 하셔서 갔더니 "이 사람아, 온다고 편지를 하고 올 것이지 왜 그냥 왔나?" 하십니다. "제가 뭐가 잘난 사람이라고 편지를 합니까?" "어떻게 생각하고 왔나?" "맨먼저 부르는 곳에 하나님의 부르심이 있는 줄 알고 가겠다고 기도하고 왔습니다." "아하, 이 사람 참. 믿음은 좋은데 딱하구만." 그러시더니 얼마 후에 또 오라고 하시기에 갔더니 "모 대학 학장자리가 있구만. 뭐 어떡하겠나. 신학교 교수자리도 아니고, 목회도 아니고, 해보지 않은 일이지만 새로운 일이니까 한번 해볼만해. 한번 해보라고." 그래서 학장이 됐습니다. 어느 친구들이 한번 놀러왔다가 같이 앉아서 기도하더니 아주 목 울놓아 우는 친구가 있더라고요. "아니, 한국교회가 곽목사를 어찌 이렇게 대접을 하나. 아니, 신학대학 교수로든지 아니면 어느 교회를 맡겨야지, 설교하게 해야지 설교하는 목사를 이 학장실에다가 처박아놔? 이거, 이럴 수가 없어" 하고 우는 것입니다. 그래서 "이 사람아, 울지 말어. 나도 안우는데 니가 왜 우냐?" 했습니다. 주일날은 쉬지 않습니까. 그래서 이 교회 저 교회 방문하는 길에 압구정동에서 몇 사람 모여가지고 수요일 저녁예배 본다고 하기에 제가 압구정동이 동쪽에 있는지 남쪽에 있는지도 모르는 채 밤에 차를 타고 여기 왔습니다. 그것이 소망교회입니다. 누가 이것을 알았겠습니까. 누가 이 비밀을 알았겠습니까. 자, 이제 다시 묻습니다. '누가 하나님의 마음을 알았느뇨? 누가 그의 모사가 되었느뇨? 누가 먼저 드려 갚으심을 받겠느뇨?' 스스로 대답하시기를 바랍니다. 하나님의 사람은 과거에 주신 큰 은혜에 감격하면서, 현재의 섭리를 피부로 느끼면서 간증을 하고, 결과로 앞에 있는 세계를 환하게 전망하면서, 조명을 관조하면서 오늘을 살아가는 것입니다. 여기에는 찬송과 감사와 찬양이 있을 뿐입니다. △